beck **sche reihe**

b **sr**

Klaus von Beyme setzt sich in diesem Buch mit den Vor- und Nachteilen föderaler demokratischer Systeme in der westlichen Welt auseinander. Die wachsende Bedeutung von nationalen Minderheiten und regionalem Bewusstsein, die nicht selten durch eine militante Identitätspolitik angeheizt werden, steht dabei im Zentrum seines Interesses. Der Autor vergleicht aber auch die Leistungen der Bundesstaaten hinsichtlich ihrer wirtschaftlichen und sozialen Aufgaben mit zentralistischen Ländern, wobei der Föderalismus nicht immer günstig abschneidet.

Zum Autor:

Klaus von Beyme ist Professor em. für Politische Wissenschaft an der Universität Heidelberg. Zahlreiche Veröffentlichungen zur Vergleichenden Politikwissenschaft, zur Theorie der Politik und der Rolle der Parteien im Staat, u.a.: *Parteien im Wandel* (Wiesbaden 2000), *Russland zwischen Anarchie und Autokratie* (Wiesbaden 2001), *Politische Theorien im Zeitalter der Ideologien 1789–1949* (Wiesbaden 2002). Bei C.H.Beck erschien: *Das Zeitalter der Avantgarden* (2005).

Klaus von Beyme

Föderalismus
und regionales Bewusstsein

Ein internationaler
Vergleich

Verlag C. H. Beck

Originalausgabe

© Verlag C. H. Beck oHG, München 2007
Gesamtherstellung: Druckerei C. H. Beck, Nördlingen
Umschlagentwurf: + malsy, Willich
Printed in Germany
ISBN: 978 3 406 54765 2

www.beck.de

Inhaltsverzeichnis

«The problem which all federalized nations have to solve is ... to keep the centrifugal and centripetal forces in equilibrium, so that neither the planet States shall fly off into space, nor the sun of the Central government draw them into its consuming fires».

James Bryce: The American Commonwealth, 1888.

Einleitung:
Föderalismus und die Stärkung des regionalen Bewusstseins durch Identitätspolitik

1) Der Föderalismus in der Geschichte politischer Theorien

Der Föderalismus schien im 19. Jahrhundert nur in Ländern sinnvoll, in denen kleinere Einheiten ihre Identität bewahren wollten. In frühen Bundesstaaten war diese Identität noch gleichsam naturwüchsig gegeben, wie in Schweizer Kantonen oder amerikanischen Staaten. Die Modernisierung der Gesellschaft bedrohte diese Vielfalt. Daher ist in der Postmoderne die Vielfalt in den alten *«Coming-together-Föderalismen»*, die aus Konföderationen wie in den USA und der Schweiz entstanden, weniger interessant als in den neueren *Differenzierungsföderalismen*, in denen die Territorien in einem relativ einheitlichen Staat sich auf ihre Besonderheit besinnen. Die Differenzierung wird vor allem dort forciert, wo ethnische Bewegungen die Dynamik einer Betonung der Verschiedenheit und Sonderidentität antreiben. Der britische Ausdruck *«devolution»* beginnt sich auch in anderen Einheitsstaaten als Oberbegriff für die Differenzierungsprozesse durchzusetzen. Dabei kommt es zu stärkeren Ungleichheiten, als rechtlich in den alten Vereinigungsföderationen üblich waren. Für diese Ungleichheiten hat sich der Ausdruck *«asymmetrischer Föderalismus»* durchgesetzt.

Die Föderalismusforschung ist so asymmetrisch wie ihr Gegenstand. Die prestigeträchtige Bastion der Staatstätigkeitsforschung, die sich des Föderalismus angenommen hat, hält die Fahnen exakter Forschung hoch. Immer neue Veto-Spieler werden entdeckt und lassen nicht klarer werden, ob der Föderalismus auf der Siegerseite der Reformpolitik steht oder als «Nachtrabpolitik» zu behandeln ist. Die altinstitutionell-juristische Erforschung des Föderalismus verbündet sich hingegen vielfach mit normativen Ansätzen, die ein Bild entwerfen, wie die gute Gesellschaft sein soll, und bildet ein eigenes Lager. Auch dieses weitet die Fragestellungen aus. Aber der Regionalismus, der modisch ins Blickfeld trat, wurde meist deskriptiv behandelt. Zunehmend wurde die Verschiedenheit zum Gegenstand theoretischer Bemühungen. «Identität» war das Schlagwort der Epoche. Die politisch-philosophischen Ansätze der Identitätspolitik waren jedoch hoch über den Niederungen des juristischen Streits um Kompetenzen der Territorien angesiedelt und verbanden sich nur schwer mit Überlegungen zur Institutionentheorie. Identitätstheorien wurden allenfalls in der angelsächsischen Literatur auf den Föderalismus bezogen. Kanada wurde zu einem Vorreiter dieses Diskurses. Die Lager mit ihren Zitierkartellen nehmen einander kaum zur Kenntnis. Allenfalls der modische Blickwinkel auf die Europäische Union führte die disparaten Fragetraditionen punktuell zusammen. Immer noch beherrscht eine geheime Sehnsucht nach der Symmetrie von «Opas Föderalismus» die Debatte. Die Unordnung eines asymmetrischen Föderalismus ist für empirische Forscher schwer zu ertragen. Aber die postmoderne Wurstigkeit hat auch auf diesem Gebiet zunehmend mehr Toleranz erzeugt. Es muss nach Synthesen der verschiedenen Ansätze gesucht werden. Die Konfrontation von Föderalismus mit Identitätspolitik könnte die Suche erleichtern.

Föderalismus ließ sich als Theorie bis in die griechische Antike zurückverfolgen (Mogi 1932, Bd. 1). Andere Autoren betonten die Wurzeln des Föderalismus in der Bibel. Das Hebräische «*brit*» oder das lateinische «*foedus*» bezeichnete eine Partnerschaft, reguliert von einem «*covenant*». «*Shalom*» (Frieden) wurde mit «brit» assoziiert, als die Schaffung eines «wahren Friedens» in den internationalen Beziehungen durch die Kombination von Selbstregierung und geteilter Herrschaft. Die Idee des «covenant» wurde den anderen Modellen der Entstehung von Herrschaft durch «Eroberung» und «organisches Wachstum» gegenübergestellt. Dem zweiten Typ wurde das Westminster Modell zugerechnet, als ob dieses keine Züge von Eroberung in sich getragen hätte.

Johannes Althusius galt als der größte frühneuzeitliche Theoretiker des Föderalismus. Im Werk von Althusius (1614, 1961: 2 f.) war die «consotiatio» ein universales Organisationsprinzip für die «symbiotici», die Bürger eines Gemeinwesens. Es umfasste privatrechtliche, kirchenrechtliche und staatsrechliche Bereiche und war keineswegs nur auf territoriale Einheiten zugeschnitten. Ein solches hierarchisches Netzwerk von funktionalen und territorialen Einheiten mit begrenzter Autonomie war in seiner Epoche eine Ausnahme und entwickelte gerade deshalb besondere Anziehungskraft im Absolutismus. Für einen modernen Föderalismus ließ sich diese Einheit der *societas civilis* jedoch nicht wieder herstellen. In der Welle der Diskussionen über «*consociationalism*» (im Deutschen auch *Konkordanzdemokratie* genannt) und «*Korporatismus*» als Formen mit starker gesellschaftlicher Zusammenarbeit von sozial organisierten und relativ hierarchischen Gruppen wurden die Zusammenhänge von territorialen und funktionalen Föderationsprozessen eine Weile diskutiert (Bakvis 1987: 301). Der Zusammenhang erwies sich als schwach. Der Korporatismus entstand auch in deutschsprachigen Föderationen, hatte dort aber wenig mit dem Föderalismus tun. In der klassischen skandinavischen Region des Korporatismus war er eher ein Ersatz für Föderalismus und in Nordamerika entstand er kaum. Dieses Defizit hat die Idee einer Verknüpfung Althusius'scher Prinzipien durch die Konstruktion alternativer Regierungsmodelle ersetzt.

Tocqueville (1961, Bd. 1: 5, 162) wurde ebenfalls als Ahnherr des föderalistischen Gedankens anerkannt. Sein Einfluss war in doppelter Hinsicht bemerkenswert. Das Bild des Föderalismus ist nicht aus der Buchgelehrsamkeit, sondern aus der Anschauung eines reisenden Analytikers entstanden. Sein Werk war keine Gardinenpredigt für ein schon bundesstaatliches Land, sondern der Spiegel, den er seinem zentralisierten Heimatland Frankreich auf der Suche nach einer «science politique nouvelle à un monde tout nouveau» (eine neue Politische Wissenschaft für eine neue Welt) vorhielt. Die größere Freiheit kleiner Gesellschaften schien ihm durch die

Schaffung kleiner Einheiten mit Autonomie im Föderalismus auf größere Staaten übertragbar. Diese Freiheit kleinerer Einheiten sollte die Schäden der sich ausbreitenden Gleichheit im Demokratisierungsprozess mildern. Bei Tocqueville ist die parallele Wirkung von territorialer und funktionaler Autonomie aufgrund der calvinistischen Gesellschaftsbilder, die auch Althusius inspirierten, noch präsent. Er presste sie jedoch nicht in das Schema einer kausalen Verknüpfung.

Als Essenz des Covenant-Denkens hat Elazar (1998, Bd. 4: 325) die Ersetzung der Vorstellung einer naturgegebenen Freiheit (*natural liberty*) durch eine bewusst von Menschen durch politischen Willensakt erzeugte «föderale Freiheit» (*federal liberty*) gewürdigt. «Natural liberty» schien der permanenten Versuchung der Idolatrie ausgesetzt, wenn der Mensch zügellos sein jeweiliges Lebensgefühl ideologisiert und ohne göttliche Schranken zu leben beginnt. Im Zeitalter der Ideologien des 19. Jahrhunderts wurde jedoch auch der Föderalismus ideologisiert. Pierre-Joseph Proudhon (1863, 1959: 272 f.) hat auf der Suche nach einer Balance zwischen Freiheit und Autorität den anfangs bevorzugten Grundbegriff «Anarchie» wieder aufgegeben. Er stellte das föderative Prinzip den üblichen drei Staatsformen an die Seite. Während er die drei herkömmlichen Staatsformen als weniger in der Realität als in einer idealen Klassifikation existierende «hypothetische Konstruktionen» ansah, war der Föderalismus für ihn ein «empirischer» Typ von Ordnung. Der anarchischen Linken seit Proudhon wurde vorgeworfen (Elazar (1998, Bd. 4: 88), dass sie die Politik der Ökonomie unterordne.

Den Gegenpol bildete die anti-nationalstaatliche und legitimistische Rechte bei Constantin Frantz (1879: 338 f.). Zu seiner Zeit nahm man ihm übel, dass er den Nationalstaat vermeiden und gleich zu einem mitteleuropäischen Bund vorstoßen wollte. Das Nationalitätsprinzip stellte in seinen Augen «gewissermaßen einen Absagebrief an die Vernunft» dar und mache die Menschen den Tieren gleich. Im postnationalen Zeitalter wurde gerade diese Kritik am Nationalstaat reizvoll. Gleichwohl wurde Frantz verübelt (Elazar 1998, Bd. 4: 88, 93), dass er in seinem Konservatismus die Zusammenhänge zwischen Föderalismus und Konstitutionalismus übersah. Links und rechts – in der Hosenbodengeographie der Parlamente und ihrer Parteien – gab es schon immer essentialistische oder primordialistische Theorien, für die der Föderalismus nicht bloß eine zweckmäßige Organisationsform der Demokratie, sondern eine ganzheitliche Weltsicht darstellte.

Der Föderalismus wurde im 19. Jahrhundert von vorherrschenden politischen Theorien in die Defensive gedrängt. Der Utilitarismus und der Liberalismus gingen von Individuen aus. Der Liberalismus hat sich erst mit einigen Schwierigkeiten an einen Kollektivbegriff wie die Nation «herangeliebt». Er konkurrierte mit dem kollektivistischen Begriff einer *volonté générale*, die bei Rousseau und den Vordenkern der französischen Revolution das Individuum in seiner Eigenschaft als *«citoyen»* zu absorbieren drohte. Mäßigend auf diesen republikanischen Kollektivismus wirkte jedoch die Vorstellung, dass es die *«droits de l'homme»* gebe. Auch der *«bourgeois»* als Wirtschaftsbürger war noch mit individuellen Rechten gegen staatliche Übergriffe ausgestattet, vor allem in der Sphäre des Eigentums. Beide politischen Strömungen, der Liberalismus und der republikanische Radikalismus, waren dem Föderalismus nicht sehr wohlgesinnt. Ein eher konservativ-liberaler Denker wie Tocqueville war der Erste, der aufgrund seiner Kenntnisse Amerikas die Synthese von Volkssouveränität und regionalen Schutzrechten im Föderalismus entdeckte. Nach dem Zweiten Weltkrieg kam es zu einer neuen Welle der Idealisierung des Föderalismus in der Tradition von Denis de Rougemont. Die Schweiz wurde zum Sammelpunkt dieser föderalistischen Bewegung, aber das offizielle Bern blieb eher skeptisch. Der Aufbau Europas schien der Ordnung der Schweiz nichts hinzufügen zu können (Freiburghaus/Grädel 2005). Die Schweiz hat sich bis heute der Europäischen Union ferngehalten.

Der Föderalismus hatte immer auch eine normative Komponente, selbst wenn er nicht – wie bei Proudhon – zur eigenständigen Regierungsform erhoben wurde, sondern nur Unterbegriff der Staatsformenlehre und eine Variante der Demokratie blieb. Der Glaube an die friedensstiftende Macht des Föderalismus war gelegentlich so stark, dass ein jüdischer Pionier der Föderalismusforschung sogar eine Föderation von Jordanien und Palästina als Weg zum Frieden im Nahen Osten vorschlug. Beide sollten mit Israel in einer Konföderation verbunden werden. Er blieb freilich skeptisch gegenüber der Versuchung, das fragile Gleichgewicht in einem Bundesstaat mit ethnischen Konflikten zu belasten. Daher schlug er eher konföderale Lösungen für diese Fälle vor (Elazar 1994: 21, 69, 107, 167 f). Was für den Nahen Orient vermutlich richtig war, muss in Kontexten etablierter Rechtsstaaten nicht mehr zutreffen. Belgien, die Schweiz oder Kanada haben gezeigt, dass multinationale Föderationen vielfach bedroht und gleichwohl überlebensfähig sind. Föderalismus war immer auch ein normatives Konzept, das «hergestellt» werden sollte. Im 20. Jahrhundert wurde im rationalen Denken der klassischen Moderne die bloße «Beobachtung» von Entwicklungen als nicht ausreichend erachtet. Die Anti-Normativisten hingegen waren in der Gefahr, Föderalismus nur noch als «Verfahren» einzustufen.

Lijphart (1977: 223, 42) verstand sein Plädoyer für eine Konkordanzdemokratie, in der stark unterschiedliche, organisierte Gruppen auf der Elitenebene kooperieren, nicht als einen normativen Ansatz. Aber er beklagte, dass die Politische Wissenschaft noch zu sehr «beobachte», während die Wirtschaftswissenschaften mit Policy-Empfehlungen «eingriffen». Es ist noch die Frage, ob ein mathematisierter Mainstream in der Ökonomie diesem aktiven Image der Politikberatung gerecht wird. Aber ganz sicher sind Politikempfehlungen wenigstens in der Unterdisziplin «Wirtschaftspolitik» gefragter als die guten Ratschläge der Politologen, die nur in Zeiten des Reformdrucks gesucht werden. Lijphart forderte «political engineering» und «*consociational engineering*» zur Stärkung der Demokratie. Der Ausdruck ist kaum ins Deutsche zu übersetzen. «Politisches Ingenieurswesen» wäre zu eindeutig technokratisch, um akzeptiert zu werden. Es steht dahinter jedoch die Vorstellung, dass soziale Gruppen ihre Einigung notfalls in einer Verfassung künstlich schaffen können. Lijpharts Konzeption war anfangs noch kaum auf den Föderalismus gerichtet, sondern würdigte die segmentierte Autonomie als eine Variante des nicht-territorialen Föderalismus, die im Geist der *Konkordanzdemokratie* angewandt werden konnte.

Eine neue Variante der normativen Theorie kam durch die Wiederentdeckung der *Subsidiarität* in die Föderalismusdebatte. Die

Flut der Föderalisierungsprozesse wurde durch die Subsidiarität auf der Ebene der Europäischen Union zu bremsen versucht. Der Ausdruck stammt aus der Katholischen Soziallehre und wurde in der päpstlichen Enzyklika «Quadrogesimo Anno» 1931 verwendet. Erstaunlicherweise kam der Begriff in Elazars (1998) vierbändiger «Covenant Tradition» nicht vor. Individuen, Familien und kleine Einheiten sollten geschützt werden, aber die Enzyklika hatte auch eine territoriale Nebenbedeutung. Sie ging davon aus, dass es gegen die Gerechtigkeit verstoße, «das, was die kleineren und untergeordneten Gemeinwesen leisten und zum guten Ende führen können, für die weitere und übergeordnete Gemeinschaft in Anspruch zu nehmen.» Das Prinzip der Subsidiarität wurde von entschiedenen Föderalisten als wirkungslos verworfen, weil man im Konfliktfall keine Folgerungen aus ihm ableiten könne. Die Schweiz hat daher eher eine föderalistische Kompetenzregel betont (Linder 1999: 137). Das Subsidiaritätsprinzip war aber gerade wegen seiner Unbestimmtheit in der EU beliebt. Es ließ sich taktisch gegen weiterreichende Vorstellungen des Föderalismus ausspielen (vgl. Kap. II.10). Gleichwohl wurde der Föderalismus in ethischer Hinsicht als Ausgestaltung des Subsidiaritätsprinzips gewertet. Der eigentliche Hintergrund für diese Rezeption war weder sozial noch katholisch, sondern eher neo-liberal. Das Subsidiaritätsprinzip wurde gegen Ende des zweiten Jahrtausends auch deshalb wieder entdeckt, um dem *Wettbewerbsföderalismus* eine ethische Grundlage zu verschaffen. In Deutschland wurde es auch beschworen, um die konkurrierenden Gesetzgebungskompetenzen zugunsten der kleineren Einheiten zu entrümpeln (Schultze 1999: 191, Sturm/Zimmermann-Steinhart 2005: 15, 29) (vgl. Kap. II.8.a).

Die wissenschaftliche Föderalismus-Forschung entwickelte sich in Wellen und demonstrierte damit, dass ein ideologisches Restelement erhalten blieb. Föderalismustheorie war immer *en vogue*, wenn eine neue Gruppe von Ländern zur Demokratie überging. Als das «*constitutional engineering*» nach 1945 zum Ende gekommen war, schienen nur noch die stark von staatsrechtlichen Debatten geprägten «Paläo-Institutionalisten» – wie Carl J. Friedrich – dieses Thema für wichtig zu halten. Altinstitutionalistische Ansätze waren jedoch so vielfältig wie die späteren neo-institutionellen *approaches*. Legalistische, strukturalistische, holistische und historistische Ansätze sind unterschieden worden (Peters 2000: 6 ff.). Der wichtigste theoretische Konflikt wurde zwischen «konstitutionellen» und «gouvernementalen» Ansätzen ausgetragen, hinter denen einerseits die Rechtswissenschaft, andererseits die Ökonomie standen (Grotz 2006: 22). Normative Ansätze – die gelegentlich auch dem Altinstitutionalismus zugeschlagen wurden – haben den Föderalismus vor allem als Instrument zur Erreichung weiterreichender Ziele betrachtet.

Der *Neue Institutionalismus*, den March und Olsen (1984) ausriefen, betonte die relative Autonomie der Institutionen. Institutionen wurden nicht mehr nur von individuellen Akteuren her gedacht, sondern hatten ihr historisches Eigenleben, das die in ihr agierenden Individuen jeweils überlebte. Es handelte sich um einen Gegenschlag gegen den Behavioralismus, der die Institutionen in bloßes Verhalten von Akteuren aufzulösen drohte. Der «aufgeklärte Neoinstitutionalismus» hat sich in der Anwendung auf den Föderalismus vor allem wieder für Sekundärmerkmale der Bundesstaaten interessiert, wie die Vetomöglichkeiten durch Zweikammersysteme, Referenden, rigide Verfassungen und Verfassungsgerichte, die als *Veto-Spieler* auftraten (Tsebelis 2002). Zu diesen institutionell argumentierenden Theorieansätzen kann auch Scharpfs (1997) Ansatz der *Politikverflechtung* gezählt werden, der sich zunehmend mit der Spieltheorie verband. In historischer Perspektive wurden «*Pfadabhängigkeiten*» entdeckt, die spätere staatliche Weichenstellungen erschwerten (Benz/Lehmbruch 2002: 53 ff.).

Die niemals endende Debatte zwischen Ansätzen, die vom Individuum ausgingen, und jenen, die kollektive Begriffe akzeptierten, führte zu einem neuen individuellen Erklärungsmuster im *Rational-Choice-Ansatz*, nach dem politische Akteure in Institutionen ihren Nutzen kalkulieren. So szientistisch dieser Ansatz sich auch gebärdete, war er doch eingebettet in eine antietatistische und antikollektivistische Ideologie. Neoliberale ökonomische Theorien in der Nachfolge Hayeks entdeckten den Föderalismus wieder als Schranke für das Wachstum der Staatstätigkeit und das «Wuchern des Leviathans» (Brennan/Buchanan 1980).

Szientistische Ansätze versuchten, die Forschung frei von normativen Werten zu halten. Die Werte figurierten allenfalls unter den ihrerseits berechenbaren Nutzenkalkülen. Aber die Föderalismusdebatte ließ sich nicht in den geordneten Bahnen des Rational-Choice-Ansatzes halten. Sie wurde durch die Bewegungen, die Identitätspolitik proklamierten, auf neue unberechenbare Pfade gelockt. Ungleichgewichte im Bundesstaat, ein *asymmetrischer Föderalismus,* wurden damit verstärkt. Charles D. Tarlton (1965: 861) hat den Begriff früh in die Debatte geworfen, er wurde aber erst nach Jahren wirklich rezipiert und war anfangs hauptsächlich spekulativ gemeint. Der *symmetrische Föderalismus* war immer nur ein Ideal, schon weil die Territorien und Bevölkerungsanteile, die sich in Bundesstaaten zusammenschlossen, keineswegs gleich waren. Allenfalls die rechtliche Seite der Föderation, die Beziehungen der Gliedeinheiten zum Zentralstaat, ließen sich rechtlich «gleich» gestalten. Aber selbst die ältesten Föderationen wie die USA und die Schweiz enthielten zahlreiche Asymmetrien. Sie wurden vielfach als «variable Geometrie» verharmlost.

Zu einem Paradigmenwandel vom «Nationalstaat» zum «Föderalismus» kam es jedoch erst nach dem Zweiten Weltkrieg in den Wellen des Systemwechsels zur Demokratie (1945 ff. in Mitteleuropa, 70er Jahre in Südeuropa, 1989 ff. in Osteuropa, und in Lateinamerika zu verschiedenen Zeitpunkten). Dieser Paradigmenwechsel erfasste auch zunehmend zentralistische Staaten. Anfangs wurde von «*Dezentralisierung*» oder «*Devolution*» gesprochen. Im Zeitalter der «*political correctness*», auch in der Sprache, schienen diese Termini noch zu sehr von der hierarchischen Vorstellung geprägt, dass der Wandel von oben nach unten verläuft. Daher wurde «*noncentralization*» vorgeschlagen, ein Ausdruck, der sich im Deutschen als «Nicht-Zentralisierung» schwerlich durchsetzen dürfte.

Im dritten Jahrtausend hatte der Föderalismus sich gleichsam tot gesiegt. Das Konzept kam erneut von zwei Seiten unter Beschuss:

(1) Einmal hat die *quantifizierende Staatstätigkeitsforschung* immer geringere Erträge bei der Unterscheidung von föderalen und dezentralisierten Einheitsstaaten abgeworfen. Die geringe Zahl ähnlich gelagerter Fälle machte Vergleiche schwer und ganze Bün-

del von institutionellen Variablen, wie das Regierungssystem, die Parlamentsordnung, das Parteiensystem oder die Verfassungsgerichtsbarkeit, ließen den Einfluss der bundesstaatlichen Struktur auf den *Policy-Output* kaum evaluierbar erscheinen. Dietmar Braun (2002 a: 98) hat seine Zweifel am Konzept des Föderalismus in einen sinnvollen Vorschlag einmünden lassen: Man sollte eher von «*territorialen Regimen*» sprechen, um die alte Dichotomie von Einheits- und Bundesstaaten zu überwinden.

(2) Zum anderen wurde der Föderalismus durch das Konzept der Subsidiarität und eine ins Kraut schießende *Regionalismusforschung* in die Defensive gedrängt. Die Identitätspolitik fand viele Formen, und diese waren nicht auf den Bundesstaat beschränkt. Regionen kämpften immer wieder um ihre Identität, selbst wenn ihnen keine ethnische oder religiöse Gruppe als Referenzrahmen diente. Globalisierung und Europäisierung haben zudem den Föderalismus als verengte nationalstaatliche Perspektive erscheinen lassen. Der postmoderne Kampf um Anerkennung hat nationale, regionale und internationale Arenen verknüpft und sich nicht an die *Territorialität der Anerkennungsbasis* gehalten. Neue soziale Bewegungen brauchten territoriale Mobilisierungsbasen, aber nur bei radikalen Ethno-Nationalisten wurde diese Basis verabsolutiert. Gelegentlich bediente der Kampf um Anerkennung sich noch des Föderalismus-Vokabulars. Aber es wurden immer neue Epitheta erfunden, die von der klassischen Föderalismuskonzeption wegführten. Selbst einer quantifizierenden Politikwissenschaft musste die Proliferation der Föderalismus-Begriffe ein Dorn im Auge sein. Je mehr Phänomene unter «Föderalismus» subsumiert wurden, umso weniger ließen sich quantifizierbare Kriterien finden, wie sie «Opas paläo-institutionelle Politikwissenschaft» noch bereithielt.

Die frühe Föderalismusforschung hat betont, dass Föderalismus ein «Prozess» sei, der sich nicht auf einen Set von Institutionen beschränkt (Friedrich 1968). Die historische Pfadabhängigkeit (Lehmbruch 2002) zeigte sich in der Herausarbeitung des *Coming-together-Föderalismus,* bei dem Territorien bewusst auf autonome Rechte verzichten, um ihre Anliegen besser durchsetzen zu können. Gegenmodell war der *Holding-together-Föderalismus,* in dem die Gliedeinheiten, die einst eine lose Konföderation gebildet hatten, ihre Autonomie bewahren (Linz 1999, Stepan 1999). Ein älterer Typ wurde gelegentlich auch *konföderaler Föderalismus* genannt. Modelle waren die USA und die Schweiz. Der offizielle Name der Schweiz heißt bis heute nicht mehr ganz korrekt: «Confédération Helvétique». Mit der Modernisierung und dem Streben nach effizienter Regierung hat die Ausdehnung der Bundesstaatlichkeit in der ganzen Welt immer häufiger zum Typ des *«unitarischen Bundesstaats»* geführt. Als Prototyp galt die Bundesrepublik Deutschland (Hesse 1962, Abromeit 1992, Thorlakson 2000). Mit solchen Gegenüberstellungen scheinen zwei weitere Unterscheidungen zu korrelieren: *inter-state-federalism* und *intra-state-federalism*. Die Schweiz als klassischer Fall eines Inter-Staaten-Föderalismus hat sich in Richtung eines kooperativen Föderalismus entwickelt. Artikel 23 der Verfassung von 1999, in dem die «Chancengleichheit der Bürgerinnen und Bürger» beschworen wurde, wäre früher kaum denkbar gewesen.

Hinter solchen Typologien verbirgt sich ein fundamentaler Konflikt über den richtigen Ansatzpunkt. Der *staatszentrierte Föderalismus* wurde von der Konzeption eines *gesellschaftszentrierten Föderalismus* in Frage gestellt (Livingston 1967). Der gesellschaftszentrierte Föderalismus galt als der ursprüngliche. Er wollte vor allem die Vielfalt in der Einheit erhalten. Der staatszentrierte Föderalismus schien eo ipso auf den «verkappten Einheitsstaat» hinauszulaufen (Abromeit 1992: 12). Die Prozesse ließen sich nicht auf die verfassungsmäßigen Arrangements föderaler Institutionen reduzieren. In den USA, die sich eines gesellschaftszentrierten Föderalismus rühmten, kam es zu Wellen der Staatszentrierung. Kanada andererseits war auf Unitarisierung verfassungsmäßig angelegt und erlebte eine beispiellose Reaktivierung gesellschaftszentrierter föderaler Bestrebungen (Benz 2002: 17). Auch im deutschen unitarischen Bundesstaat wird bei normativen Ansätzen immer wieder die gesellschaftliche Grundlage des Föderalismus betont. Föderalismuskultur ist nach diesem Ansatz ein interpersonales Phänomen auf der Ebene der Gemeinschaften. Der demokratischen Norm «Selbstbestimmung» entspricht auf der Ebene der Bürgergesellschaft die «Identität», die ihr innewohnendes Potenzial in Strukturen des Föderalismus entfalten kann (Sturm 2004 a: 11, 4). Wo das

Bekenntnis zur Gesellschaftszentriertheit nicht zur Sonntagsrede verkam, musste ein neuer Impetus gefunden werden, was die Kluft der Ansätze erneut verschärfte. Es dominierte das ökonomische Interesse am Föderalismus, das fragte, ob Bundesstaatlichkeit einen Unterschied für das *Output*-Profil von Staaten mache. Es wurde weniger nach dem *Input* an rechtlichen Vorschriften und Partizipation der Bürger gefragt, sondern das Resultat an Wohlfahrt für die betroffenen Bürger untersucht. Der bürgergesellschaftliche Ansatz hingegen erweiterte das Blickfeld auf die «Nichtverhandler» im System, die einem spieltheoretisch modellierten Akteursansatz entgehen, der nur rationale Individuen berücksichtigt, die ihren maximalen politischen Nutzen kalkulieren. Die rational ökonomisch kalkulierenden Egoisten erscheinen den ethnischen Föderalisten in ihrer Denkweise als «sektoral verengt».

In Ländern, in denen regionale, ethnische, religiöse und soziale Konflikte einander überlagern, wirkt der Föderalismus herkömmlicher Art schon als ein Anachronismus, der nach altmoderner Symmetrie strebt. Gerade in Systemen, in denen nicht schon immer föderalistische Traditionen lebendig waren, wie in Spanien, Italien oder Belgien, gab es anfangs wenig Kooperation mit der Zentralregierung. Es ging eher um einen Verdrängungswettbewerb zwischen Zentrum und Peripherie. Konfrontation überwog die Kooperation, und wo Kooperation entstand, verlief sie meist nicht in den verfassungsmäßig vorgeschriebenen Bahnen, sondern entwickelte eine «Rätedemokratie» oder einen «Vertragsföderalismus» an dem etablierten Mehrebenensystem vorbei (Kap. II.8). Beim Studium der Frage, wie die Blockaden des Föderalismus gegen einen unitarisierenden Sozialstaat umschifft werden konnten, wurden *«Beipass-Strategien»* als offene Methoden der Koordinierung anstelle von herkömmlicher staatlicher Regulierung von oben entdeckt (Obinger u. a. 2005: 506).

2) Identitätstheorien

Föderalismus ist ein altehrwürdiger Begriff der politischen Theorie und der Institutionenlehre. Ihm wurden gelegentlich «magische Qualitäten» zugeschrieben, weil er als Heilmittel gegen separatistische Tendenzen galt. Identitätspolitik, ein Begriff, der auf die Förderung des regionalen Bewusstseins der Bürger angewandt wurde, erscheint dagegen eher als ein postmoderner Modebegriff. In der Geschichte der politischen Theorien haben die Sinnproduzenten jedoch immer eine Rolle gespielt. Dort, wo eine «republikanische Tradition» erhalten blieb, wie bei Rousseau oder in den «Federalist Papers», wurde die sozialmoralische Grundlage des Gemeinwesens gegen die bloß ökonomisch-soziale oder politisch-institutionelle Integration betont (Münkler 2006: 22). Diese Tradition war in Ländern mit subnationalen Identitäten lebendiger als in Zentralstaaten, und der Republikanismus schien sich in den kleinen Einheiten am authentischsten durchzusetzen. Regionalistische Identitätspolitik war immer stark auf lebensweltliche Erfahrungshorizonte bezogen (Gerdes 1985: 55) und blieb vielfach resistent gegen objektivistische Gesellschaftstheorien der Moderne. Idealiter wäre der Ansatz zur Erforschung die «teilnehmende Beobachtung». Objektivistische Theoretiker haben daher die regionalistische Identitätspolitik häufig als eine Art *abweichendes Verhalten* im Modernisierungsprozess bewertet, das nicht analytisch, sondern nur durch individualisiertes «Verstehen» aufgeschlüsselt werden könne.

In objektivistischen Ansätzen wurden Identitäten als objektiv gegeben vorausgesetzt. Der bloße Terminus «Identitätspolitik» zeigte jedoch, dass Identität mit kulturellen Deutungen bei der Schaffung eines «historischen Gedächtnisses» durch Politik hergestellt wird. Die Transformation einer *Identität an sich*, einer konstruierten, für objektiv gehaltenen Entität, in eine *Identität für sich*, die kollektives Bewusstsein aufweist, (um Marxsche Begriffe zweckentfremdend zu benutzen), ist ein kollektiver Vorgang. Daher ist dieser Kampf um Anerkennung keine rein individuelle Angelegenheit. Der Begriff *Anerkennung* wurde seit Hegel gegen den liberalistischen Individualismus eingesetzt. Dabei betonte man, dass soziale Beziehungen den Individuen vorausgehen und die Intersubjektivität der Subjektivität gegenüber Vorrang habe. Neue Kategorien wie «Ethnizität», «Geschlecht» oder «Natur» haben die alten Deutungen der Gesellschaft in Begriffen von «Klasse» oder «Schicht» abgelöst. Nicht bei allen Theoretikern kam es bei dieser Entwicklung zu einem Bruch zwischen der klassischen Moderne und der Postmoderne. Die Ausläufer der Frankfurter Schule vertraten die Meinung, dass Gerechtigkeit sowohl «Umverteilung» als auch «Anerkennung» verlange, und dass man nicht – wie viele amerikanische Theoretiker, denen die marxistischen Traditionen mit ihrem Umverteilungseifer immer fremd blieben – von einem Periodisierungsschema ausgehen könne, nach dem der «*Kampf um Anerkennung*» den «*Kampf um Umverteilung*» abgelöst habe (Honneth in: Fraser/Honneth 2003: 17, 19, 146, 159, 1955). Die Vernachlässigung des Faktors von Klassen und sozialer Schichtung – als Überreaktion auf die Überschätzung des Klassenfaktors im Marxismus und in vielen Modernisierungstheorien – ist einer der schwerwiegendsten Mängel der postmodernen Identitätsliteratur.

Der Kampf um Anerkennung fand auf der Grundlage der *Konstruktion von Identitäten* statt. Der Plural ist angebracht, weil der Mensch selten so fanatisch einseitig ist, nur eine Identität zu besitzen. Umfragen zeigen immer wieder, dass die Identifikation auf mehreren Ebenen stattfinden kann, mit der Gemeinde, der Region, der Nation und mit Europa (Kap. II.1.d). In der klassischen Moderne haben die Sozialwissenschaften diese Pluralität im Begriff der *Rolle* zu fassen versucht. Er war jedoch stark an Vorgaben des Systems von oben gebunden. Schon Christian Morgenstern bäumte sich in dem Gedicht «Nachtwandler» gegen die Auflösung des Menschen in seine sozialen Rollen auf: «Redet er nicht im Schlaf? horch! ‹Wer bin ich?› Eine lebendige Litfass-Säule etikettiert von oben bis unten: Staatsbürger, Gemeindemitglied, Protestant, Hausbesitzer, Ehemann, Familienvater, Vereinsvorstand, Reserveleutnant … Wagnerianer … Kneipianer, Temperenzler – wie ruf ich, und nie Mensch?» Aber selbst in dieser literarischen Rebellion war noch die Vorstellung angelegt, dass keine dieser Rollen alle anderen überlagerte.

In der Prämoderne ging man von einer Einheit des Menschen aus. Diese Einheit geriet durch die Differenzierung der Rollen in der klassischen Moderne in Gefahr. In der Postmoderne zerfaserte sich diese Vielfalt bis zur Beliebigkeit. Als Mittel der Gegensteuerung wurde von benachteiligten Gruppen die Identitätspolitik entdeckt. Die Beschränkung auf eine national-ethnische Identität machte jedoch nur eine Minderheit der postmodernen Bürger in der *Netzwerkgesellschaft* mit. Eine solche Ausschließlichkeit sprengte nahezu das pluralistische Rollenkonzept, wenn ideologisch verbohrte Gruppen eine Rolle, etwa die «Klasse» oder die «Ethnie», zum Bezugspunkt des gesamten sozialen Lebens erhoben.

Die Konstruktion von Identitäten bezieht ihr Material aus der Geschichte, der Geographie, der Biologie, aus dem kollektiven Gedächtnis, verstärkt durch Angebote des politischen Systems und der Religion. Individuen und Gruppen können dabei mehrere Identitäten haben, die gelegentlich in Konflikte geraten. Drei Typen von Identitätssuche wurden in der Soziologie unterschieden: die *legitimierende Identität*, die von herrschenden Institutionen gefördert wird, die *Widerstandsidentität* der Unterprivilegierten und Ausgeschlossenen, sowie die *Projektidentität* bei Gruppen, welche die gesamte Gesellschaft zu transformieren trachten (Castells 2002: 8, 10). Letztere scheint der ideologischen Identitätsbildung am nächsten zu stehen. Sie überwog in der klassischen Moderne. Die Widerstandsidentität ist in der Postmoderne prima vista lokalistisch und gelegentlich – wie im radikalen Feminismus – wenig kommunikativ gegenüber dem Rest der Welt. Aber diese Form der Identität ist etwa bei den Ökologen zugleich global orientiert – im Sinne des Slogans: «Lokal denken, global handeln!» Seit die marxistische Theorie sich in die luftigen Höhen eines Widerstandes gegen das – nicht mehr als Territorialstaat definierte – «Imperium» aufgelöst hat, gibt es etwa bei Hardt und Negri (2002: 119) einen Kampf um Selbstbestimmung «subalterner Nationalismen», der progressiv nur in den Händen der Unterdrückten in marginalen Regionen erscheint. Aber dieser Kampf wird in ständiger Gefahr einer reaktionären Entartung gesehen. Dies gilt für alle Einheiten, die Ansatzpunkt von Widerstand werden können. Denn reflexiv organisierte Lebensplanung muss verschiedene Optionen integrieren (Giddens 1991: 5). Das lässt viele lautstark propagierte Identitäten sehr widersprüchlich und keineswegs «nachhaltig progressiv» erscheinen. Nationalismus und Identitätssuche wurden progressiv bewertet, wenn sie sich *zivilgesellschaftlich* und nicht ethnisch begründeten. Darin kann man ein Fortleben der Meinungen von Hans Kohn (1944) sehen, dass es in Westeuropa eine «gute», gleichsam verfassungspatriotische, und in Osteuropa und Deutschland eine schlechte ethnozentrische Identitätspolitik gegeben habe.

Sozialhistorische Studien haben sich nach der kulturalistischen Wende vom objektivistischen und ökonomistischen Klassenstandpunkt gelöst und auch die «alten sozialen Bewegungen» – vor allem die Arbeiterbewegung – in Termini des Kampfes um Anerkennung interpretiert. In der postmodernen Literatur ist vielfach «*Anerkennungspolitik*» für Gruppen der alt-modernen «*Verteilungspolitik*» gegenübergestellt worden, als ob es nur um rechtliche Probleme ginge. Gerade im Föderalismus wurde deutlich, dass die Anerkennungspolitik immer auch mit wirtschaftlichen Verteilungsansprüchen der Regionen verbunden war.

Zum Glück für pragmatische Politiker liegt meist eine Gemengelage von Anerkennungs- und Umverteilungsgesichtspunkten vor, soweit nicht ein ethnischer, religiöser oder sonstiger Neofundamentalismus die Konflikte, die neue soziale Bewegungen thematisieren, für nicht lösbar halte, weil es angeblich um «alles oder nichts» gehe. Mit dieser emotionalen Verve als Folge der Identitätspolitik ist auch die Vorstellung verbunden, dass das herkömmliche demokratische Mehrheitsprinzip auf gewisse Fragen nicht anwendbar sei. Schon Robert Dahl (1956: 90) hatte einst die Frage aufgeworfen, was geschehe, wenn eine Minderheit etwas leidenschaftlich befürwortet, während die Mehrheit an ihrem Beschluss nur halbherzig hängt. Das Maß der Intensität, mit der ein Anliegen von einer Minderheit vertreten wird, lässt sich nicht einmal in einem Pluralstimmen-System einfangen. Zweifellos würden selbst die «Lauen» mobilisiert – und diese dann ihre Anliegen essentialistisch hochstilisieren. Das Ergebnis wäre ähnlich wie bei der simplen Abstimmung (Offe 1984: 167).

In der praktischen Politik von Autonomie- und Föderalismus-politik geht es zum Glück nicht so primordialistisch zu. Es werden laufend pragmatische Kompromisse gefunden – nicht nur durch Umverteilung von Mitteln, sondern auch von Rechten und Kompetenzen für territoriale Einheiten. Die Alles-oder-nichts-Gesinnung, die von einigen amerikanischen Feministinnen der neuen Suche nach Identität nachgesagt wird, betreffen den Föderalismus allenfalls im terroristischen Umfeld von bombenden Fundamentalisten. Im Durchschnitt haben die neuen sozialen Bewegungen trotz essentialistischer Überhöhung in manchen Theorien sich erfreulich schnell in das normale Spiel der Interessenkonflikte eingebracht und gingen Koalitionen mit herkömmlichen, eher wirtschaftlich orientierten Interessengruppen und Parteien ein. Psychologen und Pädagogen haben bei ihrer Akzeptanz von Konstruktionen von den Individuen schon immer «Lernfähigkeit» und Anpassung des mitgebrachten kulturellen Materials an die konkreten Lebensbedingungen verlangt (Dittrich/Radtke 1990: 30 f.).

Mit dem Föderalismus ist schon immer Identitätspolitik getrieben worden, vor allem seit er unterschiedlichen Ethnien als Schutzschild ihrer Identitätsbewahrung zu dienen begann. Die «Identitätsinflation» wird inzwischen viel kritisiert (Brubaker/Cooper 2000: 14 ff.) und es wurde vorgeschlagen, lieber von «*identification*», «*self-understanding*» oder «*commonality*» zu sprechen. Aber die Austreibung eines Modebegriffs würde in der Sache nichts ändern. Wenn die Identität hinreichend verallgemeinerbar gefasst wird und nicht nur jeder Selbstanmaßung von Gruppen ohne hinreichende Gefolgschaft entspricht, erscheint sie einigen Theoretikern ethnischer und sprachlicher Konflikte unverzichtbar. Auch der Einwand, es handele sich immer um «Konstrukte», zieht nicht. Es ist offensichtlich, dass nicht das «kulturelle Rohmaterial» an sich schon Identität konstituiert, sondern erst die «Symbolische Verwertung kultureller Zutaten». Das soziale «Rohmaterial» verbietet, die konstruierte Identität als bloße Ideologie abzutun, wie es vor allem von Hegel bis Marx bei den «kleinen Volkssplittern» ohne staatliche Vergangenheit geschah. Etablierte Nationen neigten dazu, die Identitätsfrage zu vernachlässigen, weil sie «Selbstverständliches» betraf (Enzensberger). Das Identitätsgefühl ist gelegentlich als «dünner Nationalismus» definiert worden, soweit er das Alltagsleben durchtränkt und den Zugang zur Politik strukturiert, ohne zum ideologisch aufgeladenen Organisationsprinzip des Systems zu werden (Kraus 2004: 59, 84). Sozialwissenschaftlich relevant ist nicht «ob», sondern «wie» und mit welchen politischen Mitteln eine Identität konstruiert wird.

Der weitere Begriff *«politische Identität»* lässt sich schwerlich mit der Loyalität zu einer territorial organisierten Gruppe gleichsetzen. Politische Identität wird auch als das Output-Produkt der *Politischen Kultur* gewürdigt, als Gesamtheit der Beziehungen von Bürgern und Institutionen und ihren Partizipationsgewohnheiten (Henry 2001: 53). Dieses politische Identitätsgefühl ist in den Studien über Politische Kultur immer nur ein Teilaspekt und sollte nicht überbewertet werden. Es ist eingebettet in Identifikationen, die *«Verfassungspatriotismus»* genannt werden könnten, wenn das nicht zu pathetisch klänge. Die Akzeptanz von Institutionen im System ist häufig eher passiv-duldend und glänzt allenfalls durch den Mangel an kritischen Anti-Systemgefühlen. Politische Identität als Legitimations-Ressource für das politische System steht in Interaktion mit der Kultur. Sie wird als das «Herz der Politik» angesehen (Pfetsch 2001: 131). Daraus könnte geschlossen werden, dass die Identifizierung mit den Institutionen, Eliten und Prozessen im System eher den «Verstand» ansprechen. Aber dieser Schematismus ist fragwürdig, da auch rationale demokratische Systeme mit Symbolen bis zum Flaggenklamauk immer wieder an Gefühle appellieren. Die Identifizierung mit Führungseliten ist im Medienzeitalter zunehmend eine unentwirrbare Mischung der Zuschreibung von rationaler Sachkompetenz und einer gefühlsbetonten «Imagepflege».

Die USA kommen bei näherer Analyse kaum in Frage, um die zeitgenössische Identitätsproblematik zu inspirieren. Die Ideologen der souveränen Rechte der Staaten in Amerika haben regionale Identität beschworen, auch wenn sie gelegentlich nicht über die Privilegien lokaler Eliten (etwa in der Sklavereifrage) hinausgingen. Noch der Artikel 29 des deutschen Grundgesetzes, der die mögliche Neugliederung des Bundesgebiets regelt, ist der klassischen Moderne insofern verpflichtet, als «Größe und Leistungsfähigkeit» der Einheiten zuerst genannt werden. Prä- und postmodern ist er aber insofern, als die «landsmannschaftliche Verbundenheit», die «geschichtlichen und kulturellen Zusammenhänge» mit der «wirtschaftlichen Zweckmäßigkeit» in einem Atemzug genannt wurden.

Identitätspolitik verstärkt die asymmetrischen Beziehungen im Föderalismus, es sei denn, die großen Gruppen seien annähernd äquivalent wie in Belgien, weil einige Gebiete wie Schottland oder das Baskenland beim Zentralstaat mehr heraushandeln als andere Regionen. Verfechter föderalistischer Theorien treten häufig für möglichst gleiche Rechte der Territorien ein. In multinationalen Föderationen kann es daher zu zwei Konzeptionen kommen, die miteinander konkurrieren: In Kanada strebten Franko-Kanadier und die Ureinwohner (*aborigines*) einen asymmetrischen Föderalismus an. Die Anglo-Kanadier hingegen konzipierten die ganze Föderation als ein möglichst symmetrisches Gebilde unter Gleichen und wurden des «pan-kanadischen Nationalismus» verdächtigt. Ein «multination federalism» würde einen Umdenkungsprozess der englischsprachigen Mehrheit erfordern (Kymlicka 1998: 166, 181). Auch die Wiederentdeckung der Regionen und die Akzeptanz altmodisch klingender Termini wie *«Heimat»* können nicht verdecken, dass die modernen Menschen aufgrund ihrer Mobilität immer weniger «in einem Territorium» leben (Gerdes 1980: 15).

Der Föderalismus war selbst ambivalent, als er mit der Idee von gleichen Rechten verbunden war, diese aber auf territoriale Kollektive bezog. In seinen frühen Formen nahm er oft die Gleichheit der Rechte der Individuen eines Gliedstaates weniger ernst als die Gleichheit der Rechte der Kollektive in einer föderalen Union. Die Rechtsgleichheit, die vor allem in Föderationen mit einer Verfassungsgerichtsbarkeit vorangetrieben wurde, hat vielfach einzelstaatliche Widerstände brechen müssen – eine Dynamik, die heute selbst vor der Europäischen Union nicht haltmacht.

Im *«Differenzierungsföderalismus»* der neueren Zeit mit seinen zentrifugalen Tendenzen ist die Asymmetrisierung des Föderalismus von vornherein angelegt. Identitätspolitik wird von Gruppen gegen einen traditionalen Konsens betrieben und hofft auf Anerkennung. Identitätspolitik kann sich nie auf einen garantierten Besitzstand berufen. Sie ist im sozialen und politischen Prozess auf die Akzeptanz der größeren Umwelt der Gliedeinheiten angewiesen. In konsolidierten Demokratien wird das Identitätsstreben nicht zum Identitätswahn. Die Modi der kulturellen Selbstauslegung wie «Traditionalismus», «Modernismus» und «Fundamentalismus» fanden sich auch in Konflikten ethnischer Gruppen. Aber meist fanden beide Seiten Kompromisse, sodass es zum ethnisch definierten Fundamentalismus nur in Randgruppen wie der ETA kam. Spanien zeigte diese Tendenz schon vor der endgültigen Konsolidierung, als höchst pragmatisch eine «pre-autonomia» nach der anderen verteilt und somit die föderale Lösung aus einem Guss nach der Verabschiedung einer Verfassung verunmöglicht wurde. Identitätspolitik neigt im Stadium des Kampfes um Anerkennung dazu, «Kultur als Solidarität» aufzufassen und dem liberalen Verständnis von «Kultur als Zivilisation» gegenüberzustellen (vgl. Meyer 2002: 41, 64, 66). Die deutsche Tradition, den Begriff der «*Kultur*» gegen die westliche «*Zivilisation*» auszuspielen, die in der Propaganda zweier Weltkriege fatale Folgen zeitigte, wurde in den meisten Demokratien nicht mitgemacht. Kultur und Zivilisation wurden nicht in spätromantischer Weise auseinanderdividiert. Nur bei Ethno-Nationalisten führte die Überhöhung der Kultur zu einer Ontologisierung von kulturellen Differenzen und erschwerte politische Kompromisse im System.

In neueren Föderationen und Devolutionssystemen früher zentralistischer Staaten von Großbritannien bis Spanien haben die Gebietseinheiten die Idee gleicher Rechte für alle Untereinheiten aufgegeben, die im «*Coming-together-Föderalismus*» der Schweiz und der USA einst betont wurden. Im Deutschen Reich (1871–1918) entstand zwar nur ein Quasi-Föderalismus, aber die mächtigsten süddeutschen Staaten handelten zum Teil skurrile Privilegien heraus, wie die Vertretung des Landes in einer Gesandtschaft in Paris. Mit der militanten Wahrnehmung der Rechte von ethno-nationalen Gruppen kam es zu Föderierungen, bei denen die meisten Rechte erhielt, wer politisch am effizientesten Druck ausübte – notfalls durch Gewalt, von Südtirol bis ins Baskenland.

In der Folge verschärften sich die ungleichgewichtigen Tendenzen des Föderalismus. Haben ethnische Gruppen vielfach mehr autonome Rechte gefordert, um eine tatsächliche oder vermeintliche Unterprivilegierung zu bekämpfen, so haben die reichen Gebiete der dominanten Ethnie gelegentlich eine Art «wirtschaftliche Identitätspolitik» getrieben. Sie wollten keinen Malus mehr auf gutes Wirtschaften ertragen und begannen, die Transfersysteme für die ärmeren Gliedstaaten in Frage zu stellen (Kap. II.6). Regionen als administrative Einheiten gerieten ins Hintertreffen gegenüber Regionen, die auch eine potente wirtschaftliche Einheit darstellten.

3) Die vergleichende Föderalismusforschung

Die vergleichende Föderalismusforschung nahm erst in den 90er Jahren einen gewaltigen Aufschwung. Mehrere Gründe sind für dieses «revival» verantwortlich:

(1) Seit der dritten Welle der Demokratisierung in Süd- und Ost-Europa und parallel dazu in vielen Ländern der Dritten Welt erlebte das Thema eine Renaissance.

(2) Nach den nationalistischen Exzessen der Nazi-Herrschaft in Europa war Identitätspolitik in Verruf geraten, vor allem, wenn sie von ethnischen Gruppen vertreten wurde. Es setzte sich das Vorurteil fest: «Ethnicity leads to nationalism, nationalism leads to nazism.» Selbst in aufgeklärten Ländern wie Großbritannien ist der Begriff «ethnisch» für «non-whites» reserviert, als ob Schotten und Iren keine ethnische Identität betont hätten. Der Drang nach einer Europäische Gemeinschaft sollte Institutionen schaffen, welche die nationalen Identitäten transzendieren (Schöpflin 2000:12). Vor allem in Deutschland wurden die Anteile von Identitätspolitik in den Institutionen gern verdrängt. Institutionen schaffen Symbole zur Stärkung von Identität. Gerade in Amerika ist für Europäer der Flaggenkult und das Absingen der Nationalhymne nach jeder Kino-Vorstellung ziemlich fremd.

Die Modernisierungstheorien in der Tradition von Karl Deutsch setzten – wie ihre Konkurrenten unter den Marxisten – die ethnischen Gruppen nach dem Zweiten Weltkrieg langfristig auf den «Aussterbe-Etat», weil Modernisierung angeblich letztlich zur Assimilierung führen müsse. Dennoch machten die Totgesagten sich zunehmend lautstark bemerkbar. Selbst Terror wurde wieder eingesetzt. Die Südtiroler, als «hill-billies» belächelt, begannen damit. Sie hielten sich jedoch noch ohne Kenntnis von scharfsinnigen Unterscheidungen der Studentenbewegung hinsichtlich der «Gewalt gegen Menschen» und «Gewalt gegen Sachen» an den zweiten Modus der Expression. Sie sprengten allenfalls Hochspannungsmasten in den Bergen, fernab von Menschen, die hätten zu Schaden kommen können. Die baskische ETA hingegen stand am anderen Ende der Skala und versuchte die menschlichen Todesopfer zu maximieren, notfalls auch unter gänzlich unbeteiligten Touristen.

Mit dem Zusammenbruch des Kommunistischen Systems und der sowjetischen Hegemonie brachen ethnische Konflikte wieder aus – am brutalsten im ehemaligen Jugoslawien. Der Kommunismus konnte zwar die Zivilgesellschaften Osteuropas untergraben, aber die Suche nach nationaler Identität hat er nicht auszurotten vermocht. Alle drei Föderationen im Kommunismus zerfielen – die Sowjetunion, die Tschechoslowakei und Jugoslawien. Es zeigte sich, dass der Kommunismus den territorialen Föderalismus missbraucht hatte und wenig mehr als Volkstanzgruppen mit seinen Institutionen förderte (von Beyme 1964). Obwohl Westeuropa längst mit eigenen ethnischen Bewegungen konfrontiert war, breitete sich eine Einstellung aus, die Schöpflin (2000: 4) «Hans Kohnism» genannt hat, nach einem Autor, der in zahlreichen Büchern den schlechten, brutalen *tribalen Nationalismus* dem guten *verfassungspatriotischen westlichen Nationalgefühl* entgegengesetzt hatte. Gleichwohl mussten sich alle europäischen Institutionen zunehmend mit dem Problem unbefriedigter ethnischer und regionaler Aspirationen auseinandersetzen. Sie waren umso schwieriger zu befriedigen, als keine Föderation – mit Ausnahme der nicht konsolidierten Föderation in Russland (von Beyme 2001: 96 ff.) – die Wende überlebte.

In der Postmoderne kam der starre Einheitsbegriff der *«nation une et indivisible»*, der homogenen Nation, zunehmend ins Wanken. «Identitätspolitik», die auch gefühlsmäßige Aspirationen von Gruppen berücksichtigte, trat neben eine rationalistische Konstruktion von Verfassungen (*institutional engineering*). Ethnische Gruppen verlangten Selbstbestimmung. Bundesstaaten schienen prima vista mehr geneigt, diese Anliegen aufzunehmen. Das Interesse am Föderalismus wurde daher durch die Ansprüche der kleinen Ethnien in Westeuropa vom Baskenland bis Schottland unterstützt. Die klassischen «Coming-together-Föderationen» wurden durch einen neuen Typ ergänzt, der eher einen «Differenzierungsföderalismus» wie in Kanada darstellte. Er entstand sogar in einem früheren Zentralstaat wie Belgien. Territoriale Einheiten mussten mit nichtterritorialen Minderheitenfragen in Einklang gebracht werden. Während der ältere Institutionalismus den Föderalismus vor allem als vertikale Gewaltenteilung begriff, haben frühe Zentralstaaten im Zeitalter der Devolution «Föderalismus», «Regionalismus» oder «Pluralismus» ein Kontinuum institutioneller Möglichkeiten suggeriert, die unterschiedliche Identitätsansprüche in Einklang bringen sollten. Der schöne rationale «Reißbrettföderalismus» musste einem unschönen Flickenteppich von asymmetrischen Rechten und Kompetenzen weichen.

(3) Alte Föderationen wie die Schweiz, Deutschland und Kanada arbeiten inzwischen an Föderalismus-Reformen, nachdem der kooperative Föderalismus oder gar die Politikverflechtung deutschen Musters zur Innovationsbarriere geworden ist. Die wachsende Skepsis gegenüber der Steuerungsfähigkeit des Staates hat das Verdikt gegenüber den asymmetrischen und nicht-demokratischen Relikten im Föderalismus wieder milder werden lassen. Im 19. Jahrhundert wurden von den verspäteten Nationalstaaten wie Italien und Deutschland eher die «zentrifugalen» als die «zentripetalen Kräfte» gefürchtet (Treitschke 1921: 83). In der Polemik der Modernisierer gegen die States-rights-Ideologen von Calhoun in den USA bis zu Max von Seydel in Deutschland wurde Symmetrie im Föderalismus nur insoweit gelobt, wie sie die Vereinheitlichung der Nation nicht behinderte. Die Konzeption der States-rights-Ideologen schien im Zeitalter der Modernisierungstheorien nur noch die Position von «Hill-billies» in Rückzugsgebieten zu sein. Föderalismus sah eine Weile wie ein Stadium der Evolution aus, das überwunden werden musste.

(4) In der Postmoderne hatte sich die Bewertung des Föderalismus gewandelt. Der Föderalismus wurde nun wieder zu einer «evolutionär höchst fortschrittlichen Struktur» erklärt (Mayntz 1990).

Die prämoderne territoriale und funktionale Fragmentierung von Entscheidungssystemen schien nach Abklingen des ungebrochenen Rationalitäts- und Effizienzstrebens dem postmodernen Lebensgefühl zu entsprechen. Polyzentrische Organisationsformen waren wieder «en vogue». Für den Föderalismus ließ sich das Bonmot von Daniel Bell (1988: 2) mobilisieren, dass der Nationalstaat für große Probleme zu klein und doch zu groß für die kleinen Probleme des Landes sei.

Der Föderalismus ist durch neuere empirische Studien wieder vom Generalverdacht der Bremswirkung für den sozialstaatlichen Fortschritt entlastet worden. In Ländern, wo der Zentralstaat die Sozialpolitik früh in die Hand nahm (wie Deutschland und Österreich), ist die Bremswirkung gering. Strikte Kausalzusammenhänge mussten relativiert werden. Die Effekte auch des Föderalismus variierten über Raum und Zeit. Eine Fülle von Variablen wurde in die Betrachtung einbezogen, wie die Eigentümlichkeiten der Klientel des Wohlfahrtsstaates, Haushaltslagen oder parteiliche Zusammensetzungen in wichtigen Institutionen (Obinger u. a. 2005: 510 ff.). Die quantifizierende Föderalismusforschung aus dem Geist der Ökonomie versuchte, Anleitungen für die Reform des Föderalismus zu geben. Leider waren ihre Ergebnisse zu umstritten, um diesem Ziel der Policy-Forschung zu genügen. Was an Präzision der vergleichenden Analyse gewonnen wurde, musste bei der Entdeckung immer neuer Kontextbedingungen relativiert werden, sodass es kaum zu umsetzbaren Empfehlungen zur Föderalismusreform kam (Kap. II.9).

(5) Die Reduktion des Föderalismus auf rationale individualistische Akteure, die den institutionellen Rahmen für die Realisierung ihrer Eigeninteressen benutzen, führte zur Wiederbelebung der Idee einer *Bürgergesellschaft* mit einer neuen Föderalismuskultur (Sturm 2004 a: 11, Fischer u. a. 2004). Selbstbestimmung und Identitätsstreben, das von den ökonomischen Ansätzen ausgeklammert worden war, wurde wieder in eine Wertedebatte eingebracht, welche die föderalistische Kultur als interpersonales Phänomen würdigte.

Föderalismus erschien bis 1945 eher ein Minderheitenphänomen. 1991 zählte Daniel Elazar (1987:43) als unermüdlicher Kämpfer für den Föderalismus schon ein Drittel der Staaten der Welt zu den Bundesstaaten. Dabei wurden auch selbst-stilisierte Föderationen in seiner engeren Liste von 17 Bundesstaaten mitgezählt, wie die Komoren oder die Arabischen Emirate. Beschränkt man die Liste der föderalistischen Systeme (abgesehen von Indien) auf die OECD-Staaten, so tauchen bei den acht Föderationen in dieser Gruppe wenigstens im Fall von Mexiko Zweifel auf (Braun 2002: 102). Vergleichende Studien zur politischen Performanz beschränkten sich vielfach auf sechs Föderationen (USA, Kanada, Australien, Schweiz, Deutschland, Österreich (Obinger u. a. 2005). Im Falle von Österreich ist seit Wheare (1963) die Frage nicht verstummt, ob es sich nicht um einen dezentralisierten Einheitsstaat handelt – eine Frage, die in der Debatte um den «unitarischen Bundesstaat» in Deutschland nie in gleicher Schärfe gestellt wurde. Je kleiner die Fallzahl, umso schwieriger wurde der Vergleich.

Die Eigenbezeichnung kann kein Beleg für oder gegen die Einstufung als föderaler Staat sein. Die Schweiz spricht nur vom Bund und der Eidgenossenschaft (Art. 1 und 2), gehört aber zu den symmetrischsten Föderationen der Welt. Indien nennt sich «Union» und bemüht in der Präambel Epitheta wie «sozialistisch, säkular, demokratisch», nicht aber den Begriff Föderalismus, und gehört zu den Bundesstaaten der Welt, welche die größten Asymmetrien aufweisen. Belgien erklärt sich zu einem «föderalen Staat, zusammengesetzt aus Gemeinschaften und Regionen» (Art. 1), und ist gleichwohl ein sehr atypischer Bundesstaat. Spanien in der Außenwahrnehmung ein «*devolutionary federalism*», hat das Wort «federal» im Staatsnamen tunlichst vermieden und beschränkt sich in der Eigenwahrnehmung (Art. 1.1) auf «sozial und demokratisch». Die Verfassung von 1978 erwies sich als Dokument zweier Traditionen. Stark war unter Juristen noch die Idee der «unteilbaren Nation». Ebenso präsent waren jedoch die föderalen Bestrebungen, wie sie in der spanischen Geschichte seit Pi y Margall vor allem in republikanischen Zeiten immer wieder zum Tragen kamen.

Im älteren Institutionalismus herrschte ein rationales symmetrisches Bild der «states' rights» vor. Staaten wurden als kompetenzgleich gedacht. Dieses Modell schien dem Denken der klassischen Moderne angemessen. In der Postmoderne mit ihren Patchworks von der Kunst bis zur privaten Lebensführung hat sich die Toleranz gegenüber Asymmetrien verstärkt. Eine neoliberale Theorie, als Ausdruck der Individualisierung selbst von kollektiven Akteuren in der postmodernen Gesellschaft, hat das asymmetrische Denken verstärkt. Föderalismus schien nun nicht einmal mehr an eine bestimmte Machtverteilung zwischen Exekutive und Legislative gebunden.

Die Föderalismustypen der vergleichenden Systemforschung ließen sich nicht konstant über die Zeit nachweisen. Die *USA* kultivierten den Mythos ihres «*exceptionalism*» wegen der Eigenart ihrer Institutionen und ihres Sonderlebens auf einem anderen Kontinent. Der Föderalismus wurde als das Herzstück dieses Exzeptionalismus gefeiert, einmal wegen der Neuartigkeit seiner bundesstaatlichen Konstruktion und zum anderen wegen seiner Anpassungsfähigkeit über die Zeit (Krislow 2001). Amerika hat diese Adaption über die längste Zeit mit der gleichen Verfassung erfolgreich bewerkstelligt. Die Schweiz hat über diesen Zeitraum mehrere Systeme und Verfassungen verschlissen. Für die Anpassungsfähigkeit des Systems wurden immer neue Typologien angeboten. Für die erste Phase der USA hat man einen *dualistischen Föderalismus* mit strikter vertikaler Kompetenzverteilung festgestellt. Er wurde durch die New-Deal-Zentralisierung überholt. Es kam zu einer Zwischenperiode des *kooperativen Föderalismus* (1930–1960). Es wurde auch vom «*funktionalen Föderalismus*» gesprochen, gekennzeichnet durch ein ständiges Wachstum der Staatsausgaben. Die Phase wurde abgelöst von einem neuen Paradigma, das als «*coercive federalism*» bezeichnet wurde. Diese Phase wäre mit «Zwangsföderalismus» zu scharf bezeichnet. Die Zwangselemente werden in der Regulierungspolitik der Zentrale gesehen, welche die Staaten zur Implementation zwingt. Finanzielle Sanktionen und Übernahme von Aufgaben, die beiden Staaten oblagen, werden dazugezählt. Einige Autoren (Walker 2000: 141 ff.) haben für das Ende des Jahrtausends weiterhin von einem kooperativen oder «*ko-optativen Föderalismus*» gesprochen (Walker 2000: 94 ff., 141 ff.). Die sich abzeichnenden Wandlungen wurden nach Amtszeiten der Präsidenten oder nach Perioden der Rechtssprechung des Supreme Court (Warren Court, Burger Court, Rehnquist

Court) unterteilt. Bei den Gliederungen nach Präsidenten spielte deren eigene «Vision» eine Rolle, etwa Nixon's «*new federalism*». Der Terminus «neu» ist immer riskant, weil das Neue erfahrungsgemäß nach einem Amtswechsel rasch das Alte ist. Für *Kanada* musste die historische Dreiertypologie abgewandelt werden. Nach dem «*dualen Föderalismus*» (1867 ff.) folgte die Phase des «*kooperativen und exekutiven Föderalismus*» (1910 ff.) und wurde von der Ära des «*contested federalism*» seit 1976 abgelöst (Schultze 2004: 206).

Der Übergang zur democracy-Phase in Europa wurde zu einer Hochzeit der Föderalismus-Debatten. *Spanien* entwickelte sich durch neue Formen der Identitätspolitik zum Paradigma für die Überholtheit der früheren Alternative «Föderalismus oder Zentralismus». Als das Land nach Francos Tod über eine neue Verfassungsordnung nachdachte, wurden deutsche Politikwissenschaftler und Staatsrechtler, die sich mit der spanischen «Transition» befasst hatten, zum Disput eingeladen. Wir priesen die Vorzüge des Föderalismus und waren tief enttäuscht, dass die spanischen Verfassungsgeber sich nicht entschließen konnten, ein föderales Gebilde aus einem Guss zu schaffen. Für ein föderales Modell traten damals die Linksparteien (PSOE, PCE) ein. Die rechte AP wollte nur eine administrative Dezentralisierung zulassen und die UCD optierte unter Ablehnung des föderalen Modells für eine flexible Verständigungspolitik vor allem mit den Katalanen. Die ethnischen Regionalparteien, wie die katalanische CDC, verlangten für die drei «historischen Nationalitäten» eine weitreichende politische Autonomie, wollten aber die anderen Regionen auf das Niveau administrativer Dezentralisation beschränkt sehen (Nohlen/Hildenbrand 2005: 278). Artikel 2 der Verfassung spiegelte den Kompromiss wider. Die unauflösliche Einheit der «*Nación*» (bezeichnenderweise groß geschrieben) stand neben den «*nacionalidades*» und den «*regiones*» (klein geschrieben). Zahl und räumliche Ausdehnung der autonomen Gemeinschaften wurden im schöpferischen Halbdunkel gelassen. Die endgültige Gliederung sollte aus dem Zusammenwirken staatlicher Dezentralisierungspolitik und der Bekundung des aktiven Willens nach Selbstregierung in den Regionen entstehen – ein politisch riskanter Pragmatismus. Die UCD-Linie setzte sich weitgehend durch. Statt eines föderalistischen Systems wurde ad hoc eine «Vorautonomie» nach der anderen gewährt, gleichsam auf Zuruf im politischen Kampf. Das Ergebnis konnte nur ein Flickenteppich von Regelungen sein, ohne einheitliche Handlungslogik. Der aktive Selbstregierungswille der drei historischen Nationalitäten galt als bereits erwiesen (Art. 151). Die anderen Einheiten wurden auf einen schwierigen Weg der absoluten Mehrheit der Provinz für diesen Antrag verwiesen.

Das «gewöhnliche Modell» mit niedrigem Kompetenzniveau nach Artikel 143 bot jedoch Aufstiegsmöglichkeiten. Im Artikel 148.2 eröffnete die Verfassung den Einheiten die Chance, fünf Jahre nach Inkrafttreten des Autonomiestatuts das höhere Kompetenzniveau zugesprochen zu bekommen. Der Vorteil der flexiblen Lösung wird mittlerweile aber durch den Nachteil immer neuer Forderungen konterkariert. Im Baskenland hat die im Mai 2005 wiedergewählte Regierung Ibarretxe ihr Autonomie-Vorhaben noch nicht plakatiert. Ein «Freistaatplan», der nur noch eine freiwillige Assoziation der Region mit Spanien vorsah, war zwar gescheitert. Er wurde jedoch in immer neuen Variationen lanciert. Auch auf der Nationalstaatsebene gab es wichtige Veränderungen durch den Sieg Zapateros. Der Ministerpräsident hatte im Herbst 2005 die Ministerpräsidenten aller Regionen nach Madrid eingeladen. Wieder ging es um die Etiketten der Identitätspolitik. Sollten die historischen Regionen als «Nationalitäten» wie bisher, als «nationale Gemeinschaften» oder gar als «Nationen» bezeichnet werden? Je mehr die nationalen Sonderbestrebungen ins Kraut schossen, umso mehr haben die Chefs von Andalusien und Estremadura, Chávez und Ibarra, auf der «einen spanischen Nation» beharrt und gegen die «Extrawürste» der Nord-Regionen polemisiert (Wieland 2005:8). Der Terminus *state-nation*, auf die Verfassungseinheit bezogen, den Juan Linz (u. a. 2006) dem ethnisch definierten Begriff *nation-state* gegenüberstellte, trifft gerade in Spanien auf viel Akzeptanz und wurde vor allem auf Belgien und Indien angewandt.

Im Rückblick sehe ich diese spanische Sonderentwicklung milder. Waren wir nicht vom institutionalistisch denkenden Paläo-Föderalismus ausgegangen, der die USA und die Schweiz als Urföderationen ansah und der schon die Bundesrepublik nur als quasi-föderalistisch einstufte? Das Vorurteil der traditionellen Staatslehre, dass Föderalismus und Parlamentarismus nicht vereinbar seien, weil der Grundsatz der Parlamentssouveränität mit seiner demokratischen Tendenz die Symmetrie der «Staatenrechte» stören müsse, war selbst nach dem Zweiten Weltkrieg nicht ausgestorben. Ein Pionier der Föderalismus-Forschung wie Carl Joachim Friedrich (Bowie-Friedrich 1954: 71, 823) hatte immerhin zur Kenntnis genommen, dass Commonwealth-Länder wie Australien und Kanada Parlamentarismus und Föderalismus dauerhaft vereint hatten. Für die Staatsrechtslehre der Kaiserzeit hingegen hatten die Systeme der «Kolonien», wie man wegwerfend sagte, noch keinen «Bildungswert». Aber auch Friedrich bevorzugte die Exekutive mit fester Amtszeit, sowie er Empfehlungen für die Europäische Gemeinschaft abgab, obwohl er für die Gemeinschaft die Wahl der Exekutive durch die beiden Kammern vorsah – ein System, das in Richtung parlamentarisches System zu tendieren schien.

Der institutionalistische Ansatz, der glaubte, Fragen pauschal beantworten zu können, wie ein föderales System organisiert werden müsse (Wheare 1963: 53), wurde seit den 1970er Jahren durch einen aufgeklärten Neo-Institutionalismus ersetzt. Dieser Ansatz verband sich vielfach mit dem Rational-Choice-Ansatz und untersuchte die Interessen der Akteure in dynamischer Form. Damit wurden auch Motive der Asymmetrisierung bestehender und entstehender Föderationen analysierbar, die im älteren Institutionalismus zu kurz kamen. Es waren vor allem zwei Dynamiken, die den Föderalismus asymmetrisch werden ließen:

(1) der *Aufstand der Ethnien und Regionen*, die sich im Nationsbildungsprozess zu kurz gekommen wähnten,

(2) die *wirtschaftlichen Ungleichgewichte*, die durch Globalisierung, Europäisierung, Migration und Umweltzerstörung innerhalb der Nationalstaaten entstanden waren. In der dritten Welle der Transformation zur Demokratie gingen die Forderungen nach Demokratie und «*home rule*» – Autonomie gegenüber der zentralen Macht – vielfach Hand in Hand. Vor allem in Spanien hatten die «historischen Nationen» (Baskenland, Katalonien, Galizien) Anrechte auf Autonomie durch ihren Widerstand gegen die Dikta-

tur erworben. Der Slogan «café para todos» (Kaffee für alle) klang egalitär – aber er verdeckte das Streben nach differenzierter Befriedigung des Strebens nach regionaler Autonomie.

Toleranz gegenüber den nichtsymmetrischen Tendenzen des Föderalismus ist angebracht. Die Erkenntnis, dass es einen wirklich symmetrischen Föderalismus auch in den alten Föderationen nicht gibt, die noch eine gleiche Repräsentation aller Mitgliedschaften kennen, ist überfällig. Die Dynamik des gesellschaftlichen Wandels hat die Frage, «ob» eine Föderation überleben kann, wieder neben die Routinefrage gestellt, «wie» eine Föderation organisiert werden sollte.

Die dritte Welle der Demokratisierung in Süd- und Osteuropa hat mit zahlreichen Verfassungsgebungsprozessen den Blick für die Abstriche geschärft, die wir vom symmetrisch-rationalistischen Denken machen müssen. Schließlich sind alle drei sozialistischen Föderationen, die einst bestanden, zerbrochen (Sowjetunion, ČSSR, Jugoslawien). Nur in Russland kam es zu einem Neuansatz des Föderalismus. Er war freilich stark behindert durch den Verlust großer Territorien der Sowjetunion, wie der Ukraine oder Kasachstan, die ein Minimum an Symmetrie in die Asymmetrie hätten bringen können. Der aufgeklärte Neo-Institutionalismus orientiert sich an den Ergebnissen des politischen Prozesses, am Output des Systems. Föderalistische Strukturen können daher nicht mehr im Stil des Altinstitutionalisten Wheare verallgemeinert werden: «how federal government should be organized». Je nach Politikfeld können unterschiedliche Strukturen wünschenswert sein.

Transformationseliten haben in Prozessen der Föderalisierung zwei Instrumente eingesetzt, um der sozialen Heterogenität der Gliedeinheiten Rechnung zu tragen:
(1) durch Gewährung von Autonomie an die Untereinheiten und
(2) durch Herstellung fairer Chancen für Minderheiten im Wahlsystem.

Das war einer der Gründe dafür, dass Mehrheitswahlsysteme, wie sie viele Postkommunisten bevorzugten, in den neuen Demokratien auf die Dauer nicht tragbar schienen. Der «Institutionenmix» als Produkt des «constitutional engineering» in Osteuropa kombinierte Autonomierechte der territorialen Einheiten mit einem Verhältniswahlrecht. Nur in den Commonwealth-Ländern, vor allem in Kanada, war die Westminster-Tradition so stark, dass das Verhältniswahlrecht nicht durchsetzbar wurde. Ein nicht-föderaler Staat wie Neuseeland hat 1993 diese Tradition durchbrochen – um bewusst Subsystemautonomie zu schaffen, in diesem Fall für die ethnische Gruppe der «Ureinwohner», der Maori. In Russland wirkte sich die Wahl eines Grabensystems auf regionaler Ebene trotz des Kompromisses zweier Modelle eher wie ein Mehrheitswahlsystem aus (Nohlen/Kasapovic 1996: 34 ff.) und stärkte die Lokalmatadoren, die unabhängiger vom Zentrum wurden. Der in Russland gewählte Institutionenmix förderte daher die zentrifugalen Tendenzen im System. Dennoch hat das Land die Illusion genährt, die föderalen Subjekte seien annähernd gleich – mit Abstrichen wie in Deutschland oder Österreich. Kombiniert man aber die beiden Optionen des Föderalismus (gleiche – ungleiche modifizierte Rechte) und des Wahlrechts (Mehrheits- oder Verhältniswahl), so liegt Russland in einer auffallenden Zwitterposition in der Mitte (vgl. Matrix).

Matrix 1: Institutionenmix zur Milderung territorialer Konflikte

		FÖDERALISMUS	
		Gleiche Rechte	*Ungleiche Rechte*
WAHL-RECHT	*Proporz*	Gemäßigt egalitär: Deutschland, Österreich Egalitär: Schweiz, Belgien	Modifizierte Autonomien: Spanien, Italien
	majoritär	Equal states' rights: USA	Devolution: Großbritannien

Russland

Die graphische Momentaufnahme darf nicht den Blick für eine permanente Dynamik der Entwicklung verstellen. Die britische Devolution könnte nach der Einrichtung von Parlamenten für Schottland und Wales 1999 in die spanische Richtung gedrängt werden

(Sturm 2001: 101) und am Ende nur noch durch das Wahlrecht vom spanischen Modell getrennt sein. Selbst dieses könnte langfristig zur Disposition gestellt werden, wie die Abstimmung nach dem Verhältniswahlrecht bei den Europawahlen in England zeigt. In Kanada mehren sich die Stimmen, die für eine Abkehr vom britischen Modell – hin zu einem proportionalen Wahlrecht – plädieren (Tanguay 2002: 311).

Von Spanien bis Russland haben die neuen Föderationen laviert und Abstriche von einem symmetrischen Föderalismus zugelassen. Dem Idealbild einer Föderation mit symmetrischen Rechten und Verhältniswahlrecht kommen heute allenfalls die Schweiz und Belgien nahe. Für eine Analyse der Asymmetrien des postmodernen Föderalismus ist eine Matrix mit einer bipolaren Differenz zu grobmaschig, um die Fülle der Divergenzen in Macht und Rang der Gliedeinheiten darzustellen. Die De-jure-Asymmetrien gelten nur für Föderationen; die inzwischen weiter verbreitete Form der De-facto-Asymmetrien kann jedoch auch für die Analyse dezentralisierter Einheitsstaaten von Nutzen sein. Zwei Arten von Ungleichgewichten existieren in allen Föderationen:

(1) Rechtliche Ungleichheiten (De-jure-Asymmetrien), die in der Verfassung und in den Gesetzen angelegt sind.

(2) Politische Ungleichgewichte im Bundesstaat (De-facto-Asymmetrien), die sich jenseits von Verfassung und Gesetz aus wirtschaftlichen, sozialen und politischen Dynamiken entwickelt haben.

I. Rechtliche Ungleichheit im Bundesstaat (De-jure-Asymmetrien)

In der Geschichte der politischen Theorien wurde der Föderalismus meist als rechtliches Verhältnis gleichgestellter Gliedstaaten konzipiert. Die rechtliche Symmetrie entsprach aber nur selten der Realität. Ein erster Beitrag zur Theorie des asymmetrischen Föderalismus von Tarlton (1965) hat noch die De-jure-Asymmetrien stark betont. Sie sind auch heute keineswegs bedeutungslos.

1) Die Bundesverfassung und die Regulierung der Staaten-Verfassungen

Der Föderalismus ist eine Form der vertikalen Gewaltenteilung, die schon früh neben die horizontale Gewaltenteilung, vor allem von Exekutive und Legislative, getreten ist. Die Machtverteilung zwischen Bund und Gliedeinheiten erfordert einen hohen Regelungsbedarf, zumal sich die beiden Ebenen der Gewaltenteilung verquicken. Die Entscheidungskompetenz kann bei dem Bund und/oder den Ländern liegen. Die «Implementationskompetenz», die rechtliche Möglichkeit, Entscheidungen in der Verwaltung durchzusetzen, ist meist noch asymmetrischer verteilt und liegt nicht selten selbst für Beschlüsse des Bundes bei den Gliedeinheiten.

Seit dem Aufstieg von Souveränitätstheorien wurde im Zeitalter des Absolutismus «Diversität» im Staat als negativ und tendenziell instabil beschrieben. Die Entwicklung zum modernen Sozialstaat hat das Einheitsdenken noch verstärkt – im Namen wirtschaftlicher Effizienz und sozialer Verteilungsgerechtigkeit. Der klassische Konstitutionalismus ist in der Postmoderne in Verruf gekommen. Er schien geprägt vom imperialistischen Zeitalter und hat sich lange in den Dienst der Vereinheitlichung der Nation gestellt. Schon die Sprache der Verfassungen wird als imperiale «Meta-Erzählung» und von postmodernen feministischen Standpunkten aus als männlich-dominiert entlarvt. Wo die Verfassungen nicht nur formaljuristisch interpretiert werden, sondern der Konstitutionalismus Gegenstand theoretischer Reflexion wird, schien er von den drei einflussreichsten Schulen des Denkens im Sinne strikter Einheit interpretiert zu werden: von den Liberalen im Sinne ihres Drangs nach kultureller Neutralität, von den Kommunitariern von den ihrer Suche nach «community» und von den konservativen Nationalisten im Namen der Einheit der Nation. Dabei wurde nicht übersehen, dass es Vermittlungspositionen gibt, die kulturelle Anerkennung mit dem Universalismus verbinden, wie im Werk von Kymlicka oder Benhabib bei den Liberalen – oder Taylor und Walzer bei den Kommunitariern. Einige postmoderne Denker haben diese Kompromisse nicht akzeptiert und nicht nur Grundbegriffe wie «Souveränität» in Frage gestellt, sondern auch Konzepte wie «Identität» und «Anerkennung». Sie vertraten dabei die These, diese Termini seien vom Mainstream zur Vergrößerung seiner ideologischen Basis missbraucht worden (Tully 1995: 43 ff.).

De-jure-Asymmetrien entstanden paradoxerweise auch in den alten Föderationen wie der Schweiz oder den USA, in denen die Bundesverfassung kaum Hinweise auf die Struktur der Staaten- oder Kantonsverfassung enthält. Am anderen Ende der Skala liegt Indien mit zentralen Vorgaben für die Staatenverfassungen. Die *Russische Föderation* leistet sich die Inkonsequenz, einerseits gleiche Rechte für die föderalen «Subjekte» – schon der Terminus verheißt nichts Gutes – zu postulieren (Art. 5.4), andererseits nur den nichtrussischen ethnischen Republiken Staatlichkeit zuzuerkennen. Die russischen Gebiete besitzen keine Verfassung, sondern nur ein Statut und begrenzte legislative Rechte (Art. 5.2). Die Gruppe der Republiken mit nicht-russischer Titularnation wurde – ähnlich wie in Spanien – flexibel auf politischen Druck hin verändert und von 16 (1989) auf 21 (1993) vergrößert. In einigen Fällen kam die Zunahme durch Spaltung zustande (Tschetschenien und Inguschetien), in den meisten Fällen hingegen durch einen Prozess der Aufwertung (z. B. Altai). Nur diese Gruppe hat das Recht, den staatlichen Institutionen Zweisprachigkeit abzuverlangen. Solche Asymmetrien wären vielleicht tragbar, wenn Russland sich nicht in die Richtung einer «defekten Demokratie» entwickelte. In *Italien* ist das Statut Siziliens noch vor der italienischen Verfassung geschaffen und niemals mit der Verfassung koordiniert worden. Sezessionsdrohungen führten zu dieser Form der «Vorautonomie». Die 5 ethnisch definierten «besonderen Regionen» und die 15 «ordentlichen Regionen» haben unterschiedliche Rechtsqualität ihrer Statute und differierende Kompetenzen (vgl. Pizzorusso in: Kramer 1993: 48 ff.).

Für föderalistische Systeme gab es wenig Vorbilder, zumal die beiden «Ur-Föderationen», die USA und die Schweiz, ein vom Normalfall der parlamentarischen Demokratie abweichendes Modell starrer Beziehungen zwischen Exekutive und Legislative verwirklicht hatten. Daraus entstand für einige Zeit das Vorurteil, parlamentarische Regierung und Föderalismus seien unvereinbar. *Kanada* hat seit 1867 mit seinem britischen Modell dieses Vorurteil schrittweise widerlegt. Dennoch hielt sich das Vorurteil noch eine Weile, weil der «North America Act» von 1867 mit einem dominanten Parlament nach britischem Vorbild und schwachen Provinzregierungen gar nicht als «echtes föderalistisches System» anerkannt wurde (Vaughan 2003: 91).

Erst in *Australien* hat man sich systematisch Gedanken um die Vereinbarkeit zweier Institutionen gemacht. Heiß umstritten war die Frage der Kompatibilität zweier Systemlogiken bei der Schaffung der Verfassung. Die australischen Verfassungsväter haben das System der USA vor allem durch die Brille eines Bestsellers von James Bryce (The American Commonwealth, 1888) gesehen. Bryce sah die USA im Licht der britischen Tradition, die er für das «*non plus ultra*» hielt. Die Verfassungsväter haben eine eigenartige Synthese zweier Vorbilder aus Großbritannien und den USA geschaffen (Maddox 2004:53). John Cockburn (1901:139) hat als konservativer Föderalist noch 1890 behauptet, eine dem Parlament verantwortliche Regierung sei mit dem Föderalismus nicht vereinbar und schlug die Adaption des Schweizer Kollegialsystems vor. Dobson und andere sprachen sich auf der Adelaide Convention von 1897 ebenfalls gegen ein parlamentarisches System aus. Sie hatten dabei noch die Illusion, die Vermeidung des britischen Systems werde die Parteiherrschaft überwinden helfen, eine Illusion, die

Cockburn nicht teilte. Noch Carl Joachim Friedrich hat für die Europäische Gemeinschaft das Schweizer Ratssystem empfohlen (Bowie-Friedrich 1954: 70 ff., 84) und damit in losen Föderationen dem Frieden zwischen Parlamentarismus und Föderalismus nicht recht getraut.

Wie weit sollte der Bund Einfluss auf die Grundstrukturen der Gliedstaaten nehmen können? Einerseits erscheint es wünschenswert, dass der Bund die Prinzipien seiner Gliedstaaten möglichst wenig reguliert. Andererseits ist eine gewisse Homogenität im Bundesstaat aus Gründen der Rechtsgleichheit wünschenswert. Auch ältere Föderationen haben Abweichungen vom Bundesdurchschnitt oder der Norm der Staatenmehrheit zugelassen. Der Isomorphismus des Ratssystems in der *Schweiz* auf Bundes- und Kantonalebene ist weitgehend gewährleistet. Die Symmetrie des Schweizer Föderalismus wurde auch daran gemessen, dass die Kantone ihre Verfassungshoheit behielten. Aber eine übergeordnete rechtliche Kontrolle über die Einhaltung von Verfassungsgrundsätzen ist damit nicht ausgeschlossen (Linder 1999: 141). Der 1979 konstituierte Kanton Jura in der Schweiz hat ein parlamentarisches System erwogen, sich aber schließlich für die Norm in der Schweiz entschieden (Tschäni 1982: 116). In der Schweiz haben sich in der Anwendung der direkten Demokratie Differenzen entwickelt, die nicht beanstandet wurden.

Deutschland hat nur kleine Abweichungen vom vorherrschenden System verwirklicht (Bayern, Hansestädte, Hessen). Der hessische Verstaatlichungsartikel ist vielfach als nicht vereinbar mit dem Grundgesetz angesehen worden, und dennoch wurde nichts dagegen unternommen, solange es zu keiner speziell hessischen Verstaatlichungspolitik kam. In den *USA* hat Illinois mit einem halbproportionalen System beim Wahlrecht experimentiert und die Vorwahlen *(primaries)* sind heute noch in den Staaten höchst unterschiedlich geregelt. Tasmanien wich in der Annäherung an ein Proporzwahlrecht vom Durchschnitt in *Australien* ab. In *Österreich* kam es in Vorarlberg – die westlichste Einheit, die nach dem Zusammenbruch von Österreich-Ungarn (1918) mit dem Anschluss an die Schweiz geliebäugelt hat – zum Verbot eines Referendums durch das Verfassungsgericht, das damit die österreichischen Prinzipien der repräsentativen Demokratie gefährdet sah (Gamper 2003: 45). Von großer Bedeutung war der Konflikt nicht, weil der Referendumswunsch in einem Bundesland nicht sehr nachhaltig geäußert wurde. Österreich ist eine relativ homogene Föderation. Aber diese Tatsache muss eher auf die Grundlagen sozialer Homogenität als auf die zentralistische Tendenz der Verfassung zurückgeführt werden (Erk 2004, 1: 21).

2) Die Regulierung der territorialen Organisation durch die Zentralregierung und die Politik der «Neugliederung» oder der «Devolution»

a) Territoriale Neugliederung von Bundesstaaten

In der älteren rigiden Föderalismustheorie wie bei Wheare (1964) war jede Föderation, die keine territoriale Integritätsgarantie postulierte, ein bloß «quasi-föderalistisches Gebilde» – von der Bundesrepublik Deutschland bis zur Indischen Union. Die Fähigkeit des Bundes, über eine territoriale Reorganisation nachzudenken, schafft zwangsläufig Asymmetrien. In vielen Föderationen, wie den USA, Australien oder Deutschland, kann die Verteilung der Kompetenzen nur durch Verfassungsänderung neu geordnet werden. Diese ist in der Regel schwierig, vor allem in den USA. Die USA und die Schweiz, die beiden ältesten Föderationen, liegen in einem Index über die Schwierigkeiten, die Verfassung zu ändern, an der Spitze. Deutschland und Österreich liegen am Ende der Skala, noch hinter zentralstaatlichen Systemen wie Italien oder Frankreich (Lutz 1994). Die Untersuchung rein rechtlicher Amendment-Barrieren in der Verfassung ergeben freilich ein einseitiges Bild. Nicht einmal die große Zahl der Verfassungsänderungen in Deutschland ist ein Indikator dafür, dass das Grundgesetz leicht änderbar ist. Im Hinblick auf grundlegende Innovationen hat die Föderalismusreform gezeigt, dass eigentlich nur «große Koalitionen» gewisse Änderungen durchführen können – und diese sind zum Glück für das Funktionieren eines normalen Parlamentarismus selten. Eine Politik der «Neugliederung» des Bundesgebiets schien – ähnlich wie die «Devolution» von oben in dezentralisierenden Einheitsstaaten –

kein Vorgang, der unter Föderalismus im älteren Sinne subsumierbar schien. Ein Föderalismus, der «von oben her konzipiert» wurde, wie der deutsche, schien mit einem Geburtsfehler behaftet (Abromeit 1992: 121). In vergleichender Perspektive wirkte das Urteil zu hart. Falls man den elitären Klub der Altföderationen nicht idealisieren will, wird man die neuen asymmetrischen und partiell hierarchischen Formen der Föderalisierung nicht aus der Betrachtung ausschließen können. Die Entstehung von oben trat auch selten so klar zu Tage wie bei Bismarcks Reichskonstruktion und der Entstehung der Bundesrepublik auf den Bajonetten der Siegermächte. Aber auch andere alte Föderationen wie Kanada wurden verändert: formell von oben – de facto durch Druck von unten. Identitätspolitik lässt nirgendwo einen schönen symmetrischen und nicht-hierarchischen Bundesstaat entstehen.

Wo die Organisationsgewalt im Bundesstaat nicht so asymmetrisch verteilt ist wie in Indien und gar an vage Prinzipien gebunden wird wie nationale Sicherheit, Umweltschutz und wirtschaftliche Einheit, wird die Einheit im Bundesstaat vielfach durch eine Klausel geschützt, dass «Bundesrecht bricht Landesrecht» (Australien, Art. 109, Deutschland, GG, Art. 31, Schweiz, Art. 49.1). Systeme, die sich wie *Spanien* schrittweise föderalisierten, haben hingegen auf das Reizwort Föderalismus im Verfassungsprozess verzichtet und im Artikel 2 die Autonomie von Regionen und Nationalitäten betont. Die Verfassung ist sogar als Barriere gegen vollen Föderalismus interpretiert worden (de Villiers 2003: 17). Die Regionen haben sich asymmetrisch entwickelt und geben den Gliedeinheiten Möglichkeiten, das Ausmaß der Kompetenzen zu variieren. Der Regionalismus ist sogar in Verdacht gekommen, die Länderstruktur in den alten föderalistischen Systemen zunehmend obsolet werden zu lassen (Umbach 1998: 111).

In einer alten Föderation wie der *Schweiz* erwies sich die Reorganisation von Kantonen als besonders schwierig. Bern hatte 1815 als aristokratische Ordnungsmacht Gebiete des Bistums Basel im Jura zugesprochen bekommen – gleichsam als Kompensation für den Verlust des Waadt-Landes, das zum selbständigen Kanton wurde. Eine ethnische Konfliktlinie überlagerte die religiöse – die meisten Bewohner waren katholisch. Als nach jahrelangem Tauziehen der

Termin für das erste Plebiszit auf den 23. Juni 1974 festgelegt wurde, kam es zur Verschärfung der Konflikte mit den Anti-Sezessionisten, die sich «berntreu» organisierten. Der Kanton Jura umfasste schließlich nur den Norden und 57% des jurassischen Gebiets mit 67 500 Einwohnern, während 54 000 Einwohner im Süden bei Bern blieben. Der Sieg war ein halber Sieg und durch die Teilung galt der Konflikt so wenig als gelöst wie die irische Frage durch die Teilung Irlands (Höpflinger in: Gerdes 1980: 59). Immerhin entstand keine staatsrechtliche Außengrenze zwischen den Jura-Bewohnern.

Nach dem Grundgesetz in *Deutschland* ist das föderalistische Prinzip dem Gesetzgeber entzogen (Art. 79,3), aber eine Neugliederung des Bundesgebietes ist möglich (Art. 29). Gegen Willkür sind zwei Schranken eingebaut: die Länder sind zu hören und das Bundesgesetz bedarf der Bestätigung durch einen Volksentscheid. Gerhard Lehmbruch (2000: 89) hat mit Recht auf einen Widerspruch in Deutschland hingewiesen: der Ruf nach mehr Wettbewerbsföderalismus muss sich mit einem unitarischen Denken arrangieren, das auf Länderreform drängt. Der Hinweis auf «landsmannschaftliche Verbundenheit» im Grundgesetz ist föderalistisch und klingt nach dauerhaften territorialen Errungenschaften. Die Hoffnung auf «wirtschaftliche Zweckmäßigkeit» der territorialen Einheiten hingegen entsprang eher zentralistischem Denken (Art. 29 GG). Deutschland ist der Bundesstaat unter den etablierten föderalen Ländern, der am kläglichsten mit einer territorialen Reorganisation gescheitert ist. Dieser Immobilismus ist umso erstaunlicher, als der Ruf nach einem Wettbewerbsföderalismus eine Art *«territorialer Kartellpolitik»* voraussetzt. Während Kartellpolitik bei Unternehmen übergroße Einheiten verhindern will, käme es bei der territorialen Kartellpolitik in der Bundesrepublik darauf an, wirtschaftlich nicht lebensfähige Einheiten zu beseitigen und annähernd äquivalente Länder zu schaffen, die dem Wettbewerb gewachsen sind. Dass Bremen und das Saarland dies nicht sind, hat die Entwicklung – unabhängig von den Parteien an der Macht – gezeigt. Trotz eines vertikalen und horizontalen Finanzausgleichs wuchs die Verschuldung dieser Länder.

Alle territorialen Reorganisationspläne in Bundesstaaten haben den Nachteil, dass sie den «Teufel» der wirtschaftlichen Asymmetrie mit dem «Beelzebub» eines zentralistischen Reißbrettdenkens auszutreiben versuchen. In Deutschland herrschte in der Bundesrepublik von Anfang an Unzufriedenheit mit der Ländereinteilung. Einige Länder betrachteten sich nicht als «Wunschkinder» (Abromeit 1992: 122). Nordrhein-Westfalen und Rheinland-Pfalz waren Kunstgebilde der Besatzungsmächte, obwohl sie mittlerweile auch ein Identitätsbewusstsein entwickelt haben. Bremen als kleinstes Bundesland gehörte zur amerikanischen Zone und konnte daher im britischen Gebiet seine Eigenständigkeit bewahren. Die Saar nahm eine Sonderentwicklung durch ihre Zeit als französisches Protektorat. Es wurde nach dem «Anschluss» an die Bundesrepublik gewitzelt, das Saarland müsse Bundesland werden, weil es zu klein sei für einen Regierungsbezirk in Rheinland-Pfalz.

Artikel 29 GG in der ursprünglichen Fassung schrieb die Neugliederung vor. Es wurden dafür Fristen bis zum 31. März 1975 gesetzt. Nur für den Gebietsteil Baden im Land Baden-Württemberg wurde der 30. Juni 1970 genannt. 1970 fand ein Volksentscheid statt, der die Existenz des 1951 aus drei Bundesländern (Baden, Württemberg und Südwürttemberg-Hohenzollern) gebildeten Landes bestätigte. Einige Volksbegehren zur Wiederherstellung von kleinen Ländern wie Oldenburg, Schaumburg-Lippe oder Baden setzten die Bundesregierung unter Zugzwang. Es musste ein umfassendes Konzept zur Neugliederung vorgelegt werden. Die «Ernst-Kommission» unter dem Staatssekretär Werner Ernst legte 1973 ihren Bericht vor (Vorschläge 1973). Die Kommission bot zwei Lösungsalternativen an, mit jeweils einem oder zwei Ländern im Gebiet der vier nördlichen Bundesländer und jeweils ein oder zwei Lösungen für den mittel-, west,- und südwestdeutschen Raum. Die Lösungsvorschläge in Nord- und Südwest-Deutschland waren jeweils miteinander kombinierbar. Trotz dieser Vorarbeit wurde die Neugliederung dazu bestimmt, «als Leiche im Keller der Verfassungsrechtler zu verwesen» (Lehmbruch 1977: 464). Artikel 29 GG wurde daraufhin gemildert. Aus dem Muss einer Neugliederung wurde eine Kann-Bestimmung. Der Hauptwiderstand wurde bei den unionsregierten Flächenstaaten vermutet. Er war jedoch bei den kleinen Flächenstaaten Hessen und Niedersachsen unter SPD-Regierungen nicht geringer. Nach der alten Fassung konnte ein negatives Votum der Bevölkerungsmehrheit in den betroffenen Gebieten durch einen positiven Volksentscheid im gesamten Bundesgebiet überwunden werden. Diese Möglichkeit entfiel (Benz 1991: 156).

1989 schien die «Stunde Null» der Neugliederung gekommen, zumal die DDR-Länder nur bis 1952 existiert hatten. Deutschland – eigentlich die älteste Föderation der Welt, wenn man das Deutsche Reich bis 1806 einbezieht – hat einerseits die Tradition einer konsensuellen politischen Kultur, die auf «*amicabilis compositio*» gerichtet war. Andererseits wurde als Kompensation unter preußischer Führung die unitarisierende Gleichheitsphilosophie gefördert, die von einem Zentrum her dachte. Werner Ernst (1991) hoffte auf erneuten Handlungsdruck. In der DDR wurde vor der Vereinigung eine Zwei- und eine Dreiländervariante für Ostdeutschland diskutiert. Aber nicht einmal eine Vierländervariante war nach dem Bekenntnis des Regionalministers Preiß im Kabinett de Maizière durchsetzbar. Schon in der kurzen Zeit der demokratischen Souveränität der DDR waren die fünf Länder als Ansatzpunkt der Demokratisierung entstanden und von regionalen Eliten erbittert gegen Zusammenlegungspläne unter de Maizière verteidigt worden. Nach dem 3. Oktober 1990 schien es unmöglich, das zarte Pflänzchen regionaler Autonomie wieder auszureißen, sodass die «landsmannschaftliche Verbundenheit» (außer in Sachsen-Anhalt, das allenfalls ein Konglomerat von zufällig von Preußen irgendwann einmal erworbenen Gebieten in der Nähe seiner ursprünglichen Westgrenze plus dem Zwergstaat Anhalt darstellt) über die wirtschaftliche Zweckmäßigkeit siegen konnte. Das Föderalismus-Orakel Scharpf (1990: 583) hat diese Fehlentwicklung für nicht so schlimm erklärt: «Überdies werden die wie immer geschnittenen Ost-Länder ohnehin lange Zeit nicht in der Lage sein, die ihnen obliegenden Aufgaben eigenständig wahrzunehmen. Insofern fallen auch die Nachteile eines ineffizienten Länderzuschnitts dort zunächst weniger ins Gewicht». «Zunächst» ist inzwischen vorüber und die Nachteile fallen immer stärker ins Gewicht. Nach einem weiteren Bonmot Lehmbruchs wird die Neugliederung in Deutschland allenfalls nach einer Revolution oder einer erneuten Besetzung kommen.

Die wirtschaftliche Schwäche Ostdeutschlands hat damit dauerhaft die Asymmetrie im bundesdeutschen Föderalismus verstärkt.

Im Einigungsvertrag wurde eine Neugliederung im Raum Berlin-Brandenburg vorgesehen, die im ersten Anlauf in einer Volksabstimmung vor allem an der PDS scheitern sollte. Prima vista schien die Wiedervereinigung den Föderalismus durch die Erhöhung der Zahl der Länder und die Spreizung der Stimmen im Bundesrat zu stärken. Sie stärkte freilich die alten starken Länder durch deren wachsende Verhandlungsmacht bei Konflikten um die Finanzierung der deutschen Einheit. Ferner fielen ins Gewicht: die Verhinderung der sofortigen Ausdehnung des horizontalen Finanzausgleichs auf das Beitrittsgebiet und die starke Stellung, die der Bundesrat bei den anstehenden Verfassungsänderungen erlangte. Detailanalysen zeigten jedoch vor allem, dass sich der Bund entgegen den Prognosen der «Politikverflechtungsfalle» im Einigungsprozess erstaunlich gut profilierte.

Der Fall *Belgien*, der gelegentlich als Beispiel für Reorganisation von oben erwähnt wird (Agranoff 1999:36), passt hingegen nur partiell in diese Rubrik. Das ganze Staatswesen – keineswegs auf Initiative von oben, sondern auf Druck vor allem der flämischen Landesteile – musste umgestaltet werden. In Belgien war die Reorganisation, die eine Provinz wie Brabant nach Sprachgruppen aufteilte, eine Frucht des «Dissoziationsföderalismus». Gelegentlich wird dieses eigenartige System schon als *«postföderal»* bezeichnet. Umständlich, aber treffend, erscheint die Umschreibung: «dezentralisierter Einheitsstaat mit föderalen Merkmalen und einem konföderalen System der Beschlussfassung auf zentraler Machtebene» (zit. Alen 1995: 45 f.). Die Dissoziation ging innerlich so weit, dass in der Literatur schon über die «Scheidungsbedingungen» spekuliert wurde, falls die Stabilität des Systems nicht erhalten bliebe (Deschouwer 2003:159), weil bei Fortfall des schützenden Dachs des Nationalstaats ein Teil der Verlierer wäre. Solche Ängste beachten zu sehr den Propagandalärm der regionalen Vetogruppen. Nach Umfragen hat die Mehrheit der Belgier durchaus ein Interesse an der Erhaltung des Gesamtstaats. Solche Loyalitätsgefühle könnten gegen den Egoismus der regionalisierten Parteien gestärkt werden, wenn ganz Belgien ein Wahlkreis würde. Dann müssten die Parteieliten die Bedürfnisse der jeweils anderen Sprachgruppe stärker berücksichtigen (Swenden 2005: 322).

Kanada ist ein besseres Beispiel für die Reorganisation von oben. Dort hat es immer wieder Vorschläge gegeben, einige arme Provinzen zusammenzuschließen, etwa zu einer «maritimen Union». Sogar die Aufspaltung großer Provinzen wurde diskutiert. Mit Québec ist dies jedoch nicht möglich. Hier wurde entweder das Modell einer bipolaren Föderation nach dem Muster Belgiens oder eine Föderation Québecs mit einem Bund von Staaten des anglophonen Kanada erwogen (Watts 2000:135). Die britische Doktrin der Parlamentssouveränität war ein Einfallstor der territorialen Reorganisation. Einige Länder, die in der Tradition des britischen Commonwealth standen, haben die britische Doktrin der Parlamentssouveränität nicht wirklich überwunden. In Kanada wurden die Provinzen Ontario und Québec aus mehreren Territorien zusammengefasst (Art. II. 6).

Dass Indien, Südafrika oder Nigeria mit Reorganisationen von oben gearbeitet haben, ist kaum verwunderlich. In *Indien* hat die britische Kolonialverwaltung die Grenzen ohne große Rücksicht auf ethnische Sprachgrenzen gezogen. Indien bezeichnet sich in der Verfassung nicht als «federation», sondern als «union». Artikel 3 der Verfassung regelt die Bildung neuer Staaten, die Änderung der «areas», Grenzen und Namen existierender Staaten durch Parlamentsgesetz. Artikel 2 wirkte wie eine Reprise von Artikel VI.121 der australischen Verfassung, die dem Parlament die Schaffung neuer Staaten erlaubte: «Parliament ... may upon such admission or establishment make or impose such terms and conditions, including the extent of representation in either House of the Parliament, as it thinks fit.» Aber in Australien war die Zustimmung der Parlamente der betroffenen Staaten erforderlich (Art. VI.124). Die Verfassung Indiens vom 26. Januar 1950 erklärte in Artikel 2, dass das Parlament neue Staaten errichten könne «on such terms and conditions as it thinks fit». Das klingt nach Willkür. Aber Artikel 3 regelt die territoriale Reorganisation im Detail. Selbst der Fall, dass kein Gesetzesentwurf in einem der beiden Häuser eingebracht wird, ist vorausgedacht. Die Staatenlegislatur wird in diesem Fall eingeschaltet, kann aber nur eine nicht bindende Meinung abgeben. Der Supreme Court hat jedoch der Willkür mit der Ansicht vorzubeugen versucht: «the fact that under the scheme of our Constitution greater power is conferred upon the Centre vis-à-vis the States does not mean that States are mere appendages of the Centre. Within the sphere allotted to them, States are supreme.» (S. R. Bommai v. Union of India 1994 [3] SCC 1: 216).

Solche Caveats reflektieren nicht die reale Machtverteilung im föderalen System. In den 1950er Jahren wurde eine Anpassung an Sprachgrenzen vorgenommen. Der Staat Madras wurde in tamil- und telugusprachliche Territorien geteilt, die als «Tamil Nadu» und «Andhra Pradesh» 1953 Staatsqualität erlangten. Eine «States Reorganization Commission» hat 1955 weitere Revisionen der Staatengrenzen empfohlen. Nicht alle ethnischen Ansprüche wurden durch die Reorganisationen befriedigt, aber immerhin wurde die Sprache zu einem wichtigen territorialen Organisationsprinzip (Brass 1990: 146 ff.). Der «States Reorganisation Act» von 1956 hat in Süd-Indien die Reorganisation von Staaten möglich gemacht – erleichtert durch den Umstand, dass ein Konsensus der betroffenen Staaten nicht erforderlich war. Symmetrischer Föderalismus und ethnische Repräsentationswünsche ließen sich dabei nicht immer vereinen. Die Schaffung eines Staates von Jharkhand aus dem Territorium von Bihar zeigte, dass Unzufriedenheiten auf beiden Seiten zurückblieben (Mitra 2005: 5). 2003 wurden 30 Forderungen nach neuen Staaten in der Union gestellt. Dennoch wurde gerade die starke Eingriffsmöglichkeit der Zentrale in die Reorganisation der Territorien durch den Zentralstaat als das Geheimnis gelobt, dass die Erhaltung dieser außerordentlich heterogenen Föderation erklärt (Majeed 2003, 4: 83, 85).

In *Nigeria* hat die territoriale Reorganisation von oben nicht zur Befriedung der Regionen geführt – trotz oder wegen einer Überzentralisierung des föderalen Systems (Elaigwu 2002, 2: 94). In Afrika hatte der Föderalismus keinen guten Ruf. Er wurde vielfach mit der Divide-et-impera-Politik der Kolonialmächte identifiziert oder als Einladung zur separatistischen Bewegung verstanden. Die Homeland-Politik des alten Regimes in *Südafrika* hat der Repräsentation kleiner ethnischer Gruppen geschadet, ohne dem Föderalismus als Idee zu nutzen. Nach dem Ende des Apartheid-Regimes sprach die südafrikanische Verfassung von einem «souveränen demokratischen Staat» (Art. 1). Alles Gute, Schöne und Wahre war mit diesem Staatswesen verbunden, vom «Nicht-Sexismus» bis zum Vielparteiensystem, aber es gab keinen Hinweis auf die territoriale Pluralität. Die Verfassungsgeber ließen offen, ob es sich um zentralisierten Föderalismus oder eine dezentralisierte Union handele.

Russland hat in unglücklicher Weise deutsche, amerikanische und spanische Elemente zur Lösung von Konflikten der territorialen Subsysteme kombiniert. Es ist daher mit dem indischen Föderalismus verglichen worden (Traut 1995: 118). In der Übergangsphase unter Jelzin vermischten sich konföderale, föderale und regionalistische Aspekte. Als der Präsident den Coup vom Herbst 1993 erfolgreich überstanden hatte, wurde die weitere Regionalisierung für einen Augenblick gestoppt. Die Gouverneure, die mit Jelzins Feinden paktiert hatten, wurden entlassen. Die regionalen und lokalen Sowjets wurden in vielen föderalen Subjekten aufgelöst. Russland hatte einen neuen Föderationsvertrag vorbereitet. Der erste Entwurf war von den autonomen Republiken im Januar 1991 zu einer Zeit zurückgewiesen worden, da die Union noch funktionsfähig schien. Im März 1992, als man nicht mehr auf die Rückendeckung der Union gegen das neue Zentrum «Russländische Föderation» rekurrieren konnte, kam es zur Unterzeichnung eines neuen Föderationsvertrages. Nur Tschetschenien und Tatarstan unterzeichneten nicht. Der Vertrag verlor jedoch bald an Bedeutung, da er zu unklar formuliert worden war. Die Praxis der bilateralen Verhandlungen lebte wieder auf, so sehr auch die Kommunisten und die Rechtsradikalen unter dem irreführenden Namen «Liberaldemokraten» gegen die Praxis kämpften. Kaliningrad (Königsberg) und andere Territorien handelten Freihandelszonen heraus. Tyva entwickelte separatistische Tendenzen. Die Kosaken forderten ab 1993 lautstark eine eigene Republik. Jelzin errang einen Pyrrhus-Sieg zum Nachteil des Demokratisierungsprozesses. In der Kalmyckischen Republik unter Präsident Iljumvinov wurden Parteien willkürlich aufgelöst und Rechte der Gewerkschaften beschnitten. In einigen Regionen wurden Wahlen gegen den Willen des Zentrums durchgeführt. Bis 1996 hatten nur die 21 Republiken das Recht, den Vorsitzenden zu wählen. Nun bekamen auch 49 weitere Regionen die Möglichkeit, den Leiter der Exekutive durch Volkswahl zu bestellen. Der Föderationsrat schien dadurch gestärkt. Andererseits machte diese Konzession die föderalen Subjekte unabhängiger von Moskau. Vor allem im Süden entstand vielfach eine «delegierte Demokratie». Selbst Präsident Putin scheiterte im ersten Anlauf 2000, per Gesetz die automatische Repräsentation im Föderationsrat abzuschaffen.

Hinderlich für die weitere Regionalisierung war, dass nur Tschetschenien, Tschuwaschien und Tyva nach dem Zensus von 1989 eine Mehrheit für die Titularnation aufwiesen. Erst die Prozesse der «Renativisierung» haben dies in einigen Regionen geändert. Artikel 65 der Verfassung zählte drei Rechtskategorien auf, verschwieg aber die Statusunterschiede in der Hierarchie. Moskau und Petersburg gehörten zur dritten Kategorie, waren aber rein ökonomisch von entscheidender Bedeutung. Eine durchgreifende territoriale Reorganisation war gescheitert. Die «Republiken» nahmen vielfach Artikel in ihre Verfassungen auf, die der Unionsverfassung widersprachen. Jelzins Dekrete zur Reform der örtlichen Behörden galten als bindend für die Regionen, aber nur als Empfehlungen für die Republiken. Die Widersprüche im System resultierten aus den Resten marxistischer Ideologie und der Erblast der sowjetischen Territorialstruktur, aus Konflikten zwischen der Sowjetunion und Russland und später aus Konflikten zwischen Präsident und Legislative und schließlich aus der schlechten Wirtschaftslage, die den finanziellen Egoismus der Subsysteme stärkte (von Beyme 2001: 102 f.). Dass Russland den Verlust vieler mehrheitlich von Russen bewohnter Gebiete hinnahm, ohne dass ein russischer Garibaldi auf der Krim landete, um einen Duma-Beschluss zu vollstrecken, nachdem die Krim «russisches Territorium» sei, ist vermutlich auch den Hoffnungen zu verdanken, dass die «Gemeinschaft Unabhängiger Staaten» auf die Dauer zu neuen föderativen Formen auf dem Gebiet des ehemaligen Sowjetreiches führen werde. Die GUS erwies sich bisher nicht als sehr effektiv. Der Versuch, aus der Konkursmasse des sowjetischen Föderalismus ein Minimum in staatenbündischer Form in der GUS, der «Gemeinschaft Unabhängiger Staaten» zu retten, führte angesichts der Rivalität vieler kleiner postsowjetischer Diktatoren zu einer Karikatur des Konföderalismus, die von «Sodružestvo Nezavizimich Gosudarstv» schon mit

«Sodružestvo Nevozmožnych Gosudarstv» (Gemeinschaft Unmöglicher Staaten) als Spitzname versehen wurde (Castells 2002: 46).

Trotz haarsträubender Asymmetrien und Ungerechtigkeiten hat der Ethnoföderalismus bisher keinen nachhaltigen Willen zur Eigenstaatlichkeit entwickelt (Heinemann-Grüder 2000: 395). Die Gründe liegen in der geringen ethnischen Homogenität der nichtrussischen Titularnationen. Fast alle sind von russischen Mehrheiten penetriert oder von russischen Gebieten umgeben, sodass zentrifugale Tendenzen ins Leere liefen. Das semi-präsidentielle System in Moskau und seine regionalen Kopien begünstigten die Verhärtung des traditionellen Zentralismus im Zarenreich wie im Sowjetsystem. Eine föderalistische und regionalistische Kultur hat sich in den Regionen daher kaum entwickeln können.

Die drei kommunistischen Föderationen zerbrachen um 1990. Die Tschechoslowakei ist wohl für immer aufgelöst. Jugoslawien wurde in einem «Rest-Jugoslawien» beschworen, das nur noch Serbien und Montenegro umfasste. Aber selbst in Montenegro regten sich zunehmend Wünsche nach Unabhängigkeit, die inzwischen zur Sezession führten. Die übrigen Gebiete verteidigen ihre Unabhängigkeit. Nur in Kroatien regte sich Unmut, weil die Beitrittsverhandlungen mit der EU schleppend verliefen und die Pläne der EU-Kommission für eine Freihandelszone auf Widerstand stießen. Sie sollte außer Slowenien, das bereits EU-Mitglied wurde, die ehemaligen jugoslawischen Gebiete plus Albanien umfassen (Schwarz 2006: 3).

b) Devolution in zentralisierten Staaten

Dezentralisierungssysteme sind immer Top-down-Systeme, in denen die Reform von oben verordnet wird. In neuerer Zeit geschieht das aber nicht ohne Konsultation und gelegentlich nach langen Phasen politischen Drucks, wie in Spanien, Großbritannien, Frankreich oder Italien.

In *Großbritannien* entstand der Begriff «Devolution», der in die internationale Föderalismusdiskussion in vielen Dezentralisierungsprozessen Einzug hielt. Tony Blair hatte 1996 in einem Buch über «New Britain. My Vision of a Young Country» angekündigt, dass seine Reformen «unser politisches System» radikal verändern

55

würden. Neu war die Gewährung von Parlamenten und Regierungen (Schottland 1999, Wales 1999, Nordirland 1998, London 2000). Schon die Daten und die Asymmetrie der Kompetenzen zeigen jedoch, dass es sich nicht um eine Reform und einen Föderalismus aus einem Guss handelt. Wie in Spanien wurde das folgendermaßen gerechtfertigt: «Unter den Umständen der Asymmetrie stellt diese Institutionalisierungsphase einen dynamischen und offenen Prozess dar» (zit. Palmer/Jeffery 2002: 344). Insbesondere die gewalttätigen Auseinandersetzungen in Nordirland erforderten Sonderprivilegien. Wie in Spanien haben die Kerngebiete Englands zwar regionale Entwicklungsbehörden errichtet, aber im Vergleich zu den Regionen mit eigenen Parlamenten blieben sie unterentwickelt. Die englischen Regionalvölker zeigten laut Umfragen wenig Neigung, sich «erlösen» zu lassen. Ein eigenes Parlament für die Region verlangen in nördlichen Regionen nur bis zu einem Drittel der Befragten. Im Südosten sind es hingegen nur 23% (Daten in: Jeffery/Palmer 2003: 268). Die eigene Legislatur in den Regionen mit Sonderstatus zeigte rasch Unterschiede zur bisherigen Praxis: In den ersten zwei Jahren hat das schottische Parlament 24 Gesetze verabschiedet, während das Westminster-Parlament in den Jahren vor der Errichtung der eigenen Legislatur nur vier Gesetze geschaffen hat. Gewichtiger als die reine Zahl der Gesetze ist ihr Inhalt. Dieser hat die Asymmetrien im Vereinigten Königreich verstärkt, etwa in dem Versuch, die 1997 eingeführten Studiengebühren in Schottland auszusetzen.

Das Parteiensystem war eine gewichtige intervenierende Variable. In beiden Regionen ist nicht die regionale Partei SNP oder Plaid Cymru, sondern die Labourparty die stärkste Kraft im Regionalparlament geworden. Dies hat die Gewinnung eines eigenen Profils gegenüber der dominanten Westminster-Tradition nicht gerade erleichtert, vor allem in Wales. In England wurden zwar Regional Development Agencies geschaffen, aber, außer in der «Greater London Authority», die 2000 ins Leben gerufen wurde, blieb der Prozess – wie in den kastilischen Gebieten Spaniens – weitgehend stecken. Neiddebatten waren angesichts wachsender regionaler Asymmetrien unvermeidlich. Vor allem die walisische Nationalpartei Plaid Cymru wollte mehr Kompetenzen für das Walisische

Parlament und nahm das schottische Parlament als Vorbild. Dank der Vorherrschaft der Labourparty in Edinburgh und Cardiff sind der «Devolutionsrevolution» bisher Konflikte wie in Spanien erspart geblieben, wo die Regionalparteien vielfach das Zünglein an der Waage bei der Bildung der spanischen Regierung bilden.

Den schwierigsten Testfall für die Devolutionspolitik stellte schon immer *Nordirland* dar. Resistenz gegenüber bundesstaatlichen Konzeptionen zeigte sich in Großbritannien in der Nordirland-Frage, weil die Doktrin der Parlamentssouveränität sich schwer mit föderalistischen Konzeptionen vereinen ließ, nachdem die grüne Insel durch den «Government of Ireland Act» 1920 und durch die Errichtung der Republik Irland 1949 geteilt worden war. Bis 1972 – als London im Bürgerkrieg eingriff und das Gebiet direkt durch einen Secretary of State für Nordirland regieren ließ – erlebte Nordirland ein System begrenzter Devolution, mit Autonomie in der Gemeindepolitik und auf den Gebieten Gesundheit, soziale Dienste, Polizei, Landwirtschaft, Handel und Erziehung. Das Parlament, der Stormont, verfügte über begrenzte Finanzressourcen, die hauptsächlich aus einem Anteil an den landesweit erhobenen Steuern bestanden. Die Suprematie des «Imperial Parliament» wurde in mehreren Artikeln betont. Aber die Beziehungen zwischen London und Belfast waren quasi-föderal und der Home Secretary in London übte nur eine sehr begrenzte Kontrolle über die inneren Angelegenheiten aus. Die kulturelle Differenz zwischen dem irischen katholischen Nationalismus und dem britisch-protestantischen Unionismus wurde in den Konflikten komplementär konstruiert. Sie hat eine dauerhafte föderale Lösung auf der Insel oder für Nordirland-Großbritannien bisher nicht ermöglicht. Periodisch legte die IRA die Waffen nieder und periodisch flammten bewaffnete Konflikte in geradezu anachronistischer Form im Mutterland der parlamentarischen Demokratie wieder auf. Schon Gladstone hatte einmal salopp gesagt, dass man die irische Frage nicht verstehen könne. Immer wenn man glaube, man habe sie verstanden, sei sie wieder neu definiert worden. Das «consociational-plus»-Design des Belfast-Agreements, ein Abkommen verschiedener Parteien im April 1998, war in der Hoffnung geschaffen worden, mit dem Zustimmungsprinzip *(consent principle)* einen Konsens für alle Gremien zu schaffen. Das Abkommen ließ die verfassungsrechtliche Entwicklung offen. Die «Unionisten» interpretierten es als Garantie, dass Nordirland Teil Großbritanniens bleibe, die irischen Nationalisten und «Republikaner» sahen es als Möglichkeit für eine Vereinigung mit der Republik Irland. Nominell kamen 80 der 108 Mitglieder der Gesetzgebenden Versammlung von Parteien, die das Abkommen unterstützten. Die Zahl erwies sich jedoch als trügerisch, da eine Gruppe der Ulster Unionists beim Referendum gegen das Abkommen stimmte. Das Urteil über den Erfolg der Devolution war zwiespältig: «Die Devolution in Nordirland hat zumindest bis jetzt funktioniert, auch wenn Improvisation und prozedurale Schwindeleien notwendig waren, um sie auf der Bahn zu halten.» Sinn Féin hat seinen Boykott der Fach- und Vollversammlungen des British-Irish-Council aufgegeben, aber zwei DUP-Minister weigerten sich, an den Sitzungen der Exekutive teilzunehmen. Umfragen zeigten im ersten Jahrzehnt des dritten Jahrtausends, dass die Mehrheit der unionistischen Wählerschaft nicht mehr hinter dem Abkommen stand. Fazit: «Die Devolution könnte sich noch als einmaliges Ereignis und nicht als Prozess erweisen» (Wilford 2002: 373).

Frankreich ist aufgrund seiner republikanisch-etatistischen Traditionen das Land, in dem die geringsten bundesstaatlichen Traditionen bestehen. Die Republik tut sich mit der Gewährung regionaler Autonomie noch schwerer als Großbritannien mit seiner Tradition der Parlamentssouveränität. Konzessionen wurden als Oktroi empfunden und von den radikalen Autonomisten nicht als ausreichend angesehen. *Korsika* bekam 1982 unter der Präsidentschaft François Mitterands mit den 22 mutterländischen Regionen den Status einer Gebietskörperschaft. Per Gesetz vom März 1982 wurden Korsika Sonderrechte verliehen, wie die Bildung eines Regionalrats («Assemblée de Corse»). Er wurde im August 1982 erstmals vom Volk direkt gewählt. Für die anderen Regionen wurde dieses Privileg erst 1986 eingeführt. Wichtig war die Autonomie in Fragen des Budgets, das nicht mehr Paris vorgelegt werden musste. Französische Regionen haben 1982 das Recht bekommen, in Handels- und Umweltfragen mit anderen Regionen und sogar mit ausländischen Regionen zu verhandeln. Korsika bekam ferner das

Recht, dem Premierminister inselspezifische Modifikationen nationaler Gesetze und Verordnungen in den Bereichen Kultur und lokale Entwicklung vorzuschlagen. Das hinderte die korsische Versammlung nicht, 1988 von der Regierung ein neues Statut zu verlangen. Der damalige Innenminister Pierre Joxe erarbeitete ein Statut mit erweiterten Befugnissen. Im Dezember 1996 wurde Korsika sogar zu einem besonderen «steuerfreien Gebiet» (zone franche). Das entlastete die Unternehmen von der Gewerbesteuer, sicherte zusätzliche Transfers von der Zentralregierung und die Möglichkeit einer besonderen Regionalsteuer. Im Dezember 1999 lud Premierminister Jospin 28 Mandatsträger aller Gruppen Korsikas ein. Im Juli 2000 wurde ein Zweistufenplan vorgestellt. Die Korsen sollten zunächst auf experimenteller Basis neue Rechte bekommen, die später eventuell durch eine Verfassungsänderung besiegelt werden sollten. Die Korsische Versammlung billigte den Plan mit 44 von 51 Stimmen. Der Conseil d'état äußerte Bedenken, welche die Regierung nicht berücksichtigte, um den Aussöhnungsprozess nicht zu gefährden. In einer Entscheidung vom Januar 2002 hat der Conseil Constitutionnel Teile des Plans verworfen, die das Monopol der Gesetzgebung beim Zentralstaat aushöhlten. Die Reden französischer Politiker aus allen relevanten Parteien zeigten, wo die Grenze für die Zentralregierung verlief: kulturelle Autonomie ja – aber ein hartes Nein zu jedem Schritt in Richtung Föderalismus (Uterwedde 2002: 307 ff.). In der kleinsten Region des Landes mit nur 200 000 Wählern und einer geringen wirtschaftlichen Prosperität sind die Spielräume gering und die Autonomie, so ist zu befürchten, wird sich im Kampf der Klientelgruppen nicht immer vorteilhaft auswirken (Savigear in: Forsyth 1989: 100 ff.).

In *Italien* hat die Lega Lombarda unter der Führung von Umberto Bossi das Thema der Devolution auf die Tagesordnung gebracht. 1994 trat die Lega aus der Regierung Berlusconi aus. Nachdem sie sich durch überzogene Forderungen und spektakuläre Pseudo-Referenden im Norden isoliert hatte, näherte sie sich wieder an das rechte Lager an. 1999 gab sie die Sezessions-Propaganda auf und einigte sich auf «Devolution à la Schottland». Die Implementierung stieß jedoch auf Widerstände bei anderen rechten

Parteien und in den Regionen (Morelli 2003). Die Regierung Berlusconi hat verbale Zugeständnisse gemacht und sprach von einer Stärkung des Regionalismus auf der Basis des Subsidiaritätsprinzips und der Autonomie. Die unter der Mitte-Links-Regierung eingeleitete Verfassungsreform wurde jedoch abgelehnt. Im November 2001 wurde beim Ministerpräsidenten eine «Cabina di regia», ein informelles Organ der Kooperation zwischen Staat, Regionen und Gemeinden, geschaffen (Mühlbacher 2002). In Italien ist die Devolution nicht sehr weit gediehen. Das liegt nicht zuletzt an der Heterogenität der norditalienischen Gebiete, welche die Lega Lombarda als politische Einheit beansprucht. Es besteht jedoch eine geringere Scheu als in Frankreich, notfalls die Verfassung zu ändern. Die Lega Nord hielt in ihrer Propaganda die Devolution für ein Durchgangsstadium zum Föderalismus. Die italienischen Parteieliten sind jedoch kaum weniger einig als die französischen, dass sie so weit nicht gehen wollen. Die Regierung Berlusconi hatte im März 2006 kurz vor den Parlamentswahlen, die zu ihrer knappen Niederlage führen sollten, ein Referendum angesetzt. Die siegreiche Linke lehnte nicht alle der vorgesehenen Änderungen ab. Der bisher gleichrangige Senat sollte die föderativen Strukturen widerspiegeln. Die Zahl der Abgeordneten und die Befugnisse des Staatspräsidenten sollten reduziert werden. Die vorgesehene Stärkung des Premierministers löste einen Anti-Berlusconi-Effekt aus, der auch die sinnvolle Föderalisierung in Mitleidenschaft zog und zur Ablehnung bei ca. 60% der Bürger führte. Für die populistische Lega Nord war das Ergebnis ein schwerer Rückschlag (Ulrich 2006: 6). Wie in Deutschland befürchteten vor allem die armen Regionen (in Italien im Süden) eine weitere Benachteiligung im System. Es erwies sich erneut als Nachteil, dass die Föderalisierung Italiens von einer Partei der reichen nördlichen Gebiete propagiert wurde, die am liebsten einen Nordstaat «Padanien» errichtet hätte und ständig gegen den Mezzogiorno polemisierte, sodass solidarisches Verhalten der Regionen kaum zu erwarten war.

Die Devolutionsprozesse in ehemaligen Zentralstaaten kranken alle an der Tatsache, dass nur marginale Regionen sie forcieren und die Zentralgebiete wie England, Nordfrankreich oder Mittelitalien sich schwer föderalisieren lassen, da historische Regionen unterentwickelt oder vielfach zu klein sind, während in älteren Föderationen Ministaaten wie Connecticut, Glarus oder Bremen überleben konnten.

3) Asymmetrien bei den Rechten der Gebietseinheiten in Föderationen

Eine archaische Form asymmetrischer Rechte fand sich in dynastischen Personalunionen bei Staaten, die sich nicht als Föderation verstanden. Der Grad der Autonomie von der Krone, die in einem anderen Land residierte, variierte nach Größe und Gewicht der Einheiten: Sie konnte minimal sein wie im Falle *Finnlands* im Zarenreich, sie konnte sich zur förmlichen Doppelmonarchie mit zunehmend symmetrischen Einflussstrukturen entwickeln wie in *Österreich-Ungarn. Schottland* wurde als Zwischentyp dargestellt, der näher an Modellen partieller Unabhängigkeit lag, ähnlich wie Ungarn bis 1918 oder Norwegen in der Personalunion mit Schweden bis 1905. Die Union mit England schien relativ erfolgreich, weil die Spracheinheit nicht radikal in Frage gestellt wurde und weil Schotten und Engländer zunehmend gemeinsame Interessen am Wohlfahrtsstaat entwickelten. Die Wirtschaftseliten arbeiteten an einem einheitlichen britischen Markt, und unter den kulturellen Aufklärern im 18. Jahrhundert war Schottland im United Kingdom so dominant, dass zunächst kein Sonderbewusstsein entstand. Dennoch kam es im 19. Jahrhundert zu einem starken «Revival» der «Vernacular-Kultur» der Schotten (Paterson 1992: 5, 11 f.). Die Autonomiebestrebungen wurden durch die wirtschaftliche Prosperität nach den Ölfunden sogar verstärkt. Wenn man nach einer spöttischen Definition Dahrendorfs davon ausgeht, dass eine Nation darstellt, wer eine Fußball-Nationalmannschaft in internationale Kämpfe führen kann, dann sind Schottland und Wales eigene Nationen – Bayern hingegen nicht, auch wenn der Verein «Bayern München» sich manchmal wie die deutsche Nationalmannschaft aufspielt.

Das archaische Modell der historischen Personalunionen mit weitgehender Autonomie außerhalb der Sicherheits- und der Außenpolitik könnte Vorbild für Länder sein, in denen die Ethnien einander eifersüchtig belauern – wie in Belgien oder Kanada. Der «Verfassungspatriotismus», der heute von den Bürgern verlangt wird, konnte gleichsam personalisiert als Loyalität zur Krone abgegolten werden. Heute kann die Monarchie diese Rolle schwerlich spielen – am ehesten noch in Belgien, am wenigsten bei den Basken in Spanien, zumal radikale ethnische Gruppen meist republikanisch aufgetreten sind. Auch das «Scottish Office», das vorwiegend in London agierte, konnte seine Macht – vor allem in der Bildungspolitik – kräftig ausdehnen, wenn genügend Druck für Autonomie von der Basis in Schottland kam (Paterson 1992: 112, 124, 128). Als archaische Form asymmetrischer Rechte wäre es heute für Identitätspolitiker kaum noch tragbar, wenn das Amt in der nationalen Hauptstadt agierte. Auch in Schottland mussten die Autonomiebestrebungen durch ein eigenes Parlament vor Ort befriedigt werden. In der Sozialpolitik war das Autonomiestreben relativ gering, weil in diesem Bereich eher symmetrische Rechte für arbeitslose und bedürftige Bürger gefordert wurden.

Der Sozialstaat förderte gelegentlich aber auch unterschiedliche Rechte von Gebietseinheiten, wie das Beispiel *Kanada* zeigt. Québec hat seinen eigenen Pensionsplan, während andere Provinzen diese Kompetenz an die Bundesregierung delegierten. Einige Bundeskompetenzen richten sich direkt an die Bürger, andere an die Provinzen. Die Asymmetrie geht so weit, dass nach Ansicht einiger Autoren Kanada Züge von Konföderationen wie von Föderationen aufweist. Das US-amerikanische Motto «*e pluribus unum*» wurde abgewandelt in: «*ex uno plures*» (Tully 1995:143). Milderes Licht könnte auf Russland durch den Hinweis fallen, dass auch eine altehrwürdige Föderation wie Kanada unter dem Druck der Separationsbewegungen die Asymmetrien vorangetrieben hat. In der «Kanada-Runde» der Föderalismusreform kamen in die Charlottetown-Vorschläge neue Asymmetrien (Watts 1999: 130f.). «Equity of provinces» (Section 1.2 [1] d) stand neben der Anerkennung Québecs als «distinct society» (Section 1.2 [1] c und 1.2 [2] 2). Für New Brunswick wurde die Gleichberechtigung der beiden Sprachen Englisch und Französisch eingefügt. Drei der neun Richter am Supreme Court müssen von der «civil law bar of Québec» stammen (Section 18). Zur Bekämpfung der separatistischen Tendenzen wurde sogar präventiv an künftige Verfassungsänderungen gedacht: Die Bundesverfassung kann nicht mehr ohne Zustimmung Québecs geändert werden. Sonderlösungen für die Ureinwohner sind in Föderationen wie Australien und Kanada ebenfalls notwendig geworden, ohne dass diese Asymmetrie das Gleichgewicht der politischen Kräfte nennenswert beeinflusst hat. Gerade der kanadische Prozess der Föderalismusreform zeigte jedoch ein Dilemma alter Föderationen: Hohe Amendmentbarrieren sollten die Gleichheit ungleicher Einheiten schützen. In den USA – und in gewisser Weise auch in Kanada – haben diese Schutzbarrieren jedoch verhindert, dass der Föderalismus neue Gleichgewichte zum Schutz der «states' rights» findet, weil die Amendmentprozedur langwierig war und die geplanten Reformen häufig nicht ratifiziert wurden.

Besonders ausgeprägt sind die Asymmetrien in *Russland*, wo die legislativen Rechte eine Dreierhierarchie aufweisen. Wie zweitrangig die De-jure-Asymmetrie sein kann, zeigen die beiden metropolitanen Gebiete Moskau und Sankt Petersburg. Nach ihren Rechtsetzungsbefugnissen gehören sie in die dritte Kategorie der verfassungsmäßig verbrieften Rechte. Aber besonders das Moskauer Gebiet hat durch sein finanzielles De-facto-Gewicht eine außerordentliche Stellung in der Föderation. Nach dem Untergang der Sowjetunion war eine Tradition des Bilateralismus zwischen Zentrale und Regionen entstanden. Gorbatschow und später Jelzin hatten sie geduldet, um den Schock der Transformation in den Problemregionen abzufedern (Filippov/Shevetsova 1999: 2). So wurde das föderale System asymmetrisch und entwickelte sich zu einem Gebilde, das spöttisch als «*Roulette-Föderalismus*» bezeichnet worden ist. Die Republiken beharrten auf «Souveränitätsrechten», die sie in ihren Verfassungen verankert hatten, obwohl sie von der Föderationsverfassung abwichen. Ihre Konzeption der Zentrum-Peripherie-Beziehungen war eher konföderalistisch als föderalistisch. Die Kompetenzen wurden so zum Resultat von bilateralen Vereinbarungen, manche von ihnen waren verfassungswidrig (Basygina 1998: 247 f.). Zwischen 1994 und 1998 wurden bei 89 regionalen Einheiten insgesamt 46 solcher *Power-sharing-Vereinbarungen* gezählt. Einige «Subjekte» – wie das im Russischen nicht eben föderalistisch hieß – hörten auf, Steuern zu zahlen, oder handelten Sondertarife heraus. Manche haben sich zusätzliche Rechte bei der Nutzung der Bodenschätze gesichert (Stoner-Weiss 2002: 132).

In Systemen eines «devolutionary federalism» wie in *Spanien*, wo Kompetenzen schrittweise und nach politischer Opportunität abgegeben werden, ist die Asymmetrisierung des Systems weiterhin vorprogrammiert. Föderalismus ist lange als Ziel angesehen worden. In einem System asymmetrischer Autonomien aber wird der Weg zum Ziel und die Föderalisierung zum bloßen Eventualprogramm.

4) Asymmetrien bei der Repräsentation in föderalen Kammern

Ein Zweikammersystem gehört zum Föderalismus wie ein Einkammersystem als die logische Folge der Parlamentssouveränität im Westminster-Modell erscheint. Neuseeland hat sich daher diskret der zweiten Kammer entledigt. Kanada hat trotz seines Föderalismus den Senat nicht in ein eindrucksvolles Exemplar seiner Spezies verwandeln können. Die Repräsentation der «states' rights» bleibt getrennt von der Volksrepräsentation – mit Abstrichen am numerischen Mehrheitsprinzip der Demokratie. Als horizontale Gewaltenteilung wurde die Staatenkammer einer vertikalen Gewaltenteilung der unterschiedlichen Kompetenzen von Bund und Ländern hinzugefügt. Die Staatenkammer hatte vor allem in den USA eine elitäre Rolle zu spielen. Die Anekdote eines Disputs zwischen Jefferson und Washington ist zu schön, um historisch wahr zu sein. Aber sinngemäß könnte sie sich so abgespielt haben. Auf die Frage Jeffersons, der für ein Einkammersystem eintrat, wozu die zweite Kammer gut sei, kam die Gegenfrage Washingtons: «Warum gießen Sie Milch in den Tee»? «To cool it down», war die Antwort. Washington triumphierte, genau diese Abkühlung hatte er für die Repräsentation des Volkswillens im Zweikammersystem vorgesehen. In der neueren Föderalismustheorie wurde versucht, mit einer *«compounded representation»* die zwei Repräsentationslogiken zu versöhnen, was jedoch selbst engagierte Föderalisten nicht sonderlich überzeugte (Sturm 2001 a).

Historische Konföderationen wie die Vereinigten Provinzen der *Niederlande* (1579–1795), die *Schweiz* bis 1798 oder der *Deutsche Bund* (1815–1866) waren Einkammersysteme, weil es an einer «nationalen Repräsentation» fehlte. Es gab keine Repräsentanten im modernen Sinn, sondern nur Delegierte, die sich als «Botschafter» ihres Staates fühlten. Nur der Deutsche Bund hat bereits die Stimmen der Staaten gewichtet, aber den kleineren Staaten noch eine überproportionale Repräsentation gewährt. Immer wenn diese Konföderationen zum Föderalismus übergingen, kam es zu einem Zweikammersystem. Die Schweiz schuf nach amerikanischem Modell eine zweite Kammer mit gleicher Repräsentation der Kantone. Nur die Föderationen, die aus einem Staatenbund hervorgegangen sind, haben in der zweiten Kammer gleiche symmetrische Repräsentation beibehalten, unabhängig von der Größe der Gliedeinheiten. Aus Schweizer Sicht hat das Bundesparlament «Milizcharakter». Im parlamentarischen System schien eine völlige Gleichberechtigung beider Kammern gar nicht denkbar (Jaag 1976: 129), obwohl es sie rechtlich gegeben hat. Das führte jedoch selten zu langfristigen Friktionen, wenn der Bestellungsmodus der beiden Kammern nicht allzu sehr differierte (vgl. von Beyme 1999: 194 ff.).

Wo die Idee der Volkssouveränität stark entwickelt war, wie im revolutionären Frankreich, haben Theoretiker wie Condorcet (Œuvres, Bd. 9, 1968: 333 ff.) eine zweite Kammer gänzlich abgelehnt und qualifizierte Mehrheiten als Sicherung für föderale Symmetrie bevorzugt. Qualifizierte Mehrheiten sind aber nicht weniger als zweite Kammern eine Einladung für «Veto-Spieler», ihren Einfluss geltend zu machen. Wenn ein Zweikammersystem mit einer starken zweiten Kammer und noch dazu mit einem präsidentiellen System verbunden ist, wurde in der Theorie der Veto-Spieler sogar von einem «tricameral system» gesprochen, weil drei Veto-Spieler sich im Gesetzgebungsprozess einigen müssen (Tsebelis 2002: 144).

Bei der Analyse der empirischen Indikatoren für die territoriale Gewaltenteilung ist die Stärke der zweiten Kammer in Australien, Deutschland, der Schweiz und den USA am höchsten bewertet worden. Eine nur mittlere Bedeutung erlangte die zweite Kammer in Belgien, Kanada, Frankreich, Italien und Spanien (Braun 2000: 52). In einigen alten Föderationen wie den USA und in Australien ist der Senat nicht direkt ein Organ der Repräsentation der Staaten. In *Kanada* ist die zweite Kammer, der Senat, in der Gesetzgebung de jure dem House of Commons fast gleichgestellt. Der archaische Bestellungsmodus – Ernennung durch den Premierminister – führt nicht dazu, dass die Senatoren die Provinzen oder gar ihre Regierungen direkt vertreten (Zinterer in: Riescher 2002: 185 ff.). Auch in den *USA* gibt es zwischen Senatoren und Gouverneuren der Staaten immer wieder Konflikte. Bis 1913 wurden die Senatoren nicht direkt gewählt. Seit ihrer Direktwahl erlangten sie Entscheidungsspielräume gegenüber den Interessen des Staates, den sie repräsentieren. Die Bestellung der zweiten Kammern betont die Ländervertretung in unterschiedlicher Weise: In *Österreich* wird der Bundesrat durch die Länderparlamente gewählt (Art. 35). In Deutschland sind Vertreter der Landesregierungen mit Mandat im Bundesrat. In *Belgien* kam es zu einer komplizierten Mischform aus direkter Wahl eines Teils, aus indirekter Bestellung durch die beiden Sprachgemeinschaften und aus der Ernennung eines dritten Teils. Ebenso verschieden sind die Kompetenzen im System. Der österreichische Bundesrat hat nur ein suspensives Veto – außer bei Finanzfragen –, das der Nationalrat mit einfacher Mehrheit überstimmen kann. In Belgien gibt es ein absolutes Veto nur in einigen Politikfeldern. Ein absolutes Veto findet sich in den Bundesstaaten Australien, Kanada, Schweiz und USA.

In *Deutschland* wurde der Bundesrat mächtiger als von den Verfassungsvätern und -müttern vorgesehen. Aber der Bund kann jederzeit Gesetzgebungsmaterien an sich ziehen: «was fälschlich ‹Konkurrenz› heißt, meint im Grunde Bundesdominanz» (Abromeit 1992: 130). Ein Veto des Bundesrats existiert nur bei Angelegenheiten der Länder. Der Anteil der Zustimmungsgesetze wuchs von 41,8% (1949–1953) auf 59,2% (1994–1998) und sank wieder auf 54,8% (1998–2002). Schon beim Vierten Rentenversicherungsgesetz von 1974 wurde der Einfluss des Bundesrats beschnitten, weil eine Zustimmungspflichtigkeit nur gegeben sein sollte, wo eine «Systemverschiebung» im Bund-Länder-Verhältnis befürchtet werden musste. Das Bundesverfassungsgericht (1 BvF 1/01 v.

17.7.2002) hat beim Urteil zur Gleichstellung homosexueller Lebenspartner versucht, die Zustimmungspflichtigkeit zu reduzieren, indem der Bundesregierung die Aufspaltung von Materien gestattet wird. Dennoch ergaben sich daraus weniger Blockaden als in echten Zweikammersystemen, wo etwa in Australien die Finanzgesetze am Widerstand des Senats scheiterten, sodass nur die Auflösung als Weg aus der Krise blieb. Es könnte freilich die Frage aufgeworfen werden, ob die von Bundeskanzler Schröder im Herbst 2005 erwirkte Bundestagsauflösung wegen mangelnder Gestaltungsmöglichkeiten nicht teilweise als paralleler Fall interpretiert werden muss, auch wenn sich die Auflösung nicht direkt gegen den Bundesrat richten konnte. Normal ist der Regierungssturz durch die Politik der zweiten Kammer nicht mehr, wie er es in der Zeit des Frühparlamentarismus noch gewesen ist (von Beyme 1973: 690 ff.). Die Föderalismusreform (vgl. Kap. II.8.a) versuchte, den Anteil der Zustimmungsgesetze zu reduzieren. Einige Kritiker fürchten, dass die Konkurrenz der Länder diese Zahl künftig noch erhöhen könnte. Eine Föderalismusreform zielt zur Zeit beim Bundesrat nicht auf «die Flucht nach vorn», also auf eine Parlamentarisierung und Transformation in eine normale zweite Kammer (Sturm 2003 a).

Auch in normalen Zweikammersystemen kam es zu schweren Konflikten zwischen den Kammern. Die «normale» Konfliktschlichtung ist ein Vermittlungsverfahren in Ad-hoc-Ausschüssen – den *Conference Committees* wie in den USA oder dem fest installierten Vermittlungsausschuss wie in Deutschland. In Deutschland hat der Bundesrat in den ersten 13 Legislaturperioden fast 90% der 756 angestrengten Vermittlungsverfahren veranlasst (König 1999: 35; Kilper/Lhotta 1996: 130). Der Vermittlungsausschuss ist nach empirischen Studien vor allem auf eine Korrektur von Bundestagsbeschlüssen aus. Seltener ist die totale Ablehnung. Auch bei Gesetzen, die nicht zustimmungspflichtig erscheinen, hat der Bundesrat nach Einschaltung des Vermittlungsausschusses gelegentlich Einspruch erhoben (1949–1990 26 Mal). In 19 Fällen ist der Einspruch vom Bundestag mit absoluter Mehrheit zurückgewiesen worden. Im gleichen Zeitraum hat der Bundesrat 88 Gesetzen die Zustimmung versagt. In mehr als der Hälfte der Fälle (48) wurde das Gesetz nach anschließendem Vermittlungsverfahren doch noch verkündet (Schindler IV, 1994: 848). Bei Schlüsselentscheidungen, die aus dem Gros der Routinegesetzgebung herausragen, ist die Zahl der Vermittlungsausschüsse mit fast einem Drittel der Fälle auffallend hoch. Konflikte um die Kompetenzüberschreitungen von Vermittlungsausschüssen gingen bis vor das Bundesverfassungsgericht, das 1986 beim 2. Haushaltsstrukturgesetz monierte, dass der Ausschuss «an die Grenze des Zulässigen» gegangen sei (BVerfGE 72: 187 ff.). Diese Konflikte zeigten einmal mehr, dass die föderale Logik nicht selten von der Logik des Parteienwettbewerbs überlagert wird. Das föderale Konkordanzprinzip wurde von beiden Lagern immer wieder für parteipolitische Mehrheitspolitik missbraucht (von Beyme 1997: 298). Schon früh wurde in der Föderalismusliteratur das Erstarken der «Landesfürsten» in der Bundespolitik auf die Dominanz der parteienstaatlichen Logik zurückgeführt (Renzsch 1991: 284). Ein populärer Vorschlag, nur noch den Ministerpräsidenten der Länder ein Abstimmungsrecht im Bundesrat zu verleihen, würde das Abstimmungsverhalten übersichtlicher machen, aber die Macht der Landesfürsten erneut stärken.

Der Bundesrat in Deutschland ist rechtlich keine zweite Kammer, sondern ein Verfassungsorgan sui generis. Im transnationalen Vergleich wird er jedoch wie eine zweite Kammer behandelt, und nach seinen Funktionen gehört er in diesem Bereich zu den stärkeren Ländervertretungen. Die Funktionsweise ergibt sich letztlich weniger aus den institutionellen Vorgaben als aus der Penetration durch das Parteiensystem. Die Verfassungsgeber hatten im Licht ihrer Weimarer Erfahrungen nicht mit einer parteilichen Polarisierung des Bundesrats gerechnet, sondern hofften, dass Koalitionen der Mitte die Entscheidungen weitgehend «sachlich-neutral» fällen würden. Das erwies sich als «folgenreiche Fehleinschätzung» (Lehmbruch 1998: 82). Das technokratische Element wirkte auf andere Weise im Bundesrat: in den Ausschüssen des Bundesrats sitzen vielfach nicht Mitglieder der Landesregierungen, sondern Ministerialbeamte. Diese kooperieren in «Fachbruderschaften» mit anderen Ländern und neigen zur Vereinheitlichung der Gesetzgebung. Die polarisierende Parteilogik in der Länderkammer wird somit durch eine integrierende und homogenisierende Expertenlogik wieder gemildert. Der Preis ist freilich ein starkes Status-quo-Den-ken. Was an Konsens gewonnen wird, geht an Innovationsfähigkeit verloren. Selbst das Repräsentativsystem zeigte sich nicht unbeein-flusst von den vorherrschenden Mentalitäten der Eliten und des Wahlvolks. Landtagswahlen wurden schon als «Bundesratswahlen» bezeichnet. Es sind die Wähler des nationalen «demos» im Bund, die ihr Interesse an der Gewährleistung möglichst gleichwertiger Lebensverhältnisse in bundespolitisch dominierten Landtagswah-len artikulieren (Lhotta 1998: 88).

Die *Schweiz* hat aufgrund ihrer Sezessionserfahrungen ein aus-geklügeltes Institutionensystem zum Schutz der Minderheiten geschaffen. Der Veto-Spieler-Ansatz beklagt jedoch zunehmend, dass Innovationen erschwert und Minderheiten geschützt werden, die ihre soziale Bedeutung längst eingebüßt haben. Die doppelte Mehrheit im Zweikammersystem und in Referenden wirkt stabili-sierend für traditionale Mehrheiten und nicht ermutigend für neue Minderheiten. Dass doppelte Mehrheiten an Bedeutung gewannen, wurde auch quantitativ belegt: 1901–1910 gab es 8 Fälle, 1991–2000 schon 70 (Papadopoulos 2002, 3: 60). Radikale Feministinnen be-dauern gelegentlich, dass die größte Minderheit – die eigentlich schon die Mehrheit der Bevölkerung darstellt –, die Frauen, keine institutionelle Veto-Gruppe geworden sind.

Fast alle Föderationen weichen vom demokratischen Prinzip ab, da die kleinen Einheiten selbst in der Volkskammer leicht über-repräsentiert sind, wie in Kanada oder im Falle Bremens in Deutsch-land. Selbst durch die Stimmenspreizung nach der deutschen Einigung, mit der die großen westlichen Bundesländer einer Majo-risierung durch die kleinen Länder, verstärkt durch die fünf neuen Ostländer, vorbeugten, ist noch eine gewisse Überrepräsentation der kleineren Einheiten im Bundesrat gegeben. Die deutsche Bun-desratskonstruktion ist im Ausland – und 1949 auch von den alli-ierten Besatzungsmächten – als historisches Relikt der Bismarck-Tradition eines Fürsten-Bundes stark beargwöhnt worden. Diese Einrichtung erwies sich als gutes Beispiel für «pfadabhängige Ent-wicklungen», die schwer korrigierbar sind, selbst wenn die Effi-zienz einer solchen Einrichtung zunehmend in Frage gestellt wird (Lehmbruch 1998: 78 f.).

Im Devolutionsföderalismus sind die zweiten Kammern und Senate meist nicht föderal organisiert. In *Spanien* hat die Verfassung die zweite Kammer, den Senat, zur Kammer der «territorialen Repräsentation» erklärt (Art. 69.1), aber seine Befugnisse sind extrem asymmetrisch. Der Senat ist nicht einmal im Gesetzgebungsverfahren gleichberechtigt – trotz seiner Gesetzgebungsinitiative (Art. 87). Die erste Lesung erfolgt in der Regel im Abgeordnetenhaus. Der Senat kann zwei Monate lang sein Veto einlegen oder Änderungsvorschläge einbringen (Art. 90,2). Das Veto hat nur suspensive Wirkung und kann nach Ablauf von zwei Monaten mit einfacher und vor Ablauf dieser Frist mit absoluter Mehrheit des Abgeordnetenhauses außer Kraft gesetzt werden. In der Praxis ist das Veto des Senats selten, weil die Wahlsysteme relativ ähnliche Mehrheiten in beiden Häusern produzieren (Nohlen-Hildenbrand 2005: 261). Es hat in Spanien gelegentlich Debatten gegeben, ob eine Konstruktion nach Vorbild des deutschen Bundesrats wünschenswert sei, um die Kooperation von Senatoren und regionalen Parlamenten enger zu gestalten. Es galt als Nachteil des spanischen Senats, dass er meist nur die legislativen Funktionen des Kongresses duplizierte. Dieses Faktum führte dazu, dass der Senat kein hinreichendes Ansehen im Volk genoss (Moreno 2001: 137). In Spanien gibt es zwar den Senat als territoriale Kammer, aber die autonomen Gemeinschaften partizipieren nicht durch den Senat. 1994 wurde ein «General-Ausschuss für die Autonomien» geschaffen, um den Gebietseinheiten mehr Einflussmöglichkeiten zu geben (Grau i Creus 2000: 59).

Belgien hat mit dem föderalen Umbau des Staates 1993 den Senat zu einem Haus der Sprachgemeinschaften, nicht aber der Regionen gemacht. Vier verschiedene Gruppen von Senatoren, von denen außer für die Kinder des belgischen Königs wieder ethnische Kontingente festgelegt wurden, machten die Zusammensetzung dieses Organs außerordentlich kompliziert (Deschouwer 2000: 109).

Ein logisch-konstitutionelles Denken mag die De-jure-Asymmetrien beklagen. Sie waren aber von Kanada bis Spanien unvermeidlich, um die Einheit zu erhalten. Nur in Ländern mit einer starken Hegemonie der dominanten Ethnie, wie in *Russland*, konnte man es sich leisten, den peripheren Gebieten Rechte zu geben und wieder zu entziehen, wenn es der Zentrale opportun schien. Der

Föderationsrat als zweite Kammer machte sich gelegentlich zum Komplizen der Zentralmacht. Er blockierte in der Ära Jelzin weitgehend alle Versuche, die föderalen Beziehungen zu vereinheitlichen, besonders auffällig im Dezember 1997.

Die Europäisierung der Systeme hat durch die neue Ebene der Kooperation zu einer Stärkung des Exekutiv-Föderalismus geführt. Die Länder- und Regionalkammern haben an Bedeutung verloren und neue Kompetenzen und Kooperationsformen nicht unter Kontrolle behalten (Börzel 2002: 233). Während die Zweikammersysteme, solange sie annähernd ähnliche Kompetenzen besitzen, meist als immobil gelten, haben Theoretiker der Veto-Gruppen (Tsebelis/Money 1997: 40, 229) das Zweikammersystem für flexibler erklärt als die Einkammersysteme, in denen Minderheiten viele Entscheidungen blockieren, vor allem wenn für Schlüsselentscheidungen qualifizierte Mehrheiten erforderlich sind. Das gilt freilich nur, so lange zwischen den beiden Kammern effektive Schlichtungsmechanismen wie etwa Vermittlungsausschüsse existieren. Sie machen große Innovationen eher unwahrscheinlich, haben aber den Vorteil, dass die kleinen Innovationen von einem breiten Konsens getragen sind.

Nur selten ist die Gesetzgebung von bundesstaatlicher Relevanz systematisch untersucht worden. Wo dies für eine Reihe von Politikfeldern geschah, zeigte sich, dass funktionale Gruppen, Wirtschaftsverbände und Umweltinitiativen fortschrittliche Gesetzgebungen häufig mit einem Veto belegten und die Staaten und Lokalregierungen zur Niederlage dieser Maßnahmen nicht selten beitrugen (Dinan 2004: 55). Das föderale Zweikammersystem birgt vielfach die «Gefahr des Übervetos» mit einer verringerten Anpassungsfähigkeit bei Reformbedarf. Positiv wird jedoch der damit verbundene Zeitverlust durch die Möglichkeit bewertet, opponierende Minderheiten in den Reformprozess einzubinden (Riescher 2001: 98). Reformen könnten an Dauerhaftigkeit gewinnen, wo Quasi-Einkammersysteme die Abschaffung einer Reform nach dem nächsten Wahlsieg befürchten lassen. Dafür gibt es in Großbritannien einige Beispiele.

Zwei Probleme des Föderalismus im parlamentarischen Bereich wurden in der vergleichenden Literatur selten behandelt: die Bedeutung der Parlamente der Gliedstaaten und der Braindrain des Bundes im Bereich der politischen Eliten der Gliedstaaten, die sich in Länderparlamenten und Länderregierungen bewährt haben. Eines der seltenen Bücher über *Parlamente der Gliedstaaten im Föderalismus* enthielt kein vergleichendes Resümee. In allen Länderstudien wird in ermüdender Eintönigkeit der Niedergang der Landes-, Kantons-, oder Staatenparlamente beklagt. Von Wilhelm Hennis (1968: 120 ff.) bis zu Gerhard Lehmbruch hat sich der Unmut über die «überbezahlten Stammtische» der Länderparlamente (Naumann 2006: 1) in Vorschlägen zur Reduktion des aufgeblähten Länderparlamentarismus niedergeschlagen, zumal 95 % der Landesausgaben und -einnahmen gesetzlich festgelegt sind. Gegenargumente gegen die ultima ratio einer Abschaffung der Länderparlamente verweisen auf die vielfach über hundert Gesetze pro Legislaturperiode, welche die Länderparlamente erarbeiteten (Mielke/Reutter 2004: 42). Noch günstiger sieht die Bilanz bei der Ausübung der Kontrollfunktion aus, die einigen Theoretikern heute wichtiger erscheint als die Gesetzgebungsfunktion.

Ohne Rechtsetzungsfunktion kommt heute nicht einmal der Quasi-Föderalismus der Devolutionssysteme aus. Insofern kann eine realistische Föderalismusreform nur in der «Entrümpelung», nicht aber in der «Abschaffung» des Länderparlamentarismus bestehen. Bei den Föderationen in der Europäischen Union wird dieses Dilemma noch durch Kompetenzeinbußen durch die Bedeutungszunahme der EU verschärft. Die Beteiligung der Länder an der Normsetzung der EU hat sich nicht als wirkliche Kompensation erwiesen. Der Ausschuss der Regionen bietet nach dem Vertrag von Maastricht den Ländern ein Anhörungsrecht. Aber er ist nur ein den Rat und die Kommission unterstützendes Organ und wurde bereits als «folkloristische Schaubühne» abqualifiziert (Merten 1997: 66, 69, 51).

Die rechtlichen Ungleichgewichte der Vertretung von Gliedstaaten in den Zentralparlamenten werden verschärft in *Asymmetrien der Elitenauslese* durch die Kammern. Am krassesten erscheint das in *Indien,* wo fast alle Premierminister und die wichtigsten Ressortinhaber aus dem Großstaat Uttar Pradesh stammen (Watts 1998, Mitra 2005: 8). In *Österreich* hat der Wasserkopf Wien eine gewisse

Dominanz in der Elitenauslese erlangt. In *Deutschland* hingegen ließ sich nicht feststellen, dass Nordrhein-Westfalen als das größte Bundesland führend bei der Stellung der Eliten war, nicht einmal in der Zeit, als die Hauptstadt Bonn auf seinem Territorium lag. Die Auswahl der Kanzler war in Deutschland bisher sogar ungewöhnlich pluralistisch, ohne dass dies geplant worden wäre. Kein Bundesland stellte zweimal den Kanzler. Die Probleme der Elitenauslese an der Schnittstelle von Bundes- und Landespolitik liegen eher darin, dass gestaltungswillige und machtbewusste Personen vom Länderparlamentarismus wenig angezogen werden. Einige Autoren versprechen sich Abhilfe von der Einführung der Volkswahl für die Ministerpräsidenten (Schneider 2001: 389 ff.).

5) Einfallstor der Veto-Spieler durch den Ausbau der Verfassungsgerichtsbarkeit

Der Föderalismus ist das komplexeste aller Regierungssysteme. Wegen der prekären Balance zwischen zwei Loyalitäten und ihres Schutzes durch klare Abgrenzung der Kompetenzen lag die Suche nach einem «*pouvoir neutre*» nahe. Nur in der *Schweiz* wurde dieser im Gesetzgebungsreferendum als Gegenmacht zur Bundesgesetzgebung gesehen. Wenn dieser Veto-Spieler erreicht, dass er die Spielräume des Zentralstaats begrenzt, so ist das eine geeignete kollektive Gegenmacht. Als «neutral» wird man sie schwerlich bezeichnen können, denn sie stimmt im Zweifel für die Erhaltung der Asymmetrien, die in den Kantonsverfassungen angelegt sind. Allenfalls bei progressiven Sozialgesetzen besteht Hoffnung auf eine Zustimmung des Volksgesetzgebers zu den Plänen des parlamentarischen Gesetzgebers. Bei Verfassungsabstimmungen zählt das «Volks- wie das Ständemehr». Dies kann zu Konflikten führen, wenn die föderalistische Mehrheit verwirft, was die demokratische Mehrheit gebilligt hat und daher eine Entscheidung nicht zustande kommt. Mit Ausnahme des Proporzwahlrechts und der Zivildienstvorlage hat in allen Fällen das Veto der Kantone eine demokratische Mehrheit überstimmt – vom Proporzwahlrecht für den Nationalrat bis zur Bildungs-, Konjunktur-, Energie- und Kulturpolitik. Die rechnerische Kantonsmehrheit liegt bei 9%. Bei der Ermittlung des «Ständemehrs» wiegt die Stimme einer Urnerin so viel wie die von 31 Zürcherinnen (Linder 1999: 180).

Der «pouvoir neutre» wurde in föderativen Verfassungsstaaten nicht mehr – wie bei dem Liberalen Benjamin Constant – im Fürsten gesehen, der in frühen konstitutionell-repräsentativen Systemen als oberster Gerichtsherr auch mit der «dritten Gewalt» verbunden war. Im Zeitalter deliberativer Repräsentativverfassungen wurde ein kollektiver «pouvoir neutre» vorgezogen, weil er weniger korrumpierbar schien. Er entwickelte sich in Föderationen in der Verfassungsgerichtsbarkeit, obwohl noch Montesquieu (Ésprit des Lois, XI, 6) in seiner Lehre der Gewaltenteilung die dritte Gewalt, die Justiz, als «en quelque façon nulle» ansah. Auch in den *USA* erlebte der Supreme Court – keineswegs als Verfassungsgericht konzipiert, weil die amerikanische Tradition jedes «Sondergericht» ablehnte – seinen Aufstieg erst durch den Ausbau des «judicial review» durch Chief Justice Marshall in dem Fall «Marbury v. Madison» (1803). Die Mehrheit der Verfassungsväter in den USA ging davon aus, dass der Föderalismus eher durch institutionelle «checks and balances» als durch «judicial review» geschützt werden sollte.

Bei der Schaffung des *australischen Commonwealth* wurden die Regierungssysteme vergleichend mit großem Eifer diskutiert. Das britische Modell parlamentarischer Regierung blieb schließlich erhalten, obwohl konservative Föderalisten wie John Cockburn (1901:139) das Schweizer System vorgezogen hätten. Aber in der eigenartigen Synthese des britischen und des amerikanischen Modells wurde schließlich der «High Court» ganz unbritisch nicht nur für Streitigkeiten der Regierungsebenen eingesetzt, sondern auch über die parlamentarische Prozedur selbst gestellt. Damit wurde die britische Doktrin der Parlamentssouveränität durch die Souveränität der Verfassung ersetzt.

Spätere Bundesstaaten haben in der Regel ein Verfassungsgericht entwickelt, das nicht mehr zugleich als höchste Instanz für Zivil- und Strafprozesse zu dienen hatte. Einer der ersten Bundesstaaten – der leider auf dem Papier einer niemals geltenden Verfassung blieb – wurde in der 1848er Revolution im Parlament der Paulskirche im *Deutschen Bund* geschaffen. Es wurde bereits ein «Reichsgericht» und selbst das Institut der Verfassungsklage vorgesehen (§ 126 f, g). Dieses Vorbild hat nach dem Zeugnis von Hans Kelsen (1922:55) Pate bei der Entwicklung seines Verfassungsgerichts gestanden, das sich zum «österreichischen Modell» entwickeln sollte. Kelsen wurde gelegentlich unterstellt, er habe sich am Supreme Court orientiert. Er selbst schrieb dazu: «Bei allen Entwürfen diente neben der reichsdeutschen auch die schweizerische Verfassung als Vorbild», und ein Lobredner (Marcic 1966:56) sah Österreich als die «letzte politische Form des alten Römischen Reiches» an.

Die Verfassungsgeber in modernen Bundesstaaten gingen häufig davon aus, dass sich die frisch konstituierten Verfassungsgerichte überwiegend mit Konflikten im Föderalismus beschäftigen müssten. Die Zahlen des Karlsruher Gerichts in *Deutschland* zeigen, dass die Verfahren von Bund-Länder-Streitigkeiten nach Art. 93, Abs. 1, Nr. 13 und Art. 84, Abs. 4, Satz 2 GG nur 44 von über 155 000 Verfahren ausmachten (bis 2005). In *Russland* war dieser Konflikttyp häufiger, aber er wurde durch «bilaterale Verhandlungen» mit der Zentralexekutive «am Rande der Legalität» und anfangs manchmal sogar «jenseits der Legalität» geregelt. Gleichwohl nahmen die föderalen Konflikte in der Statistik des russischen Verfassungsgerichts unter Jelzin bereits den zweiten Platz ein (von Beyme 2001: 126).

Die Rechtsvereinheitlichungswirkungen der Gerichtsbarkeit sind im Zeitalter der Postmoderne gelegentlich angeprangert worden, weil sie der «Vielfalt» nicht gerecht würden. Noch schädlicher war der Verdacht, dass ein neo-konfuzianistischer Autoritarismus sich zu Recht gegen die «human rights imperialists» wehre. Bei Niklas Luhmann (1965: 29) etwa sind selbst die Grundrechte als regional und temporär begrenzt geltende Normen postmodern relativiert worden. Sie wurden aus einem liberal-rechtsstaatlichen «Angstkomplex» der Gesellschaft gegenüber der Politik erklärt. Verfassungsrichter hingegen neigten in der Begründung ihrer Urteile zu einem Essentialismus bei der Begrenzung der Aktivitäten des Staates. Anti-Essentialisten in der Debatte um kulturelle Identitäten entwickelten sich auch außerhalb der Justiz im Bereich der Grundrechte in ihrer Argumentationsweise nicht selten zu Essentialisten. In *Kanada* wurde geargwöhnt, dass die «Charter of Rights and Freedoms», die man der Verfassung hinzufügte, den Einfluss der Provinzen und die Bräuche der Konkordanzdemokratie und Elitenakkomodation untergraben habe (Watts 1998: 126 f.). Ob sich dieser Trend wirklich auf diesen einen Faktor zurückführen ließ, hat bisher niemand schlüssig erforscht. Alle Erfahrung spricht gegen die Verabsolutierung einer einzigen Variablen.

Die Verfassungsgerichtsbarkeit hatte in Bundesstaaten eine doppelte Funktion. Einerseits diente sie der Vereinheitlichung des Rechts, andererseits dem Schutz von Verschiedenheit und Autonomie. Die erste Funktion war in frühen Föderationen unterentwickelt. Daher war der empirische Befund, dass Verfassungsgerichte eher den Zentralstaat als die Gliedstaaten stärken (Coper 1989, Bzdera 1993), zunächst eine gute Nachricht. Erst als die bundesstaatliche Ebene übermächtig wurde, kam die zentralisierende Tendenz von Verfassungsgerichten in die Kritik. Der erste Präsident des Supreme Court der *USA*, Marshall, hat mutig General Andrew Jacksons rücksichtslose Feldzüge gegen einige Indianerstämme attackiert und diese als gleichberechtigte «Nationen» anerkannt. Als Jackson mit dem Spitznamen «sharp knife» zum Präsidenten gewählt wurde, erklärte er kaltschnäuzig: «John Marshall made his decision, let him enforce it» (zit. Tully 1995: 210). Gerichte haben keine direkte Implementationsgewalt, aber sie können eine wichtige Funktion bei der Herausbildung einer politischen Kultur spielen, etwa durch «Dramatisierung». Sie hat vor allem im Zeitalter der audio-visuellen Medien noch an Bedeutung gewonnen. In der Frühzeit des Systems saß der Präsident gegenüber dem Supreme Court noch auf dem hohen Ross. Trotz der Stellungnahme des Gerichts ließ der Präsident fünf Indianerstämme im «trail of tears» 1838–1839 brutal umsiedeln. Allein 4000 Cherokesen starben auf diesem Marsch.

Der Liberalismus hat in den USA vor allem den Begriff *«justice»* ins Zentrum gestellt, und dieser zielte auf mehr *«equality»*. Der amerikanische Supreme Court hat diese Gleichheit unter der Ägide von Earl Warren und Burger vorangetrieben. Erst unter Reagan und George Bush sen. haben die Ernennungen wieder einen sehr viel konservativeren Court geschaffen. Die Ausdehnung von Rechten im Namen von Gerechtigkeit stand keineswegs immer in Einklang mit der Bewahrung von «*diversity*» im herkömmlichen Föderalismus. In allen Föderationen kam es zu einer zunehmenden Rechtsvereinheitlichung. In den USA entstand konträr zum Bild des «dual federalism» ein «*corrective federalism*». Selbst Ideologen des Föderalismus haben den Schutz von Rechten selten als eine der Haupttugenden des Föderalismus erwähnt. Die «Jim-Craw-Gesetze» der Südstaaten, welche die durch den Bürgerkrieg befreite schwarze Bevölkerung in der Ausübung ihrer Rechte behinderten, haben bis ins 20. Jahrhundert hinein gewirkt und mussten vom Supreme Court illegalisiert werden. In Boston gab es Bekanntmachungen wie «Irish need not apply» – obwohl nicht einmal die Sprache, sondern allenfalls die Religion die Iren von der Mehrheit der Angelsachsen unterschied. In Kalifornien sollten eine Weile Gesetze den Landerwerb durch Japaner verhindern (Zucker in: Katz/Tarr 1996: 76, D. Howard, ebd.: 20). Die Berufung auf die Rechte der Staaten war oft nur schlecht verschleierter Rassismus.

In der Zeit des New Deal trug der Supreme Court dazu bei, den alten dualen Föderalismus auszuhöhlen und in einen *kooperativen Föderalismus* zu verwandeln. Damals gingen die Anhänger Präsident Roosevelts davon aus, dass die zentrale Intervention immer dem sozialen Fortschritt diene. In der dritten Phase des Föderalismus – als «*coercive federalism*» nicht eben schmeichelhaft benannt – ist diese Annahme fragwürdig geworden. Liberale Richter haben oft für die Rechte der Staaten gestimmt und damit konservative Politikresultate erzielt. Konservative Richter hingegen konnten für die «preemption» der Zentralregierung eintreten und damit liberale Politiken anstoßen (Baybeck/Lowry, 2000, 3: 96 f.). Den Courts unter Burger und Rehnquist wurde vorgeworfen, dass sie den Einsatz für Freiheit und Gleichheit aufgegeben hätten. Zu Unrecht, wie empirische Studien ergaben. Der Burger Court hat zahlreiche egalitäre Entscheidungen getroffen, etwa beim «busing» zugunsten schwarzer Schüler und bei Urteilen zum Erziehungssystem. Zugleich gab es eine Bewegung in Richtung eines «*new judicial federalism*» mit libertären Urteilen zur Redefreiheit, Abtreibung und Diskriminierung des Alters (Walker 2000: 208). Je libertärer die Entscheidungen, umso mehr zeigte sich im Bundesstaat ein Problem des «*pouvoir neutre*»: ein mangelnder Implementationswille der Staaten konnte progressive Richterentscheidungen zugunsten der einheitlichen Durchsetzung fundamentaler Rechte aufhalten. Es sollte noch bis in die 1950er Jahre dauern, bis die nationale Regierung entschlossen Gerichtsentscheidungen im Süden zugunsten der Schwarzen notfalls mit Gewalt durchsetzte.

Die gängige Unterscheidung zwischen «freiheitlichen» und «egalitären» Entscheidungen erwies sich als unscharf. Ein partiell *«permissiver Föderalismus»* wechselte immer wieder mit Wellen eines *«progressiven Föderalismus»* ab. Identitätspolitik blieb nicht beim Kampf um Anerkennung stehen, sondern verlangte Umverteilung. So bei einem Urteil zugunsten der Indianer im Prozess Mashpee tribe v. New Seabury u. a. in den 1970er Jahren. Als eine Gruppe im Streit um unrechtmäßig angeeignetes Land beim Federal District Court in erster Instanz Recht bekam, hat kein Geringerer als Präsident Jimmy Carter eingegriffen und eine Entschädigung auf politischem Wege ausgehandelt (Clifford 1988: 278). Jeder Detailsieg war jedoch für die Gruppe nicht von Dauer, weil selbst zurückerstattete Territorien bald mehrheitlich von Nicht-Indianern bewohnt wurden.

Die Forschung hat sich in den USA auch der Frage angenommen, ob eine prononciert ideologische Rechtsprechung wie die des Supreme Court unter dem Konservativen Rehnquist die Entscheidungsfreiheit des Kongresses in Fragen des Föderalismus begrenzt habe. Das Resultat war ambivalent: die Entscheidungsfreiheit des Kongresses wurde im Ganzen nicht verringert. Im Bereich der postmodernen *«morality policies»*, die in den USA zunehmend an Bedeutung gewannen, hat gelegentlich der Supreme Court den Anstoß gegeben. Vielfach aber war es auch der Kongress, der bei der Todesstrafe, bei den Rechten der Homosexuellen, bei Spielsucht und vor allem bei dem Problem Abtreibung Initiativen ergriff, die konservativen Staaten nicht behagten und das normale Funktionieren des Föderalismus gefährdeten. Früher hat der Föderalismus es vermocht, diese Probleme «kleinzuhacken», und die Staaten haben der Bevölkerung Innovationen in geringen Dosen zugemutet. Seit Kongress und Supreme Court aber in vielen «morality policies» vorpreschten, wird bereits übertreibend vom Niedergang des Föderalismus gesprochen (Mooney 2000: 171). Andererseits zeigte sich auch, dass eine liberale Rechtsprechung die Opponenten der Mehrheitspolitik in ihrer Argumentation stärken konnte.

In der Ära des Rehnquist-Courts ist in den USA wegen einer «anti-majoritären Rechtsprechung» des zunehmend konservativen Gerichts von einer «föderalistischen Revolution» gesprochen worden. Die Parteien benutzten die Rechtsprechung im Streit einer Ideologie des *«fixed federalism»* bei den Republikanern und des *«flexible federalism»* bei den Demokraten. Die Republikaner unter Reagan und Bush haben ab 1992 diese Doktrin schärfer vertreten und versucht, das 10. Amendment mit Beschränkungen der Kongressmehrheit stärker durchzusetzen. Damit wurde deutlich, dass nicht der Supreme Court diese Revolution einleitete, sondern nur einem Paradigmawandel in der Parteienlandschaft folgte. Selbst 5:4-Entscheidungen ließen sich nicht klar auf einen Kampf zwischen konservativen und liberalen Ideologien reduzieren. Die Institutionen, auch der Supreme Court, folgten ihrer eigenen Logik, die jedoch langfristig responsiv für einen politischen Gesinnungswandel der Mehrheiten war (Pagano 2002, 2: 19; Dinan 2004, 2: 39, 67; Clayton/Pickerill 2004, 3: 85, 112). Das deckt sich mit Erfahrungen in Deutschland (von Beyme 1997: 311): Prononcierte Urteile des Verfassungsgerichts werden von den Parteien benutzt, um sie in ihrem Sinne zu interpretieren. Versatzstücke werden notfalls aus den *«obiter dicta»*, die nicht zu den tragenden Gründen von Urteilen gehören, in der politischen Auseinandersetzung eingesetzt.

Der Supreme Court in den USA hat einen unschätzbaren Vorteil im Vergleich zu einigen kontinentalen Verfassungsgerichten: Er kann den Einwand einer *«political question»* erheben und somit die Entscheidung in politisch brisanten Fragen den politischen Institutionen überlassen. In den 1960er und 1970er Jahren hat das Gericht in Fragen wie dem «Schulgebet», der «Desegregation», dem «busing» oder der Abtreibung zentrale Maßstäbe für gewisse Politikfelder gesetzt. Seit den 1990er Jahren hat das Gericht jedoch Versuche, Rechte einzuklagen, eher auf den politischen Prozess in den Staaten zurückverwiesen, wie bei den «gay rights» oder dem «ärztlich kontrollierten Selbstmord» (Dinan 2001, 4: 2). Die Ideologie der Deregulierung macht auch vor dem Supreme Court nicht halt.

Immer hält man den politischen Prozess für geeigneter als die Justiz, ein umstrittenes Problem zu lösen.

In *Kanada* bewährte sich das richterliche Prüfungsrecht bei ethnischen Konflikten. Es wurden von den britischen Behörden nicht nur französische Minderheiten in einigen Provinzen des Rechts auf ihre Sprache in Schulen beraubt. Alberta und Saskatchewan haben sich noch 1930 einem Richterspruch des Supreme Court, der die Rechte der französischsprachigen Minderheiten verteidigte, durch Inaktivität widersetzt. Asymmetrien zeigten sich darin, dass sich die englischsprachige Minderheit in Québec besser durchsetzen konnte. Kleinliche Nadelstichpolitik hat 1976 die Regierung von Québec betrieben, als sie den Gebrauch englischer Handelsschilder verbot – entgegen den Garantien, die schon 1867 in der Verfassung standen. Verfassungsrichter hatten komplizierte Abwägungen über «identity related differences» zwischen individuellen und Gruppenrechten vorzunehmen. Das Recht Québecs auf seine Identität durch die Präponderanz des Französischen in der Provinz, aber auch das Recht des Individuums, sich in der Sprache der eigenen Präferenz auszudrücken, wurde anerkannt. Der englischsprachige Kläger bekam nach Güterabwägung recht. Das Gericht empfahl, «rigide und unflexible Standards» zu vermeiden. Die Regierung in Québec machte von ihrem Recht Gebrauch, die Charter für eine Periode von 5 Jahren in ihrem Sinne zu interpretieren (Tully 1995: 174).

Richterliche Abwägungen von individuellen und kollektiven Rechten konnten in Kanada weitere Asymmetrien von Rechten nach sich ziehen, etwa als ein Gericht im Konflikt zwischen Fischereirechten der Indianerstämme und denen der «weißen» Kanadier befand, dass die Fischerei mehr zur kulturellen Identität der Eingeborenen gehöre als zu der der übrigen Kanadier. Die Sonderrechte der Indianer hatten jedoch durchaus ihre Grenzen, selbst in der internen Politik der Stämme. Das Gericht hat dem Angehörigen eines Indianerstammes das Recht zuerkannt, die Teilnahme an einem Geistertanz zu verweigern, ohne dass er Sanktionen der Gemeinschaft zu erleiden hatte. Ein Brauch, der nicht zum Mittelpunkt der Stammesriten und damit der «kulturellen Identität» gehörte, durfte nach Ansicht der Richter nicht das Grundrecht eines

Kanadiers verletzen (Regina v. Sparrow, 1990, 3: 160 ff.; Eisenberg 1994:9,18). Die Rechtsprechung hat mit zunehmender Emanzipation einzelner Stammesmitglieder der «aborigines» häufiger das Problem, dass eine patriarchalische Stammesführung keiner Kontrolle der Stammesmitglieder unterliegt und daher die Rechte von modernen Individuen verletzt. Die Rechtsprechung musste sich zum Schutz von Grundrechten häufiger gegen Staatenbehörden als gegen die Bundesadministration richten. Schon im «Federalist» Nr. 3 hat Jay erklärt: «Nicht ein einziger Indianerkrieg ist bis heute durch aggressive Handlungen der derzeitigen Bundesregierung entstanden, so schwach diese auch sein mag; doch es gibt mehrere Fälle von Feindseligkeiten der Indianer, die durch das Fehlverhalten einzelner Staaten provoziert worden sind.»

In Kanada hat sich das Prinzip des «judicial review» zur wirkungsvollen Schlichtungsinstanz in föderalen Konflikten entwickelt. Es wurde sogar zu der Einrichtung mit dem perfektesten Nachweis der Effizienz erklärt (Baier 2002:33). Der Supreme Court hat zwar viele Konflikte nur rechtlich und nicht dauerhaft politisch schlichten können. Aber er hat den in der Veto-Spieler-Theorie so rationalen Individualegoisten die kollektive Rationalität der Spielregeln im föderalen System immer wieder nahe gebracht, die im Pulverdampf täglicher Querelen vernebelt worden ist.

In allen Föderationen haben die Verfassungsgerichte zentralisierend gewirkt. Aber für den «High Court» in *Australien* wurde festgestellt, was man schon vermutete: Das Gericht hat die zentralisierenden Tendenzen nicht initiiert, sondern allenfalls im Nachhinein gebilligt (Selway/Williams 2005: 467). Auch für *Kanada* haben sich übertriebene Medienäußerungen über den «meta-politischen Akteur» Supreme Court und seinen «gerichtszentrierten Monolog» im Lichte empirischer Forschungen nicht halten lassen. Das Gericht hat im Allgemeinen den Dialog zwischen Zentrum und Québec durchaus gefördert. Der Dialog mit den «aborigines» oder «first nations» ist in noch größerem Maße durch den Supreme Court angestoßen worden (Kelly/Murphy 2005). Eher sind es die Medien selbst, die zentralisierend wirken, weil sie mehr Aufmerksamkeit auf die Politik des Zentralstaats lenken als auf die Politik in den Gliedstaaten.

Es mehrten sich die Stimmen, die den alten Stolz der Briten, als System ohne Verfassung leben zu können, nicht mehr zeitgemäß fanden. Es wurde sogar vermutet, dass sich bürgerkriegsähnliche Zustände wie in Nordirland, nicht ereignet hätten, wenn das Land ein Verfassungsgericht besessen hätte (Siedentop 2002: 154). Die Länder, die bisher glaubten, die Rechte der Bürger mit der normalen Justiz und unter der Wachsamkeit eines Ombudsmannes schützen zu können – wie *Großbritannien* oder die skandinavischen Länder –, werden erst durch die europäische Gerichtsbarkeit langsam auf den Pfad der Verfassungsgerichtsbarkeit gelockt. Selbst in *Frankreich* hat sich der «conseil constitutionnel» zunehmend in Richtung eines Verfassungsgerichts entwickelt, obwohl er in der Gesetzgebung durch abstrakte Normenkontrolle nur ex ante – ehe das Gesetz in Kraft tritt – tätig werden kann.

Die Verfassungsgerichtsbarkeit wurde im politischen Denken der Gewaltenteilungslehre nicht nur für den Föderalismus ersonnen. Der Schutz individueller Rechte – die vielfach im Gegensatz zu den kollektiven Rechten von Ethnien oder Regionen standen – wurde zunehmend wichtiger. Wo die Grundrechtsjudikatur so stark essentialistisch ausgebaut wurde wie in *Deutschland*, waren unitarisierende Wirkungen nicht zu übersehen. Die Verfassungsgerichtsbarkeit zur Schlichtung von Streitigkeiten von Bund und Gliedstaaten wurden seltener bemüht, als ursprünglich vermutet. Der Grund lag darin, dass der Parteienstaat, der Fiskalföderalismus und andere Faktoren die Vermeidung von Konflikten vorantrieben. Gleichwohl waren Verfassungsgerichte gelegentlich Einfallstore für Veto-Spieler. Sie waren tendenziell sogar besonders starke Veto-Spieler, weil sie nicht von den Legislativen überstimmt werden konnten wie die Veto-Spieler in den meisten Zweikammersystemen. In Ländern, in denen der Zentralstaat nicht früh das Feld der Sozialpolitik besetzt hatte, ging die Verteilung der Kompetenzen von unten nach oben. Höchstrichterliche Entscheidungen haben diese Pfadentwicklung vielfach behindert. In Ländern, die in der vordemokratischen Ära kein richterliches Prüfungsrecht kannten, wie Deutschland und Österreich, konnten die Eliten den Ausbau des Wohlfahrtsstaats zu ihrer Legitimation «Reformen von oben» und zur «inneren Reichsbildung» benutzen (Obinger u. a. 2005,

4: 514). Die Verfassungsgerichtsbarkeit konnte die Länder unterstützen. Mit einer engen Grenzziehung für die rahmensetzende und konkurrierende Gesetzgebung hat das Verfassungsgericht mit dem Urteil vom 27. Juli 2004 (2 BvF 2/02) bei der fünften Novelle des Hochschulrahmengesetzes die Länder gestärkt und ein Zeichen für eine klarere Zuständigkeitsverteilung gesetzt. Damit wurde ein weiterer Impetus gegeben, die schleppende Föderalismusreform in Gang zu setzen (Batt 2004: 760). Aber das Gericht konnte keine große Strukturreform anstoßen und etwa Bund und Länder dazu zwingen, die Politikverflechtung endlich aufzubrechen. Es ließ sich allenfalls der Bundestag stärken, der in einem «Maßstäbegesetz» die Verfassungsnormen nach öffentlicher Debatte konkretisieren sollte (Wachendorfer-Schmidt 2003: 390).

In den Devolutionssystemen, die in ihrer Verfassungsgebung vor einer vollen Föderalisierung des Systems zurückschreckten, wie *Spanien*, hat die Verfassungsgerichtsbarkeit anfangs gelegentlich der Disziplinierung des Autonomiewillens der Regionen gedient. Neben der abstrakten und konkreten Normenkontrolle – nach deutschem Vorbild – gab es ein drittes Verfahren eher französischen Musters: die präventive Normenkontrolle gegen Entwürfe von Autonomiestatuten und Organgesetzen. Dieses Instrument ist vor allem von der konservativen Opposition in den beiden ersten Jahren der PSOE-Regierung 1983–1984 benutzt worden, um wichtige Gesetze zu blockieren. Im Zuge der weiteren Autonomiebestrebungen der Regionen wurde das Verfahren abgeschafft. Streitigkeiten zwischen Staat und autonomen Gemeinschaften bei den Gesetzgebungskompetenzen sind im Verfahren der abstrakten Normenkontrolle entschieden worden. Noch immer sind freilich die autonomen Gemeinschaften nicht wirklich gleichberechtigt. Sie dürfen nur die Gesetze anfechten, die in ihre Autonomie eingreifen. Die Asymmetrie der Befugnisse ermöglicht es hingegen dem Regierungschef, alle Gesetze und Normen mit Gesetzeskraft der autonomen Gemeinschaften in Frage zu stellen. Sehr viel seltener wurde das Verfahren der konkreten Normenkontrolle benutzt. Unterhalb der Ebene der Verfassungsgerichtsbarkeit bei Auseinandersetzungen um Beschlüsse oder Aktionen unterhalb der Gesetzgebungsebene ist ein Verfahren des Kompetenzkonflikts vorgesehen. Auch hier zeigt sich eine Asymmetrie der Befugnisse. Der Regierungsentwurf kann die Suspendierung einer angefochtenen Norm erwirken, während die autonomen Gemeinschaften nur unter bestimmten Umständen vom Verfassungsgericht die präventive Suspendierung einer Norm erwirken können (Nohlen/Hildenbrand 2005: 267). Die Konflikthäufigkeit war anfangs hoch. Von 1981–1992 wurden vom Zentralstaat 306 Klagen erhoben. Die autonomen Gemeinschaften konterten mit 504 Klagen. Die Politikfelder der Streitobjekte waren jedoch sehr begrenzt, überwiegend lagen sie im Bereich Landwirtschaft und Wirtschaft. Die negativen Kompetenzstreitigkeiten und die Anfechtungen autonomer Bestimmungen ohne Gesetzeskraft durch die Regierung blieben erfreulich selten. Einige Autoren kamen zu dem Schluss, dass sich die Asymmetrien zugunsten des Zentralstaates in der Praxis weitgehend ausgleichen ließen (Wendland 1998: 229). Die Rolle des Verfassungsgerichts als Hüter eines fairen Ausgleichs zwischen Zentralstaat und autonomen Gemeinschaften wird meist positiv beurteilt, gerade weil durch das Fehlen einer regionalen Verfassungsgerichtsbarkeit eine Rechtslücke zu beklagen ist.

6) Asymmetrien in der Ausstattung mit Verwaltungskompetenzen in Bund und Gliedeinheiten

Zu den rechtlich angelegten Asymmetrien gehört die Frage, ob der Bund eine eigene Verwaltung besitzt. Die meisten Bundesstaaten – mit Ausnahme Kanadas und der Bundesrepublik – lassen Gesetzgebung und Ausführung möglichst in einer Hand. *Deutschland* bürdet die Durchführung der Gesetze und die Kosten in den meisten Politikfeldern den Ländern auf. Die Folge ist eine Zentralisierung des Entscheidungsprozesses. In der *Schweiz* entstand eine Mischform zwischen dezentralisierten Modellen, wie sie in den USA bestehen, und einem System funktionaler Aufgabenteilung (Renzsch 2000:54). Es gibt insofern eine funktionale Aufgabenteilung: Die Gesetzgebung für Bundesaufgaben liegt für die meisten Staatstätigkeiten beim Bund, der Vollzug bei den Kantonen. Es existieren kaum dezentrale Einheiten der Bundesverwaltung in Kantonen und Gemeinden. Es fehlen die «federal agencies» der USA und es gibt keine parallele Gerichtsorganisation wie in den Staaten der USA. Was der schweizerische *Vollzugsföderalismus* genannt wurde, klingt zentralistischer, als es in Wirklichkeit ist. Schweizer Autoren legen Wert auf die Feststellung, dass der Bund seine Befugnisse selbst dort «autonomieschonend» einsetzt, wo er ausschließlich für die Gesetzgebung zuständig ist. Mit der Ausdehnung der Staatstätigkeit ist auch in der Schweiz eine Art von «kooperativem Föderalismus» entstanden. Ein Expertenentwurf für eine neue Bundesverfassung schlug 1977 «Hauptverantwortlichkeiten» von Bund und Kantonen vor, führte aber nicht zur Totalrevision der Verfassung. Die große Reform erfolgte erst 1999. Die Entflechtung von 29 der 50 zum Teil stark verflochtenen Aufgabenbereichen wurde dabei in Angriff genommen (Linder 1999: 138 f.).

In den *USA* haben die Staaten durch die Erstarkung des Bundes manche Kompetenz aufgeben müssen. Aber was sie an einigen Stellen verloren, haben sie durch die bloße Ausdehnung der Staatstätigkeit an anderer Stelle hinzugewonnen. Elazar (1984: 233) griff zu einer gewagten Metapher. Es sei unsinnig, die amerikanischen Staaten-Gouverneure für weniger mächtig als zur Zeit der Gründung der USA zu halten, nur weil sie die Macht über die Kirchen verloren hätten, so wie es unsinnig sei zu glauben, weiße Reiche hätten an Macht über Schwarze verloren, nur weil die Sklaverei abgeschafft sei.

Deutschland hat wenigstens den Vorteil entwickelt, die *Implementation* der Bundespolitik weitgehend den Länderverwaltungen zu überlassen. *Spanien* hingegen hat für den Zentralstaat die «administración periférica del Estado» erhalten, mit der Begründung, dass die Kompetenzen der autonomen Gemeinschaften zu rudimentär seien. Die Regionen betrachten diese Verwaltung als «watchdog des Zentralstaats» und als unsinnige Duplizierung von Bürokratie (Newton 1997: 112 ff., Börzel 2002: 94). Der Kampf gegen diese Missbräuche wird häufig unter der Devise geführt: «café para todos» (Kaffee für alle) statt «Champagner für die Nationalitäten», die einen Präferenzstatus besitzen. Selbst die ethnisch privilegierten Subsysteme führten gelegentlich Neidkampagnen, z. B. wenn die Katalanen sich beschwerten, dass die Basken wegen ihrer Steuerprivilegien zum Kaffee auch noch «Brandy» bekommen hätten (Agranoff 1993: 5). Symmetrisierungsinitiativen der weniger privilegierten Regionen wandten sich gegen die asymmetrisch angelegten Autonomien.

Wo Länder oder Kantone die Implementation tragen, haben größere Einheiten größere Diskretion und können dadurch die Asymmetrisierung vorantreiben. In *Deutschland* haben Länder wie Hessen einzelne Regulierungen des Wohnungsbaugesetzes der Ära Adenauer nicht durchgeführt, und Bayern hat sich gelegentlich gegenüber der Gesetzgebung der sozial-liberalen Koalition «revanchiert» (vgl. von Beyme 1997: 313 ff.). Die Versammlung der Regionen der Europäischen Gemeinschaft wurde zum Einfallstor von effektiven formellen und informellen Kontakten einzelner Länder. Vor allem Bayern hat sehr umsichtig seine politischen Möglichkeiten auf dieser Ebene ausgeschöpft.

Die kleineren und ärmeren Gebietseinheiten haben andererseits höhere Anrechte auf fiskalische Hilfen. Wie man an den USA und selbst der *Schweiz* nachweisen konnte, haben schwache Einheiten oft zu geringe Planungskapazität, um den ihnen zukommenden Anteil an Subsidien des Bundes zu mobilisieren (Armingeon 2000: 115). Die Asymmetrien können sich somit verstärken, wenn De-jure- und De-facto-Asymmetrien in unglücklicher Weise zusammenwirken. Umgekehrt hat der Bund geringe Steuerungsmöglichkeiten mit einer Politik der «goldenen Zügel», wenn die Verfassung die Kompetenzen zwischen Bund und Gliedstaaten sehr detailliert regelt. Eine fiskalisch orientierte «legislative Theorie» des *Rational-Choice*-Denkens geht davon aus, dass die Einheiten durch die Konstruktion des fiskalischen Föderalismus geradezu einen Anreiz erhalten, falsche Entscheidungen zu treffen (Peterson 1995: 39).

Eine Sonderform der asymmetrieträchtigen Intervention des Bundes existiert in *Indien,* wo nach Artikel 155 die Zentralregierung das Recht hat, einen Gouverneur zu ernennen, der weder dem zentralen noch dem Staaten-Parlament gegenüber verantwortlich ist. Das Amt hat oft als Kontrollorgan der Zentrale in den Staaten gedient (Iyer 2000). In diesem Bereich – in Verbindung mit der häufigen Benutzung des Notstandsrechts – ist der Vorwurf des «Quasi-Föderalismus» noch immer gerechtfertigt.

7) Notstandsrechte des Bundes?

Der Föderalismus galt als magisches Heilmittel gegen Sezession. Nur gelegentlich wurde er verdächtigt, zentrifugale Tendenzen zu fördern. Immerhin sind die beiden ältesten und erlauchtesten Föderationen, die USA und die Schweiz, einmal fast an einer Sezessionsbewegung zerbrochen.

Demokratien hatten schon immer ein gebrochenes Verhältnis zum Notstandsrecht. Wo eine Vergangenheit der Diktatur abgearbeitet werden muss, tat man sich besonders schwer damit. Die *Bundesrepublik* hat in der ersten großen Koalition den Notstandsfall in den Notstandsgesetzen Ende der 1960er Jahre geregelt. Der Hintergedanke war, die alliierte Interventionsmacht in einem solchen Falle zu vermeiden. Aber die Linke hat diese – nie angewandten – Gesetze damals fast als Untergang der Demokratie in Deutschland betrachtet. In *Spanien* wurde von Konservativen schon die Ausweitung der Autonomiestatute wie eine Vorstufe der Sezession behandelt. Im Januar 2006 wurde der spanische Befehlshaber des Heeres, General José Mena, unter Hausarrest gestellt, weil er das neue Autonomiestatut für Katalonien als zu weitreichend empfand. Politische Urteile von Militärs werden auch in anderen Ländern als inakzeptabel angesehen. Spanien aber hat nach dem Versuch eines Militärputsches von 1981 eine größere Sensibilität als andere Länder entwickelt. Dem General brach es schon das Genick, dass er die Streitkräfte zum Garanten der Souveränität und Unabhängigkeit Spaniens erklärte (FAZ, 9. Jan. 2006: 5). Die einseitige Erklärung des Eventualfalles von Notstandsrecht durch das Militär konnte die zivile Führung des Landes nicht hinnehmen.

Auf der anderen Seite einer Skala stehen die Länder, in denen das Notstandsrecht im Föderalismus an der Tagesordnung ist. Der größte Bundesstaat in Afrika, *Nigeria*, erlebte 1967–1970 einen ungewöhnlich blutigen Bürgerkrieg. Militärische Gewalt sicherte die Einheit, untergrub aber den Föderalismus. Noch immer gilt das Schicksal der Föderation als offen zwischen «devolution or death» (Adamolekun 2005: 405).

Territoriale Konflikte waren in den meisten Verfassungen nicht vorgesehen, auch nicht in der Bundesverfassung von 1874 in der *Schweiz*. Erst als sich das französischsprachige Jura-Gebiet nach einem langen Prozess des Konflikts, der auch Gewalt nicht ausschloss, vom Kanton Bern löste, wurde im Art. 53.2 der Verfassung 1999 festgehalten: «Gebietsveränderungen zwischen den Kantonen bedürfen der Zustimmung der betroffenen Bevölkerung und der betroffenen Kantone, sowie der Genehmigung durch die Bundesversammlung in der Form eines Bundesbeschlusses.» Diese konstitutionelle Lösung erleichtert nicht gerade die Sezession von Gebieten und könnte für Tschetschenien nur als Vorbild dienen, wenn auf die gänzliche Loslösung von der Russischen Föderation durch Volksentscheid in dem Teilgebiet und durch Parlamentsbeschluss in der Föderation verzichtet würde – keine Lösung, die unter Putin in Aussicht stand.

Notstandspolitik der Zentralregierung ist nicht in allen Föderationen in gleicher Weise implementierbar. In *Kanada* haben nur acht der zehn Provinzen ihre polizeilichen Kompetenzen an die Bundespolizei übertragen. Mit der «*Notwithstanding Clause*», die 1982 mit einem Katalog der Grundrechte in die Verfassung eingefügt wurde, können die Parlamente der Provinzen per Gesetz für fünf Jahre sogar die Grundrechte außer Kraft setzen. Zum Glück für den Föderalismus wird davon kaum Gebrauch gemacht (Schultze 2004: 198).

Die Notstandsrechte gehen in einigen Föderationen sehr weit, z. B. in *Indien*. Artikel 356 der Verfassung mit der bezeichnenden Überschrift: «Provisions in case of failure of constitutional machinery in States» ist unter die «unfederal features» der indischen Verfassung gerechnet worden (Aruna 2001). In der Frühzeit der Union hatte die Sowjetunion für viele indische Politiker noch Vorbildfunktion. Es gab nicht wenige, die ein «totalitäres Gleichgewicht» in der Union für unerlässlich hielten, um den Bundesstaat zusammenzuhalten (Harrison 1960: 308 ff.). Die indischen Regelungen haben vielfach zum Missbrauch eingeladen. Der Präsident wird zur Ausrufung des Notstands nur auf Empfehlung des Kabinetts und nach Billigung des Parlaments tätig. Gelegentlich haben die Gouverneure, die ohnehin vielfach als Agenten der Zentralisierung wahrgenommen wurden, den Präsidenten zu diesem Schritt veranlasst. Aufsehen erregte die Entlassung der kommunistischen Regierung in Kerala 1959. Unter Indira Gandhi wurde die Autonomie der Staaten zunehmend angetastet. Präsidentenherrschaft in den Staaten wurde von 1951 bis 1966 zehnmal ausgerufen. 1967 bis 1988 stiegen die Präzedenzfälle auf 67-mal und von 1989 bis 1997 kamen 13 Fälle vor (Iyer 2000: 349 ff.). Der Vorwurf des Quasi-Föderalismus wurde dennoch zurückgewiesen, weil vergleichbare Regeln auch in anderen Föderationen existierten (Mitra 2005: 7). Gleichwohl findet sich in keinem anderen Land eine vergleichbare Häufigkeit der Anwendung von Notstandsrechten. Die Entwicklung kulminierte im Zeitraum von 1967 bis 1988, als jährlich etwa dreimal das Notstandsrecht angewandt wurde.

In *Russland* ist vor allem mit Tschetschenien ein sezessionistisches Gebiet entstanden, dessen revolutionär-islamistische Eliten auch in den Anrainergebieten operieren. Nach Artikel 88 der Verfassung hat der Präsident das Recht, den Ausnahmezustand zu erklären. Er musste darüber aber den Föderationsrat und die Duma informieren. Jelzin ignorierte diese Bestimmung, als er Truppen nach Tschetschenien entsandte, «um die Verfassungsordnung wiederherzustellen». Jelzins Dekrete zur Reform der örtlichen Behörden galten als bindend für die Regionen und Gebiete (*oblasty*), aber nur als «Empfehlungen» für die Republiken (Bell 1997: 146). Artikel 102 b erforderte die Zustimmung für ein Dekret zur Erklärung des Kriegsrechts. Aber der Ukaz, der die Intervention in Tschetschenien vorsah, fiel kaum auf. Er war einer von vielen hundert «geheimen Dekreten» Jelzins (Parrish 1998: 95). Das Notstandsrecht hat auch Putin bis zum Exzess ausgenutzt. Die ausländischen Mächte haben die Kritik an dieser Politik meist nur schwach dosiert vorgetragen. Gelegentlich kam es zu milderen Formen der Erpressung. 1998 erklärte der kalmückische «Diktator» Ilymuvov, dass er seine Republik nur noch als «assoziiertes Territorium» betrachten werde, falls Moskau nicht den finanziellen Forderungen der Republik entspreche (Mark 1998). Die Rhetorik der Sezessionsdrohungen sollte außerhalb Tschetscheniens nicht überbewertet werden. Die Mehrheit der ethnischen Republiken – mit Ausnahme von Tschetschenien und Tyva – hat aufgrund der Mittellage in russischen

Gebieten wenig ernsthafte Chancen, über eine «Homelandisierung von unten» hinauszukommen. Das Sowjetsystem hatte keine Mechanismen entwickelt, um Dissens in rechtsförmigen Formen zu entwickeln. Das Prinzip der *«Bundestreue»* wie im deutschen Föderalismus war unbekannt, wurde aber gelegentlich beschworen. Die alte sowjetische Verfassung hatte ein Sezessionsrecht für die Unionsrepubliken postuliert. Es wurde zu einer Farce, da zugleich die Befürwortung der Sezession unter Strafdrohung gestellt wurde. Solche Ungereimtheiten haben die Doppelmoral im Bewusstsein der Bürger auch im Bundesstaat gefördert. Tschetschenien berief sich auf das alte Sezessionsrecht, doch es wurde in der demokratischen Ordnung nicht mehr anerkannt. Im Fall der Unbotmäßigkeit von Tatarstan versuchte der Präsident des Verfassungsgerichts, Zorkin, die Sanktionen durch Appelle an die Medien und die Bundesbehörden selbst zu mobilisieren – auch nicht gerade ein rechtsförmiges Verfahren. Als Eskalation wäre ein «Impeachment» gegen Politiker und Staatsbedienstete der föderalen «Subjekte» in Frage gekommen. Aber der «contempt of court» blieb in Russland in der frühen Phase weitgehend ungeahndet. Auch Zorkins Kampagne gegen Tatarstan verlor sich im Lamento ohne Konsequenzen. Kompromisse wurden in der Stille in einer «guided democracy» gefunden.

II. Politische Ungleichgewichte
im Bundesstaat (De-facto-Asymmetrien)

1) Das Selbstbestimmungsrecht: Rechtsansprüche ethnischer
   Minderheiten im Konfliktfeld der Prinzipien «Anerkennung»
   und «Umverteilung»

Die meisten Studien zum historischen Gedächtnis, die in der
Postmoderne nach der kulturalistischen Wende die herkömmliche
strukturalistische Sozialgeschichte zu verdrängen suchten, litten an
zwei Nachteilen:

(1) Sie verharrten auf der Ebene der politischen Theoriege-
schichte und untersuchten zu selten den Einfluss der Konzepte auf
die politische Entwicklung.

(2) Sie konzentrierten sich lange auf die nationalstaatliche Ebene
und vernachlässigten die Regionen und Ethnien, die vom Prozess
der Nationenbildung überfahren worden sind. Föderalismus-Studien entwickelten vergleichsweise den besten Sinn für das «historische Gedächtnis» der Regionen und der marginalen Gebiete.

Im Zeitalter der Dekolonisierung nach dem Zweiten Weltkrieg
wuchs nicht nur die Zahl der selbständigen Nationen und Föderationen, sondern auch die Zahl der ethnisch nicht homogenen
Staaten. Als Walker Connor (1994:29) einmal nachzählte, fand er
unter 132 Staaten nur 9,1 % ethnisch homogen. 18,9 % waren von
einer dominanten Ethnie beherrscht, die mehr als 90 % der Bevölkerung ausmachte. Bei 23,5 Prozent umfasste das größte ethnische
Element 50–74 % der Einwohner und bei 29,5 % hatte die dominante Ethnie weniger als 50 % auf ihrer Seite. In Europa wurden
ca. 225 Vernikularsprachen gezählt, was wenig ist im Vergleich zu
ca. 2000 in Asien und Afrika (Kraus 2004:111). Die Proliferation
der multi-ethnischen Staaten hat die Aufmüpfigkeit der bisher
unterprivilegierten Regionen verstärkt. Der Prozess war begleitet
von der Falsifizierung liebgewordener Theorien. Sie hatten eine uni-

versale Homogenisierung der Staatsgesellschaften vorausgesagt, wie einige Modernisierungstheorien, der liberale Individualismus oder die These vom Ende der Ideologien. Im Vergleich mit außereuropäischen Gesellschaften wurden horizontale und vertikale ethnische Gruppen festgestellt – in Anlehnung an Max Webers Idealtypen von Kastenstrukturen –, wobei vertikale ethnische Strukturen in Europa überwogen. (Lijphart 1977: 50 ff.). Die Nationalitätenkonflikte als Klassenkonflikte hat es im 19. Jahrhundert in Osteuropa auch gegeben. Aber die postmoderne Violenz von Ethnien in Europa hat sich empirisch nicht auf einen Klassenkonflikt reduzieren lassen (Waldmann 1989: 259 ff.).

a) Die Theorie der Anerkennung und der Multikulturalismus

Seit Erik Erikson (1968) den Terminus «*identity crisis*» populär machte, wurde Identität zunehmend zu einem wichtigen Begriff der sozialen Analyse. Es handelte sich um einen nicht-instrumentellen Handlungsmodus, der sich auf «Verstehen» und weniger auf «Eigeninteresse» gründete. In einer sich immer rascher wandelnden Gesellschaft wurde suggeriert, dass es eine Identität gäbe, die über die Zeit stabil bleibt, während alles andere sich wandelt (Brubaker 2004: 38). Die Fahnenschwenker der Identitätspolitik hatten die Erkenntnisse der ethnologischen Forschung vergessen, dass es ein Abflauen von Identitätsbewusstsein geben kann, welches sogar in einer «Umvolkung» enden konnte, wie Wilhelm Emil Mühlmann das 1944 etwas anrüchig nannte. Für Deutsche bietet sich das Elsass als Anschauungsmaterial an. Im 16. Jahrhundert war die Schule von Schlettstadt noch Hochburg einer Abwehrtheorie gegen französische Aspirationen. Als die Eroberung erfolgt war, passte man sich an und hauste sich in seinen autonomen Bereichen ein. Noch nach dem Ersten Weltkrieg gab es einen starken Autonomismus. Nach dem Zweiten Weltkrieg – paradoxerweise im Zeitalter der direkten Kommunikation über das Fernsehen, von dem viele Elsässer über deutschsprachige Kanäle noch jahrzehntelang Gebrauch machten – kam es zur völligen Integration in die französische Kultur, mit wenigen regionalen Relikten. In Fällen wie dem Elsass ließ sich wenigsten räumlich ein Territorium für Identitätsbildung ausmachen, klar begrenzt vom Rhein und den Vogesen.

Noch klarer abgegrenzt ist der Raum auf Inseln – wie in Korsika. Aber in den konfliktreichsten Fällen wie in Zypern oder Bosnien-Herzegowina wurden die territorialen Grenzen erst durch «ethnische Säuberungen» geschaffen. Im Baskenland ist das Territorium ein Konstrukt, das sogar widerstrebende spanisch sprechende Mehrheiten umfasst, die der ETA nicht folgen möchten. In krassen Fällen eines durchmischten Territoriums wurde selbst von außenstehenden Wissenschaftlern die räumliche Trennung der Gruppen als *ultima ratio* wie etwa im Nordirland-Konflikt erwogen (Waldmann 1989: 372 f.).

Die Debatten um Identität wurden von «Essentialisten» oder «Primordialisten» und «Konstruktivisten» ausgetragen. Zwischen ihnen scheinen die «Modernisten» wie Karl Deutsch oder Ernest Gellner zu stehen. Konstruktivisten verweisen auf die mythenbildende Kraft eines «historischen Gedächtnisses» und leugnen die Bedeutung fester ethnischer Einheiten, zumal die Kategorie des «Fremden» omnipräsent ist und die ideologisch prästabilisierten Ordnungen immer wieder stört. Gemeinsames Schicksal und gemeinsame Feinde werden konstruiert. Die Staatsangehörigen werden zu «Eingeborenen» umdefiniert (Singer 1997: 38 ff.). Rechtsextreme Gruppen, die mit dem Konzept des Ethnopluralismus unverdächtiger aufzutreten versuchen als die alten Faschisten, befürchten für die alten Nationen unter Migrationsdruck bereits «Ethnozid» (zit. Meyer 2002: 71). Der «aktive Ethnozid» des «Faschismus in seiner Epoche» wird in einer Verteidigungsideologie zu einem *passiven Ethnozid* umgedeutet und Gruppengrenzen werden erneut verdinglicht. Die Anti-Essentialisten führen ihre Debatten freilich auch quasi-essentialistisch – etwa über die Frage, ob Anerkennung oder Umverteilung das Movens der neuen sozialen Bewegungen darstelle. Aber sie sind sich immerhin einig, dass kein quasi-göttlicher Standpunkt mehr eingenommen werden kann, um eine Gesellschaft gänzlich unabhängig zu beurteilen (Fraser in: Fraser/Honneth 2003: 231).

Anerkennung hat sich zudem in der modernen Gesellschaft gewandelt. In prämodernen Gesellschaften lag der Begriff der *Ehre* der Anerkennung zugrunde. In modernen Gesellschaften, die sich egalisierten, ist er durch die *Würde* ersetzt worden. Die hierarchische Gesellschaft mit ihrem ständischen Ehrbegriff ging unter, aber Relikte drohen sich wieder einzuschleichen, wenn der Ehrbegriff sich horizontal statt vertikal wieder herstellt und territorialisiert. Aber auch vertikale Aspekte des Ehrbegriffs werden durch Migration in modernen Gesellschaften durch Angehörige traditionaler Gesellschaften wieder virulent. Der Begriff der Würde wird auf dem Boden eines *Verfassungspatriotismus* in günstigen Fällen zu einem Minimalkonsens geführt, wie er auch den Regeln für Einbürgerungen zugrunde liegt. Wo essentielle Gesinnungswerte abgefragt werden, wie Ende 2005 in einem Leitfaden für die Gespräche zur Einbürgerung in Baden-Württemberg, regte sich mit Recht der Widerstand postmoderner Rechtsstaatler. Problem bleibt, dass auch in modernen Gesellschaften der Verfassungspatriotismus nicht von allen Bürgern als ausreichend erachtet wird. Auch Theoretiker, die den Verfassungspatriotismus als wünschenswertes Prinzip ansahen, wie Charles Taylor (1994: 46), baten zu beachten, dass es sich dabei nicht um eine durch den Philosophen a priori theoretisch legitimierte Form der Einheit handele.

Die Legitimitätsforschung hat drei Typen von Identitätsgefühlen angeboten, den Traditionalismus, den Verfassungspatriotismus und den Postnationalismus. Die beiden letzten Typen leugnen die Primordialität der Nation mit unterschiedlicher Intensität. Postnationales Bewusstsein war in Deutschland am schwächsten entwickelt und hat nach der Vereinigung im Osten nur 15,8%, im Westen nur 20,8% der Menschen erfasst (Westle 1996: 64). Es besteht die Tendenz, dass die drei Typen etwa je ein Drittel umfassen, mit abnehmender Option für einen prämodernen, traditionalistischen Nationalismus. Die postnationale Identifizierung ist nicht notwendigerweise auf das Rechtssystem bezogen. Sie kann unterschiedliche Identifikationsmuster beinhalten, vom idealisierten Weltbürgertum bis zum Rückzug in eine alternative Öko-Kommune. Der postnationale Typ ist gelegentlich als überlegene Form dem rein *«narrativen nationalen Identitätsgefühl»* gegenübergestellt worden. Aber auch postnationale Identität ist nicht frei von Narrativität, um sich zu begründen (Lenoble in: Dewandre/Lenoble 1994: 189). Im dritten Typ ist zudem der «Negativpatriotismus» noch keine Garantie für ewigen sozialen Frieden. Das zeigten Experi-

mente, welche die Rassen, Klassen, Gender-Gruppen oder Anar-
cho-Kommunen zum wichtigsten Bezugspunkt der Identifikation
zu machen versuchten. Eine säuberliche Trennung der drei Typen
ist vermutlich auch überflüssig. Mischungsverhältnisse finden sich
in allen Interviewstudien. Zudem entwickeln viele Bürger eine wachsende Ambiguitätstoleranz gegenüber mehrdimensionalen Identitäten.

Die konstruktivistische Sichtweise hält sich das Verdienst zugute,
Kulturen nicht als Zwangsjacken, sondern als widersprüchliche Ver-
flechtungen von Interpretation und Symbolisierung zu konzipieren.
Sie enthält nach ihrem eigenen Anspruch eine reflexive Selbstkritik,
die immer schon die Ansprüche der anderen Kulturen bedenkt
(Benhabib 1999:52). Der Anti-Essentialismus rühmt sich einer
Vielfalt der Perspektiven im Gegensatz zum essentialistischen kulturellen «Holismus.» Die Identitätspolitik wird jedoch durch eine
Sichtweise beeinträchtigt, die Brubaker (1996:16 ff.; 2004:11 ff.)
«groupism» nannte, weil sie bestimmte Gruppen verdinglichte. Identitätsgruppen müssen nach diesem Ansatz als kontingentes *«event»*
und nicht als objektive Realität behandelt werden. Dies gilt umso
mehr, seit nach Brubaker noch die internationalen Einflüsse auf die
«triadische Natur» nationaler Identitäten in neuen «nationalizing
states» und den externen «homelands» als Bezugspunkte von ethnischen Minderheiten entdeckt wurden (Selliaas 2005: 3). Die so
konstruierte «vierfache Natur» des nationalen Problems zeigte sich
vor allem in den neuen Konflikten um die Diaspora-Politik, die zunehmend von internationalen Organisationen wie Europarat und
Europäische Union bearbeitet werden (vgl. Kap. III. 5). Schon der
Augenschein lehrt, dass Identität keine geronnene soziale Realität
ist. Vor allem der Grad der Militanz, mit dem Identitätsansprüche
vertreten werden, muss aus dem sozialen Kontext erklärt werden.
Russen und Weißrussen verhalten sich in Belarus nicht in gleicher
Weise antagonistisch wie Albaner und Serben im Kosovo.

Trotz der Ausbreitung des Konstruktivismus in der Postmoderne
wird den neuen sozialen Bewegungen, vor allem den ethnischen
und den Gender-Gruppen – insbesondere jenen, die mit biologi-
schen Konstanten operieren –, vorgeworfen, dass sie einen neuen
Essentialismus begünstigten. Während sie die Großgruppen als ho-

listische Konstrukte fleißig destruieren, wird der eigenen Gruppe ein nahezu nicht kompromissfähiges Profil nachgesagt. Als Folge erscheint, dass es mit anderen Gruppen kaum Einigung geben kann. Feministinnen haben gelegentlich diese Gefahr nicht übersehen, sich aber zu einem taktischen Essentialismus für ihre «gute Sache» bekannt (Calhoun 1995:202). Hoffnungen, die neo-essentialistischen Rückfälle zu vermeiden, werden auf die neuen Informationstechnologien gesetzt, die einst «virtuelle» und «reale» Kommunikationsräume verklammern helfen, sodass sich universale Werte und Rücksichten auf sprachlich-kulturelle Differenzen miteinander verbinden lassen (Kraus 2004:187). Eine solche Hoffnung ist jedoch vermutlich an die Universalisierung des Englischen als *lingua franca* gebunden, die der gleiche Autor an anderer Stelle ablehnte (vgl. Kap. II.3).

Zwischen Essentialismus und Konstruktivismus gibt es Vermittlungspositionen. Nicht jede beliebige mythische Erzählung wird geglaubt. Konstruktionen müssen eine gewisse Verankerung in der Realität haben. Es ist von «Wahlverwandtschaft» von Realität und Konstruktion gesprochen worden (Benhabib 1999: 25). Noch so großer propagandistischer Aufwand zur Identitätsbildung in der Sowjetunion oder in Jugoslawien hat dieses «Super-Nation-Building» nicht retten können, obwohl es eine verbindende Sprache gab, wie das Russische oder das Konstrukt «Serbo-kroatisch». Mit dem Zerfall Jugoslawiens wurden selbst die Sprachen dekonstruiert. Jahrzehntelang hat das kommunistische Jugoslawien eine serbo-kroatische Sprache propagiert. Nun gab es plötzlich nur noch eine serbische Sprache auf der Basis zweier Dialekte und der kyrillischen Schrift (Art. 15, Verfassung Restjugoslawiens von 1992).

Liberale Theoretiker waren im Gegensatz zu den Kommunitariern auf die Rechte der Individuen geeicht. Im Cartesianismus war der Rationalismus strikt individualistisch. Alles Kollektive und Traditionale schien irrational und musste überwunden werden. Moderne Theoretiker, die in dieser Denktradition als irrational abqualifiziert wurden, haben sich mit der Retourkutsche eines «tu quoque»-Arguments zu retten versucht. Auch der Rationalismus kann nur mit Zirkelschlüssen seine Höherwertigkeit verteidigen, aber nicht beweisen. Somit scheinen alle Begründungstheorien auf der gleichen Stufe zu stehen (Gellner 1992: 3, 178). Der Pluralismus ist für die Theoretiker der Identitätspolitik und vor allem für die Ethno-Nationalisten zu einem gewichtigen Verteidigungsargument geworden. Es kam in der Postmoderne zu dem Paradoxon, dass die stärkste Einheit der klassischen Moderne, die nationale Identität, in Frage gestellt wurde, aber kleinere Einheiten und Gruppen umso stärker ontologisiert wurden. Der liberale Individualismus, der gegen diese Entwicklung einen «altmodernen» Universalismus setzt, sieht jedoch die Individuen, die er als einzige Träger von Rechten anerkannt, einer ähnlichen Dekonstruktion ausgesetzt wie die kollektiven Einheiten. Die Einheit des erzählenden Ichs ist in der Literatur sogar schon vor der Postmoderne im Dadaismus in Frage gestellt worden.

Liberale und ihr demokratischer Universalismus haben ein weiteres Problem: Sie können ihre hehren Ideale nicht voll verwirklichen. Das Staatsangehörigkeitsrecht bleibt in allen Demokratien eine Ungereimtheit angesichts des Anspruchs universaler Rechte für alle. Warum genießt ein einheimischer Verbrecher in einigen Bereichen größere rechtliche Privilegien als ein rechtschaffener Ausländer?

Eine neue Dimension wurde in der Debatte um den *Multikulturalismus* erschlossen. Kanada – nicht die USA, wie vielfach behauptet – gilt als das Ursprungsland der Debatte, auch wenn der Ausdruck erstmals in einem amerikanischen Roman auftauchte (Edward F. Haskell: Lance: A Novel About Multicultural Men, 1941). 1964 wurde er erstmals konkret auf ein Land wie Kanada angewendet. Der Begriff erwies sich am brauchbarsten für migrationsgeprägte multikulturelle Einwanderungsgesellschaften und wurde in Kanada 1971 und in Australien 1977/78 in die offizielle Politik eingeführt (Mintzel 1997: 25). Die Verknüpfung mit der Föderalismus- und Demokratietheorie wurde in einer Fusion aus Multikulturalismus und Diskursethik versucht. Die Anerkennung der kulturellen Ansprüche von Minderheitenkulturen wird dabei gewährleistet. Aber sie sind durch die Anerkennung von Regeln im gesellschaftlichen Diskurs beschränkt (Hatvany 2004: 106).

Auch in der politischen Theorie wurden solche Debatten geführt, vor allem zwischen liberalen Individualisten und kommunitarischen Gemeinschaftstheoretikern. Einige Theoretiker haben versucht, die Frontlinien zwischen Liberalismus und Kommunitarismus zu überbrücken. Sie sahen in diesem Streit keine Debatte einer liberalen Mehrheit und einer kommunitarischen Minderheit, sondern eine Debatte unter Liberalen über eine sinnvolle Interpretation von Liberalismus. Ethnische Gruppen – mit Ausnahme einiger ethno-religiöser Rückzugsgruppen wie den Amish oder chassidischen Juden – pflegen sich meist nicht vom Recht der Gesellschaft zu distanzieren und teilen die liberalen Grundwerte (Kymlicka 2001: 21).

b) Der Kampf um Anerkennung im Selbstbestimmungsrecht

Im 19. Jahrhundert verband sich die Nationalstaatsidee mit den Ideen von Rechtsstaat und Demokratie. Der Nationalismus galt vielfach als «kollektivistisch». Einige Autoren aber haben mit Recht darauf hingewiesen, dass das Konzept der Nation eine Möglichkeit war, direkt auf den Willen eines Individuums zu rekurrieren. Daher war der Nationalismus immer auch mit dem Individualismus verbunden. Das galt für die Konzeption, dass es ein «punktuelles Selbst» gebe, das sich zwischen Identitäten und Staatsgebilden entscheiden könne und der Vermittlungsfunktion von intermediären Instanzen von der Familie bis zur Region und Gemeinde nicht mehr bedürfe (Calhoun 1995: 253 f.). Das Selbstbestimmungsrecht der Völker schien mit dem demokratischen Gedanken verbunden.

Objektive Kriterien, wie Sprache und Ethnie, sollten mit den subjektiven Wünschen von Bevölkerungsteilen zur Deckung gebracht werden. Die französische Revolution führte erstmals Plebiszite ein, wie in Lüttich oder Mülhausen (1795). Im Risorgimento Italiens kam es im Vertrag von Turin 1860 zu den Plebisziten in Savoyen und Nizza. Das Selbstbestimmungsrecht wurde jedoch noch immer pragmatisch und opportunistisch gehandhabt. Gelegentlich ließ man auch geographische Erwägungen gelten. So verzichtete man auf ein Referendum für das französischsprachige Aosta-Tal. Im Friedensvertrag von 1864 von Preußen und Österreich mit Dänemark war im Art. 5 für Nordschleswig ein Plebiszit vorgesehen. Es wurde nie abgehalten, um keinen Präzedenzfall zu schaffen, weil Franzosen und deutsche Sozialdemokraten ein Plebiszit für Elsass-Lothringen forderten (Rabl 1973: 39 f.). Ernest Renan hat in seinen Vorlesungen unter dem Titel «Qu'est-ce qu'une nation?» am Collège de France im Sinne der gegen die Annexion protestierenden Lothringer für das subjektive Willenselement plädiert. In einem Brief an David Friedrich Strauß hielt Renan den Deutschen die Konsequenzen ihres objektivistischen Sprachkriteriums vor und prophezeite zutreffend, dass einst auch die Slawen Ansprüche auf Teile des Deutschen Reiches erheben würden – was sich 1918 erfüllte (Quellen von Beyme 2002: 102). Die spöttische Form der Definition von Nationen war ebenfalls auf zwei rein subjektive Faktoren gerichtet: «Eine Nation ist eine Gruppe von Menschen, die durch einen gemeinsamen Irrtum hinsichtlich ihrer Abstammung und eine gemeinsame Abneigung gegen ihre Nachbarn geeint sind» (Deutsch 1972: 9).

Die alten prämodernen multinationalen Imperien haben den Ethnien vielfach einige Selbstorganisationsrechte überlassen – schon weil man die Kleingruppen brauchte, um effizient Steuern einzutreiben. Dies war oft der einzige direkte Kontakt des Reiches mit seinen Untertanen, ehe es zu einem allgemeinen Wehrdienst kam. Diese Reiche zerfielen jedoch auch, weil sie keine liberale Demokratie ermöglichten, wie Russland, Österreich-Ungarn oder das Osmanische Reich. Von den multinationalen Föderativmodellen hat die Habsburger Monarchie die größten Anstrengungen unternommen, einen modernen Vielvölkerstaat zu schaffen. Historiker betonen, dass ihr Scheitern ihre Ideen nicht entwerte (Langewiesche 2004:180). Marx trug Hegelsche Abwertungen der nicht staatstragenden Völker über die «Trümmer von Nationen» und «Überbleibsel» weiter (MEW Bd. 16: 159). Er hat nicht einmal die Tschechen, ganz sicher aber nicht Slowaken und Slowenier für nationalstaatsfähig erklärt. Gleichwohl ließ er sich gegenüber kleinen Nationalitäten umstimmen, wenn diese revolutionäre Tendenzen entwickelten. Im Zeitalter des Nationalismus war kaum zu hoffen, dass die Noch-nicht-Staatsvölker mit bloßer Autonomie in einem Großreich zufriedengestellt worden wären. Wo die nationale Bewegung revolutionäre Züge annahm, plädierte er – wie im Fall Irland – für ein Zweistufenmodell: erst «separation», später wieder «federation» (MEW Bd. 16: 461 ff.; Bd. 18: 79 ff.; Bd. 32: 414 ff.).

Dieses Verfahren schien ihm umso notwendiger, als Irland für ihn «keine einfache Nationalitätenfrage», sondern eher eine «soziale Existenzfrage» darstellte (MEW Bd. 16: 552). Die multinationalen Großreiche hätten eine liberalere und demokratischere Haltung einnehmen müssen, um die Zwischenstufe der «separation» zu vermeiden, auch wenn abzusehen war, dass auf Dauer neue föderative Großgebilde unvermeidlich waren. Die EU basiert auf dieser Vision und konnte sich somit zu einer Art Telos der europäischen Geschichte stilisieren.

Nation-building-Politik war erstaunlich erfolgreich, wenn man die Beispiele Großbritannien, Frankreich oder Italien analysiert. Dabei hatten die beiden ersten Mustermodelle lange Vorlaufzeiten eines *«nation-destroying»* hinter sich, sodass die liberale Demokratie und ihre Partizipationsmöglichkeiten für die ethnischen Minderheiten wieder als Schritt nach vorn erscheinen mussten. Die Minoritäten haben die Assimilationsdynamik eine Weile hingenommen – solange sie soziale Besserstellung zurückgebliebener Minderheiten auf dem Lande versprach. Vor allem im Zeitalter des Postmaterialismus kamen jedoch die Identitätsgefühle stärker hervor, nachdem die wirtschaftliche Emanzipation der marginalen Gebiete gute Fortschritte gemacht hatte. Ethnische Nationalisten waren auf der Post-Materialismus-Skala, die Inglehart (1977: 237, 260) konstruierte, stark überrepräsentiert, wie das Beispiel Belgien zeigte. Damit wurde es schwerer, Ethno-Nationalisten in toto als «prämodern» zu klassifizieren, nachdem die «postmodernen» Anteile ihres Denkens sichtbar wurden. Vielparteiensysteme haben die Profilierung solcher postmaterialistischen Identitäts-Suche-Parteien vielfach verstärkt. In einer späteren Studie hat Inglehart (1990: 409) einen Niedergang von Patriotismus und Nationalismus gemessen, der mit der Ausbreitung des Postmaterialismus in Verbindung gebracht wurde. Das Gefühl der Bedrohung der Nationalstaaten untereinander hat in Europa ganz sicher abgenommen, aber das schloss die Nation-building-Tendenzen unterhalb der nationalen Ebene nicht aus, die Inglehart bei seinen nationalstaatlichen Samples gar nicht in Betracht zog.

Nation-building erwies sich in den meisten historischen Fällen auch als «nation-destroying», als die Zerstörung kleinerer ethnischer Nationalitäten (Connor 1972), ein Begriff, der sich vor allem gegen die Assimilationsvorstellungen der Kommunikationstheorie von Karl W. Deutsch richtete. Kein Wunder, dass die kleineren Einheiten Hilfe für ein föderales *Sub-Nation-Building* suchten. In der älteren angelsächsischen Literatur wurde häufig ein rationaler «*reason*» gegen eine irrationale, rein gefühlsmäßige «*identity*» gesetzt (Ignatieff 1994). Das rationale «Nation-building,» das vor allem auf die Schaffung von Institutionen gerichtet war, hat jedoch auch nicht auf eine irrationale Symbolpolitik verzichten können, die sich im Flaggenkult, in nationalen Symbolen, Zeremonien und Denkmälern niederschlug. Die Polarisierung der beiden Begriffe erwies sich bei eingehender Analyse als problematisch. Sie hat dazu beigetragen, dass die Suche nach ethnischer Identität als «falsches Bewusstsein» angeprangert werden konnte, wie im Kommunismus. Der Missbrauch der nationalen Idee durch die Nazis führte dazu, dass man Identitätspolitik so darstellte, als ob sie automatisch im Faschismus enden müsse. Aber auch in liberalen Demokratien waren die Loyalitätsstrukturen der Bürger nicht einem chemisch gereinigten, angeblich rationalen Spiel von Angebot und Nachfrage unterworfen. Der konstruktivistische Ansatz geht davon aus, dass die ethnischen Traditionen meist «erfunden» wurden. «Traditionen» sind lanciert – allenfalls «Bräuche» haben nach einer Unterscheidung von Hobsbawm eine reale Wurzel. Aber auch wenn man nachweisen kann, dass der schottische «highland kilt» von einem Quäker aus Lancashire im frühen 18. Jahrhundert «erfunden» wurde, kommen Traditionen keineswegs aus dem Nichts. Die «Erfinder» müssen an reales Brauchtum anknüpfen (Kapferer 1988: 211). Wo neue Staatengebilde entstanden, wie in Australien, mussten kulturelle Eliten besonders viele Traditionen erfinden, um sich von der dominanten englischen Kultur zu unterscheiden, insbesondere wenn keine Neigung bestand, an die archaischen Traditionen der «aborigines» anzuknüpfen. Wo das indianische Element bedeutend war, wie in Mexiko, konnte es zur Konstruktion von Identität benutzt werden – in den USA hingegen war es zu wenig hochkulturell vermittelt und zahlenmäßig nicht bedeutsam.

Nation-building war vor allem in den ersten großen Nationalstaaten mit «nation-destroying» verbunden. Am exzessivsten geschah die Zerstörung regionaler Identitäten in Spanien und Frankreich. In *Spanien* verlor selbst Aragon – seit 1479 mit Kastilien gleichberechtigt verbunden – 1797 seine autonomen Institutionen, weil das Land im Spanischen Erbfolgekrieg für den österreichischen Prätendenten Don Carlos eingetreten war und die siegreiche Bourbonen-Dynastie Rache übte. In *Frankreich* hat die Revolution seit 1789 die regionalen Privilegien endgültig eingeebnet. Nach dem Urteil eines französischen Betrachters «trug die Integration in Frankreich immer Uniform» (Marc Ferry in: Dewandre/Lenoble 1994: 35). Das Departement-System zerschnitt gewachsene Regionen, die Provençalen, Okzitaniern, Bretonen, französischen Flamen, Savoyern und Elsässern noch als Identifikationsrahmen dienen konnten. Es war zu kleinteilig und wenig geeignet, regionale Identität zu fördern. Das Gesetz über lokale Freiheiten und Kompetenzen hat das Gewirr der Zuständigkeiten nicht beseitigt. Selbst die Departements waren unzufrieden, weil die zusätzlichen Kompetenzen sich als kostspielig erwiesen. Regionalisierung schien ein Mittel, um den nationalen Staatshaushalt zu entlasten. Dezentralisierung kam als Synonym eines Sozialabbaus in Verruf (Zimmermann-Steinhart 2004: 372 f.).

Regionales historisches Gedächtnis wurde durch «nation-destroying» ausgelöscht, am effektivsten von Diktatoren wie Stalin und Franco, obwohl beide aus einer Regionalkultur stammten – Georgien und Galicia – und ihre Nationalsprache mit Akzent sprachen. In Russland war aus propagandistischen Gründen der Föderalismus ethnisiert worden. *«Korenizacija»* (Nativisierung) wurde von den Sowjets gefördert, solange sie keine Bedrohung der russischen Vormachtstellung bedeutete. Lenin hat in Anlehnung an Marx Föderalismus nur in multiethnischen Gesellschaften akzeptiert. Die Kader der Nachfolgestaaten der Sowjetunion haben daher an die sowjetischen Einheiten angeknüpft, obwohl die Titularnationen vielfach keine Mehrheit in ihnen besaßen. Hier ist die Konstruiertheit eines neuen Nationalismus, der Nation-building gegen die Staatsnation betreibt, besonders auffällig. Hauptproblem dieser Politik mit ethnischen Vorurteilen war die Vernachlässigung der russischen Mehrheit. Von Chruschtschow (im System der *Sovnarchozy*) bis zu Gorbatschows Versuch, Makroregionen in Verbindung mit acht Mesozonen zu vitalisieren, gab es keine konsequente Regionalisierung. Sie hätte sich vermutlich nur durch eine radikale Umorganisation des Bundesstaates der RSFSR realisieren lassen (von Beyme 1988: 29).

Aber nicht nur die autoritäre Politik war regionalen historischen Erinnerungen nicht gewogen. Der Liberalismus, der sich mit dem Nationalismus verband, hat für kollektive Rechte der Nationen im Namen der Rechte des Individuums gekämpft. Auch wo dieses Dilemma vom Rechtsstaat mit Autonomien und Föderalismus gelöst wurde, sind außerpolitische Nationszerstörer wirksam gewesen wie Modernisierung, Technologie und Globalisierung. Engels (MEW Bd. 7: 524) sah die Revolution als «das einzig wirklich historische Recht» an, das alle regionalen Besonderheiten einebnet – das reaktionäre Mecklenburg nicht ausgeschlossen. Neben diesem politischen Prozess sah er die moderne Technologie als die große nivellierende Kraft, die wie die Lokomotive über die Schubkarre hinweg gehen werde.

Der frühe Föderalismus vor dem Zeitalter des Nationalismus im 19. Jahrhundert entstand nicht, um die ethnische Repräsentation zu verbessern. Das *Deutsche Reich* bis 1806 enthielt nicht-deutsche Landesteile. Aber ihre Repräsentation war selten ein Thema, auch als das Reich den seiner Grundidee eigentlich zuwiderlaufenden Schritt unternahm, dem Reichsbegriff die Spezifikation «deutscher Nation» hinzuzufügen. Selbst die *Schweiz* – später Urbild einer multiethnischen Föderation – war anfangs deutschsprachig orientiert. Die «zugewandten Orte» haben erst nach der Ära Napoleons ihre gleichwertige Repräsentation durchsetzen können. Die Verhandlungen in der Konföderation wurden auf deutsch geführt. Selbst das konföderale System von 1815 war nicht primär auf ethnische Bedürfnisse zugeschnitten (Forsyth 1989: 3).

Erst in der klassischen Moderne, die im 19. Jahrhundert entstand, wurde das Denken in nationalstaatlichen Kategorien vorherrschend. Ethnische Gruppen hatten allenfalls noch Konkurrenz durch das Konzept der Klassen als Kriterium zur Unterteilung von Nationen im staatsrechtlichen Sinne. Ethnische Gruppen teilten die Nation vertikal, Klassen hingegen horizontal. Erstere hatten den Vorteil, leichter abgrenzbar zu sein, weil zum Klassenbegriff neben objektiven Kriterien (Klasse an sich) seit Marx immer auch das subjektive Zugehörigkeitsgefühl (Klasse für sich) gehörte. Ethnische Gruppen wurden meist nach objektiven Sprachkriterien gesondert. Dabei waren die Nationalstaaten nicht immer konsequent. Das *Deutsche Reich* hat gegenüber den slawischen Minderheiten von Polen, Masuren und Kaschuben den westlichen Begriff der Nation geltend gemacht: Wer sich als loyaler Staatsbürger Preußens bekannte, galt als Deutscher, auch wenn er zu Hause eine slawische Sprache sprach. Gegenüber den Elsässern hingegen wurde das romantische Blutsprinzip angewandt: Sie sprachen überwiegend deutsch, also hatten sie als Deutsche zu gelten, auch wenn sie lieber – wie schon 200 Jahre lang – Franzosen geblieben wären.

Die Deutschen werden in der Politischen Theorie (Calhoun 1995: 247 f.) oft als Inbegriff essentialistischer Nationsdefinition dargestellt. Was meist übersehen wurde, war, dass die Deutschen nicht von vornherein objektivistische Essentialisten waren. Sie wurden es erst durch eine unglückliche Geschichte, die 1866 die Österreicher im Staatsangehörigkeitsrecht aus dem Deutschen Bund hinausdefinierte. 1918 und 1945, nach erneuten drastischen Verkleinerungen des Reichsgebiets, mussten weitere vormals deutsche Bürger einen privilegierten Zugang zur Rest-Nation erhalten. Erst mit der Vereinigung von 1990 ist die Rücksicht auf objektivistische Kriterien entfallen und das Staatsangehörigkeitsrecht hat sich seither dem westlicher Demokratien angenähert. Vor dem Ersten Weltkrieg wurde der Schutz ethnischer und religiöser Minderheiten meist nur dann virulent, wenn man neuen Nationalstaaten Auflagen machen konnte. Die Vereinbarungen des Berliner Kongresses von 1878 verpflichteten die in die Unabhängigkeit entlassenen Staaten Rumänien, Serbien und Montenegro, Juden und Muslime zu schützen.

Auch in den *USA* gingen die Gründungsväter von ethnischer Homogenität aus. Jay unterstellte im «Federalist» Nummer 2 ein «united people», «a people descended from the same ancestors, speaking the same language, professing the same religion, attached to the same principles of government, very similar in their manners and customs.» Die amerikanische Unabhängigkeit ist als der erste Sieg eines modernen Nationalismus im Kampf gegen ein Empire gedeutet worden (Anderson 1991:191, 197). Sprachgrenzen wurden angesichts des Mythos der nationalen Besonderheit, dem «American exceptionalism», bei der Abgrenzung vom englischen Mutterland für unwichtig gehalten. Der Kampf um liberale Demokratie bemächtigte sich vielfach der Idee des Nationalstaats, und insofern war dieser nicht von vornherein als illiberal zu bezeichnen.

Zwischen den beiden Weltkriegen war es nicht gelungen, Wilsons Idee von möglichst homogenen Nationalstaaten zu verwirklichen. Plebiszite wurden in vielen Bereichen vermieden, wie in Posen und Westpreußen, im Sudetenland oder in Südtirol, das wegen verteidigungspolitischer und geographischer Gesichtspunkte an Italien kam, und in Ostgalizien, das bei einem Plebiszit vermutlich an die Ukraine gefallen wäre. Im Versailler Vertrag haben die Alliierten (Art. 86, 93) ein kompliziertes Gerüst für den Schutz ethnischer Minderheiten geschaffen. Föderative Aspekte mit einer territorialen Autonomie wurden nur für vier Minderheiten verwirklicht: für die Schweden auf den Åaland-Inseln in Finnland, für die Ruthenen in der Tschechoslowakei, für die Galizier im Vertrag von Riga 1921 und für die deutsche Bevölkerung von Memel nach dem Anschluss an Litauen. Viele Hoffnungen auf Selbstbestimmung und den Schutz des Prinzips durch den Völkerbund wurden nicht erfüllt.

Im Völkerbund gab es zwar eine «Minderheitssanktionsordnung», nach der die Mitglieder des Völkerbundsrats Verletzungen der geltenden Bestimmungen für die Minderheiten anprangern konnten. Aber die Minderheiten selbst konnten nicht vor dem Rat aktiv werden. Es gab einen Ständigen Internationalen Gerichtshof, der für Verletzungen zuständig war. Aber er musste einstimmig beschließen und war nicht verpflichtet, den Völkerbundsrat zu befassen. Gleichwohl gab es einige Urteile zugunsten von Minderheiten wie die zu «Deutschen Schulen in Oberschlesien» (1928) oder zur «Behandlung polnischer Staatsangehöriger in Danzig» (1932) (Wittmann/Bethlen 1980: 35). Vor allem die Besiegten von 1918, die Benachteiligten der Pariser Vorort-Verträge, wie Deutschland und Ungarn, fanden sich mit dem geschaffenen Status quo nicht ab und drängten auf kriegerische Revision der Ordnung. Auch im innerstaatlichen Bereich entwickelte diese internationale Ordnung negative Folgen. Je stärker ethnisch homogen die besiegten Reststaaten

wurden, umso mehr haben sie sich auf nationalistische Identitätspolitik besonnen, und umso weniger kam dies dem Föderalismus
zugute. Die Weimarer Republik war zweifellos das am wenigsten
föderale Regime der deutschen Geschichte – mit Ausnahme des
Nazi-Systems. Selbst der sonst liberale Staat Ungarn hat nach 1990
aufgrund seiner Diaspora-Phobien im Inneren des Landes weniger
regionalisiert als Polen oder Tschechien.

In der Atlantik-Charta, die auf einer Interalliierten Konferenz in
London im September 1941 von vielen kriegführenden Nationen –
die Sowjetunion eingeschlossen – gebilligt wurde, wurde die Zustimmung bei kommenden Gebietsveränderungen beschworen.
Aber noch immer war damit kein positives Selbstbestimmungsrecht
anerkannt. Selbst Roosevelt und Churchill waren sich über die
Reichweite des Selbstbestimmungsprinzips nicht einig. Churchill
hoffte, es auf die von Deutschland noch besetzten Gebiete zu be-
schränken. Er wollte insbesondere keine Anwendung auf die Kolonien. Von Jalta bis Potsdam wurde das Selbstbestimmungsrecht in
den Konferenzen der Siegermächte praktisch aufgegeben. Es setzte
sich eine Art «Salzwasser-These» durch. Selbstbestimmung und
Sezessionsrecht waren Rechte für überseeische Ex-Kolonien – nicht
für «aboriginals» und ethnische Minderheiten (Kymlicka 1998:
131). Statt eines Sezessionsrechts wurde eher der deutsche Grundsatz der *«Bundestreue»* in die Rechtsquellen aufgenommen. Minderheiten in Bundesstaaten haben in Interviews in Europa autonome Einheiten vorgezogen, die notfalls nach Sezession verlangen
konnten, wie 1996 7% der Spanier (Baskenland 19%, Katalonien
17%, Galizien 4%) (Moreno 2001: 68 f.).

Die Dominanz «amerikanischer» Werte führte dazu, dass die
starke Betonung der Minderheitenrechte im gescheiterten Völkerbund durch eine Betonung der universellen Menschenrechte ersetzt
wurde. Weder die UN-Charta noch die Allgemeine Erklärung der
Menschenrechte vom Dezember 1948 enthielten spezifische Schutz-
bestimmungen für die Minderheiten. Dieser Universalismus schien
sinnvoll im Kalten Krieg, als man die kommunistischen Systeme in
die Verpflichtung auf Menschenrechte einbinden wollte. Rein formal hatten diese in ihren Föderationen (Sowjetunion, Jugoslawien,
ČSSR) die Minderheitenrechte auf dem Papier verwirklicht, sodass

für Gruppenrechte wenig Ansatzpunkte geboten wurden. Aber dieser Universalismus erwies sich als zu «blauäugig» für die reale Weltgesellschaft. Mit dem Zusammenbruch des kommunistischen Weltsystems, das die ethnischen und regionalen Konflikte unter der Glocke einer egalitären Ideologie erstickte, wurden die Minderheitenrechte wieder thematisiert. Die KSZE (1991), der Europa-Rat (1992) und die UNO (1993) publizierten Deklarationen. Die KSZE schuf einen «High Commissioner on National Minorities» (1993) (Texte in: Hannum 1993). Die Deklarationen blieben meist vage. Widersprüche zu den «bill of rights» individueller Rechte blieben ungeklärt, vor allem die Begrenzung der Minderheitenrechte durch höherrangige Prinzipien wie die persönliche Freiheit des Individuums und Grundsätze der Demokratie und sozialen Gerechtigkeit. Dürfen kollektive Rechte einer territorialen Untereinheit für die Gruppensolidarität interne Restriktionen und Begrenzungen der individuellen Freiheit aufrichten?

Nach dem Zweiten Weltkrieg wurden allzu lautstarke Selbstbestimmungsansprüche vielfach diskreditiert, da sie unter faschistischem Kollaborationsverdacht standen. Selbst dort, wo das überwiegend nicht der Fall war, wie bei den Autonomisten im Elsass, kam es allenfalls zur Politik der leisen Töne. Die brutalen Experimente von Hitler und Stalin hatten das Minderheitenproblem noch weiter in die Marginalität manövriert. Vor 1939 waren ca. 30 Millionen Europäer Angehörige einer Minderheit. 1946 war die Zahl durch Genozid und Vertreibungen auf ca. 10 Millionen geschrumpft (Stephens 1979: 13). Die Politiker, die eine neue Weltordnung schaffen wollten, haben nach 1945 keine kollektiven Minderheitenrechte angestrebt. Sie gingen von der leichtsinnigen Vorstellung aus, dass die Universalisierung der individuellen Menschenrechte auch den Anerkennungsforderungen der Minderheiten hinreichend Rechnung tragen werde. Wo die Weltgemeinschaft wenig Regeln und noch weniger Durchsetzungsmacht für die Minderheiten entwickelte, könnten der Europa-Rat und die EU einspringen. Sie taten dies vor allem in den Fällen Estland und Slowakei. Es zeigte sich jedoch, dass vor allem die EU harte Forderungen nur für Beitrittskandidaten erhob, die noch nicht Mitglieder waren. Das innerstaatliche Nationalitätenrecht war noch immer wichtiger als das über-

oder zwischenstaatliche. Nur in Zypern wurde die Gesamtregelung einmal völkerrechtlich verankert. In Dänemark galt sie nur für Nordschleswig, nicht jedoch für Grönland und Färöer, in Finnland nur für die Åaland-Inseln, nicht hingegen für die ganze schwedische Minderheit (Kloss 1969: 108), was neue Asymmetrien schaffte.

Nur die wiederentdeckten Ethnien, die sich vom «Faschismus» unterdrückt fühlten, konnten nach dem Untergang faschistischer Diktaturen unbelastet von historischer Kollaboration für die Anerkennung kämpfen. In *Spanien* wurden von den 17 autonomen Einheiten nur 3 auf der Basis einer separaten substaatlichen Nationalität errichtet. Sie umfassen nur ca. 30% der Gesamtbevölkerung – es sei denn, man wertet die Balearen und Valencia als getrennte Nationalitäten. Ob Galizisch ein Dialekt oder eine Sprache ist, blieb in der Literatur umstritten – ein müßiger Streit im Zeitalter des Konstruktivismus, da auch das Ukrainische seine Eigenständigkeit betont, obwohl es vom Russischen weniger weit entfernt erscheint als das Bayerische vom Niederdeutschen. Die ethnische Inhomogenität einiger Bereiche der autonomen Gemeinschaften in Spanien führte dazu, dass die territoriale Untergliederung – soweit sie nicht in Autonomiestatuten festgeschrieben wurde – durch eigenwillige Benennung und Begrenzung im Sinne der subnationalen Identitätspolitik beeinflusst wurde.

Der völkerrechtliche Minderheitenschutz ist aufgrund starker Dezentralisierung der Rechtserzeugung ein Mosaik von UN-Konventionen, von regionalen und bilateralen Regelungen (Jaeckel 2006: 193). Die Völkerrechtler übersahen nicht, dass das Selbstbestimmungsrecht zunehmend Rechtsqualität bekam, wagten aber noch nicht, es auf Grenzstreitigkeiten anzuwenden. Die Charta der Vereinten Nationen sprach zwar vom «Prinzip der Gleichberechtigung und des Selbstbestimmungsrechts der Völker», machte aber keinen Versuch, «Völker» zu definieren und detaillierte Artikel zu formulieren, die auf Neugliederungen von Territorien anwendbar waren. Neue Impulse kamen unter neuen Bezeichnungen erst auf, als die Identitätspolitik nicht nur ethnischer Minderheiten in der Postmoderne zu einem beherrschenden Thema der politischen Theorie wurde. Skeptiker haben weiterhin den Kampf um Anerkennung ethnischer Gruppen mit Unbehagen verfolgt. Das erste negative

Kriterium war die schiere Zahl potentieller Subjekte. Kritiker des Nationalismus wie Ernest Gellner haben vor den Konsequenzen gewarnt, wenn 15 000 Kulturen in der Welt Anerkennung und womöglich gar Unabhängigkeit erlangten. Die postmoderne Literatur über «ethnographischen Surrealismus» (Clifford 1988: 119), als utopisches Konstrukt über die Vergangenheit wie über die Zukunft, hat mit ihren Bekenntnissen zur Fragmentierung und zum Nebeneinander des Unvereinbaren die Attraktivität einer identitätspolitischen Perspektive für rationale Juristen und sozialwissenschaftliche Politikplaner nicht gerade erhöht.

c) Sezessionsrechte?

In der Ideologie wurde das Sezessionsrecht als Korrelat des Selbstbestimmungsrechts angesehen und von der *Sowjetunion* sogar de jure in der Verfassung fixiert. Ein generelles Sezessionsrecht erkannte Lenin (1966: 697) aber theoretisch nicht an: «Soll man bei jeder Nation auf die Frage nach der Lostrennung mit ‹Ja› oder ‹Nein› antworten? Das scheint eine eminent ‹praktische› Forderung. In Wirklichkeit aber ist sie töricht; metaphysisch in theoretischer Hinsicht, führt sie in der Praxis zur Unterordnung des Proletariats unter die Politik der Bourgeoisie». Lenin hatte gehofft, dass selbst die Finnen von diesem Recht des Parteistatuts keinen Gebrauch machen oder nach einer Weile wieder föderieren würden. Das Sezessionsrecht war taktisch gemeint und dazu gedacht, auch «der Arbeiterklasse» des «nahen Auslands» als Vorwand zum Anschluss an Sowjetrussland zu dienen. Als das «Recht zur Föderation» schließlich durch die Rote Armee in einen «Zwang zur Föderation» umgewandelt wurde, entfiel auch das Sezessionsrecht. Es wurde nicht aus der Verfassung gestrichen, aber durch Klauseln im Strafrecht, welches die Agitation für die Abtrennung eines Gebiets der Sowjetunion unter Strafe stellte, unmöglich gemacht. Verfassungsklauseln über «Bundestreue» pflegen auch in demokratischeren Staaten die Sezession nicht einfach zu machen (von Beyme 1964: 28 ff.).

Zu den Paradoxien des sowjetischen Föderalismus gehörte, dass die Russen zwar sprachlich und faktisch dominierten, aber wirtschaftlich für ihre imperialen Pläne durch nicht immer rentable

Transfers bluten mussten. Schon Gorbatschow hatte es versäumt, beizeiten auf eine losere Union hinzuarbeiten, um die Sowjetunion vor dem Zerfall zu bewahren. Präsident Jelzin folgte ihm im Taktieren ohne klares Konzept. Gorbatschow behauptete, die Intervention in den Baltischen Staaten nicht angeordnet und nicht einmal von ihr gewusst zu haben. Jelzin profitierte von diesen fehlgeschlagenen Versuchen, die Union zusammenzuhalten. Die konstituierende Macht für die territorialen Einheiten wurde vom Zentrum beansprucht. Wo diese Macht herausgefordert wurde, verhielt sich die Föderation nicht immer konsequent. Die Trennung von Tschetschenien und Inguschetien (1991) wurde akzeptiert. Ein weitergehender Schritt von Tschetschenien in Richtung Unabhängigkeit wurde hingegen blutig unterbunden. Der Versuch, im Zentrum Sverdlovsk eine Ural-Republik zu gründen (1993), wurde von Moskau ebenfalls nicht geduldet. Das russische Verfassungsgericht hat nach der Transformation in seiner politisch aktiven Phase die föderalen Rechte nur gelegentlich gestärkt. Im Zweifel schützte es die Staatlichkeit Russlands. In einer Erklärung hieß es fast lyrisch: «Die tausendjährige russische Staatlichkeit ist das allgemeine Eigentum aller seiner Völker. Mit dem verfassungsrechtlichen System Russlands sind vereinbar weder Separatismus noch verschiedentliche Versuche, die unitarisch-bürokratische Ordnung des Staates zu beleben, noch die Ignorierung der Souveränität der Nationen Russlands, der legalen Interessen der Regionen» (Nr. 1572 vom 26.6. 1992, zit. in: Frowein u.a. 1994, II: 281). Das bedeutete schlicht: Föderalismus und Regionalismus ja – Separatismus nein.

Föderalistische Länder sind anfälliger für Sezessionsbestrebungen als Zentralstaaten. In der Dritten Welt ist dies häufiger vorgekommen – von Pakistan bis Malaysia. Gelegentlich wurden Sezessionsregeln in eine Verfassung eingefügt, wie in *Äthiopien*, aber erst nachdem Eritrea sich abgetrennt hatte. Die *Slowakei* ist das einzige Land, das in neuerer Zeit friedlich und von beiden Seiten akzeptiert die Sezession durchführte. Das Völkerrecht akzeptiert überwiegend kein Recht auf Sezession. In der Schweiz ist man im Licht einer innerschweizer Sezession, wie der des Jura vom Kanton Bern, gegen solche Möglichkeiten. Die Erfahrung im Fall «Jura» lehrte, dass Minderheiten zurückbleiben, welche die Sezession ablehnen, wie der südliche Teil des Jura, der bei Bern blieb. Es wurde dafür plädiert, klare Regeln für den Sezessionsfall aufzustellen, weil dies die Bereitschaft zur friedlichen Lösung von asymmetrischen Konflikten fördere (Linder 1999: 358).

Wilson setzte bei der Nachkriegsordnung 1918 ebenfalls eher auf «separation» als auf «federation». Nur im Falle der Tschechoslowakei war Masaryk in der Lage, den Alliierten Sand in die Augen zu streuen mit der These, dass es sich gleichsam «fast um ein Volk» handle. Wilson hat im Punkt IX seiner «Friedensziele» bei territorialen Veränderungen «klar erkennbare nationale Linien» verlangt. Er sah auch schon, dass das Selbstbestimmungsrecht durch Voraussetzungen für die soziale und industrielle Entwicklung gesichert werden müsse. Sein Außenstaatssekretär Lansing (1921: 71, 73) wunderte sich zunächst, warum der Präsident den Passus über das Selbstbestimmungsrecht als ein Recht zu künftigen Änderungen in territorialen Souveränitätsfragen fallen ließ. Später aber schrieb er: «Je mehr ich über Wilsons ‹Selbstbestimmung› nachdenke, um so klarer wird mir, wie gefährlich es ist, solche Ideen in die Köpfe gewisser Rassen zu pflanzen. Dieses Prinzip wird der Ausgangspunkt unmöglicher Ansprüche an die Friedenskonferenz werden und viel Unruhe in vielen Ländern stiften». Er dachte an Iren, Inder, Ägypter und Buren-Nationalisten. Es wurde bereits deutlich, dass das Konzept stark auf Osteuropa zugeschnitten wurde. Bei einer Anwendung in der späteren «Dritten Welt», die damals noch kolonial organisiert war, musste das Konzept zur Zeitbombe werden. Erst nach der Dekolonisation weiter Bereiche der früheren Imperien wurde die Zeit reif für das UNO-Abkommen (Art. I, Abs. 2) von 1966. Darin wurde der Gedanke einer wirtschaftlichen Angleichung, die die faktischen Asymmetrien verringern sollte, zur Ergänzung des Selbstbestimmungsrechts.

Das Selbstbestimmungsrecht wurde auch nach dem Ersten Weltkrieg von den meisten Völkerrechtlern nicht als Rechtsmaxime anerkannt und von den Politikern der Siegernationen nach Opportunitätsgründen gewährt. Selbstbestimmung hatte weder als Ausdruck eines nach objektiven Kriterien anwendbaren Nationalitätsprinzips noch als Prinzip der subjektiven Zustimmung der Betroffenen eine rechtliche Grundlage. Eine Juristenkommission, die vom Völkerbund im Streit zwischen Finnland und Schweden um die Åaland-Inseln zur Vorprüfung der Zuständigkeit eingesetzt worden war, kam zu dem Schluss, dass «die Bekräftigung des Grundsatzes in einer Anzahl völkerrechtlicher Verträge» nicht ausreiche, «ihn als positive Völkerrechtsregel aufzufassen». Die deutsche Delegation bei den Versailler Friedensverhandlungen anerkannte, dass die Annexion Elsass-Lothringens ohne Referendum ein Unrecht gewesen sei. Die Forderung nach einer Abstimmung bei der Rückgliederung an Frankreich wurde mit der Bemerkung abgewiesen, dass die Bevölkerung diese nicht verlangt habe.

Die Renan'sche «Willensnation» wurde auch sonst vielfach nicht respektiert. Rest-Österreich wurde untersagt, sich dem Deutschen Reich anzuschließen. Die Friedenskonferenz forderte am 2. September 1919 die Annullierung des Artikels 61, Abs. 2 der Verfassung, der den Anschluss ermöglichte, weil er mit Art. 80 des Friedensvertrages in Widerspruch stehe. Hinsichtlich der Übergabe Südtirols wurde strategisch (Alpengrenze), hinsichtlich des Sudetenlandes historisch (Integrität der Länder der Krone Böhmens) und in Einzelfällen auch wirtschaftlich argumentiert (Gmünd als Knotenpunkt von Eisenbahnlinien fiel an die Tschechoslowakei). Im Fall von Fiume wurde noch deutlicher, dass gelegentliche Hinweise auf den Grundsatz der Selbstbestimmung ein reines Politikum waren und keine Rechtsfrage, die nach objektiven Kriterien entschieden wurde (Heidelmeyer 1973: 37, 52).

Das Sezessionsrecht als Ausdruck des Selbstbestimmungsrechts wird von essentialistischen Subnationalisten fast zu einer Pflicht zur Loslösung vom Gastland hochstilisiert. Diese Auffassung vergisst, dass es auch völkerrechtliche Verzichtserklärungen zum Anschluss gegeben hat. Ein erstes Beispiel ereignete sich 1798, als das Tessin beschloss, sich nicht der «Cisalpinischen Republik» anzuschließen. Nach dem Zweiten Weltkrieg haben Färöer (1947/48) und Puerto Rico (1952) einen Autonomiestatus der Unabhängigkeit vorgezogen. Umgekehrt hat Malta 1956 die Unabhängigkeit gewählt, statt sich in Großbritannien zu integrieren (Kloss 1969: 461).

Südtirol figuriert seit dem Gruber-de-Gasperi-Abkommen vielfach als Modellfall einer fairen Lösung des Selbstbestimmungsrechts. Aber selbst marginale Ereignisse wie eine Fußballweltmeisterschaft 2006 konnten die Frage erneut aktuell werden lassen, etwa als es zu Ausschreitungen italienischsprachiger Fans gegen einige deutschsprachige Südtiroler kam. Umfragen zeigten, dass 54,7% die Loslösung von Italien befürworteten. Unter ihnen waren die Stimmen, welche den Anschluss an Österreich wünschten, aber in der Minderheit gewesen. Ex-Staatspräsident Francesco Cossiga hat als Senator auf Lebenszeit einen Initiativantrag eingebracht, der das Selbstbestimmungsrecht inklusive einer Sezession Südtirols zum Inhalt hatte. Selbst die Südtiroler Volkspartei gab dem Antrag keine Chancen und dem lauteren elder statesman wurden sogar taktische Absichten unterstellt, die deutschsprachigen Südtiroler spalten zu wollen (Olt 2006:5).

d) Regionalismus und Föderalismus: Autonomisten, Föderalisten, Separatisten

Föderalismus und Regionalismus werden vielfach in einem Atemzug genannt. Die beiden Prinzipien leben jedoch nicht immer in Harmonie. Sie sind geeint in der altmodernen Vorliebe für Territorialität der Macht. Ethnische Identitätsgruppen sind meist besonders skeptisch gegenüber allen Netzwerktheorien, welche die «governance» zu entterritorialisieren trachten. Nicht einmal die Regionalisten sind einander immer grün. Ein kanadischer Wissenschaftler glaubte sich bei seinen «Mit-Kelten», bei Québecois, Katalanen und anderen Freunden des ethnischen Regionalismus entschuldigen zu müssen, dass er den Begriff «Region» in einem breiteren wirtschaftswissenschaftlichen Zusammenhang benutzt hatte (Keating/Loughlin 1997: 40). Ethnische Identitätspolitik hielt vielfach an einem essentialistischen Begriff fest, der nur ein Kriterium gelten ließ und wirtschaftliche oder national-kommunikative Gesichtspunkte verdrängte. Auch wenn sich dieses Kriterium nicht universalisieren ließ, hat doch der Impetus für ethnisch-kulturell-ökonomische Regionalisierung zu der Frage geführt, ob der herkömmliche Länderföderalismus nicht bald überholt sein werde. In Ländern mit zentralistischer politischer Kultur droht er zur Zwangsbeglückung zu degenerieren, wenn die Bürger mehr an der Effizienz der Lösung von Problemen als an der Wahrung regionaler

Identität interessiert sind. Wenn der Aufstieg der Regionen anhält, schien für einige Betrachter sogar die immer wieder geforderte Länderneugliederung überflüssig: «dann können die Bundesländer bleiben, wie sie sind» (Umbach 1998: 111).

Befürworter kollektiver Rechte verweisen auf das Recht des Individuums, im eigenen Land *«opting out»* zu betreiben und in eine andere Region zu ziehen. Dem widerspricht freilich, dass gerade die Ideologen der Minderheitenrechte gern mit einem anderen vagen Recht operieren, dem *«Recht auf Heimat»*. Die Verfassungspatrioten, die für eine Union aufgrund allgemeiner konstitutioneller Prinzipien plädieren, können meist nicht begründen, warum Norweger und Schweden sich 1905 trennten, obwohl sie sich auf die gleichen Prinzipien beriefen. Es könnte allenfalls argumentiert werden, dass die beiden Länder noch heute in einer Union verbunden wären, wenn das in der Personalunion dominante Schweden damals schon den Stand Norwegens in der Parlamentarisierung und Demokratisierung erreicht gehabt hätte, den es erst 1917 verwirklichte (von Beyme 1973: 284 ff.). Später hätten die Flamen in Belgien und die Québecois in Kanada ein Vorbild sein können. Beide beriefen sich auch auf die gleichen Verfassungswerte und sind dennoch in vieler Hinsicht wie zwei Staaten organisiert. Auch bei gleichen Werten erwiesen sich politische Einstellungen der ethnischen Subsysteme als sehr unterschiedlich. Französischsprachige Kanadier waren zynischer gegenüber der Vertrauenswürdigkeit der Regierungen, hatten aber andererseits weniger an der Ausgabenpolitik als die Anglo-Kanadier auszusetzen (Meisel 1975: 325). Bei Trennungen und Quasi-Trennungen werden vielfach auch historische Traumata abgearbeitet, die mit den abstrakten Rechtsvorstellungen wenig zu tun haben. Minderheitenrechte müssen den Prinzipien des Verfassungspatriotismus nicht widersprechen, solange sie einer territorialen Gruppe keine innere Unterdrückung gestatten und die Gleichheit der Gruppen untereinander nicht verletzt wurde.

Der Kampf um Anerkennung begann mit der Identitätspolitik regionaler ethnischer Gruppen. Er entterritorialisierte sich zunehmend und weitete sich räumlich auf die gesamte Gesellschaft aus, als Kampf um Anerkennung Unterprivilegierter – von den Frauen bis zu den Homosexuellen. In atemberaubender Geschwindigkeit wechselten die Theorien zur Erklärung der neuen Suche nach Identität (Gerdes 1980; Sturm 1991: 206 ff.). Der Objektivismus einer traditionellen Sichtweise ging von der *Persistenz* unterdrückter Volksgruppen aus. Zur Erklärung, warum der Kampf um Anerkennung solche Schärfen annahm, wurde die *Modernisierungstheorie* bemüht. Marginalisierte Gruppen verlangten Gleichwertigkeit der Lebensverhältnisse. In der marxistisch angehauchten *Dependenztheorie* wurde die Dynamik des Weltkapitalismus bemüht, der Regionen auch in den «Metropolen» marginalisiert und hoffnungslos «abhängig» erscheinen lässt, sodass von «*internem Kolonialismus*» gesprochen wurde oder gar, wie bei Michael Hechter (1975), von «institutionalisiertem Rassismus». Was schon für den «Celtic Fringe» unhaltbar war (Sturm 1981: 165 ff.), ließ sich erst recht nicht bei wohlhabenderen Regionen halten. Die Südtiroler begehrten gegen die Einwanderung sehr viel ärmerer «terroni» aus dem Süden auf. Das Baskenland und Katalonien gehörten zu den reichsten Regionen in Spanien. Die Argumente verlagerten sich daher schon vor dem «*cultural turn*» der Postmoderne auf Kultur und Sprache als bedrohtes Potential in den Regionen. Die *Theorie des Wertewandels* bei Inglehart (1977) hat die Argumente schließlich von den ökonomischen Füßen auf den kulturellen Kopf gestellt: Die Identitätssuche ist vor allem einer gewissen materiellen Saturiertheit zuzuschreiben, welche die Suche nach postmateriellen Werten ermöglicht. In der Politikwissenschaft wurden die neuen Bewegungen der Identitätssuche erst rezipiert, als sie das Netzwerk der traditionellen Bewegungen und Parteien durcheinandergebracht hatten. Alle Theorien sind im Zeitalter der Postmoderne der Verdinglichung ihrer Grundbegriffe verdächtigt worden. Eine Meta-Konflikt-Theorie wurde entwickelt, aus der Einsichten gewonnen werden, unter welchen Umständen aus dem Konflikt eine violente Auseinandersetzung werden kann (Brubaker 2004: 111).

Dirk Gerdes (1985: 95) hat eine einleuchtende Ordnung in das Gewimmel der Gruppen gebracht. Nach der Reichweite ihrer Ziele gab es bloße «außerparlamentarische Oppositionen». Als *Autonomisten* waren sie vom Elsass bis nach Okzitanien in Frankreich zu finden. Zu *Föderalisten* wurden sie gelegentlich im Geist der Theorien Proudhons. Im Gegensatz zur Zeit zwischen den Weltkriegen gab es kaum *Separatisten*. Als soziale Bewegung ohne institutionelle Einbindung trat damals noch der korsische Nationalismus auf. Separatistische Tendenzen entwickelte die baskische ETA oder die irische IRA. Zur sozialen Bewegung mit institutioneller Repräsentation wurden nach einigen Kämpfen die Südtiroler Volkspartei, die baskische Nationalpartei PNV und die meisten Regionalbewegungen in Spanien. Die damals noch als Separatisten in dieser Gruppe gezählte Schottische Nationalpartei SNP und die baskische Herri Batasuna gingen zunehmend in die Rubrik der «Autonomisten» über.

Die Klassifikationen wurden auch nach den eingesetzten Mitteln der Bewegungen vorgenommen, die von einer Beteiligung an Wahlen bis zum Terrorismus reichten. An dem zweiten Pol war die Vorstellung verbreitet, dass das Mehrheitsprinzip regional keine Geltung haben könne. In der Ära postmoderner Anerkennungskämpfe kam sogar die Idee auf, dass auch die Intensität berücksichtigt werden müsse, mit der Gruppen ihr Anliegen vertreten – eine Horrorvorstellung für Gleichheitstheoretiker im Rechtsstaat. Damit käme es zur postmodernen Variante eines preußischen Dreiklassenwahlrechts! Die Liebe zum Mehrheitsprinzip bei territorialen Minderheiten kann nur durch weitgehende Autonomie gestärkt werden. Sobald Regionalregierungen ihrerseits mit dissentierenden Minderheiten, die sich auf die Mehrheit im Gesamtsystem berufen, konfrontiert werden, pflegen sie das Mehrheitsprinzip zu verteidigen.

Die Identitätsforschung hat die spektakulären Fälle von Bewegungen, die Gewalt anwendeten, gelegentlich theoretisch aufgebauscht. Die Regionalismusforschung hat ein ganz anderes Normalproblem: Im Kontext von Routinepolitik wird eher beklagt, dass das regionale Identitätsbewusstsein zu gering entwickelt ist, wenn es nicht gerade von ethnischen oder religiösen Glaubensfragen angeheizt wird. Emotionale regionale oder Länderidentität wurde als eines von neun Kriterien des «echten Föderalismus» gewertet (Abromeit 1992: 15). Diese Regionalität ist jedoch nirgends in symmetrischer Weise verbreitet, in Bayern stärker als in einem künstlich geschnittenen Land wie Rheinland-Pfalz. Eine gewisse Asymmetrie wird auch gefördert, wenn man die Intensität des Begehrens nicht zur rechtlichen Asymmetrie erhebt, weil in Bundesstaaten

die Gliedstaaten in unterschiedlicher Intensität als Identifikations-
objekt dienen. Die EU, die sich pausenlos in Eurobarometern (45/
1996: 88 f., 42/1995: 67, 69; 2005) um die Identifizierung ihrer
Bürger mit der höchsten Ebene sorgt, lieferte uns vor allem in den
1990er Jahren ständig Daten zur Rangfolge der Identifikation mit
politischen Einheiten. Lange wirkten diese Daten wie jene des einstigen kommunistischen Lagers: Es wurden nur Erfolge für Europa
gemeldet. Erst mit dem Zerfall des Ostblocks und der neuen Öff-
nungspolitik der EU kam es zu Rückschlägen bei den Bekenntnissen. Europäer fühlten sich seltener in erster Linie als Europäer. In
diesem Zusammenhang interessiert freilich vor allem die Relation
der Bürger, die sich mit einer Region und weniger mit dem Nationalstaat identifizierten. Spanien lag an der Spitze mit 38% der Bürger, die sich in erster Linie an der Region orientierten. Bei den Basken waren es 2005 35, 5%, bei den Katalanen 20%, die sich exklusiv
mit der ethnischen Region identifizierten. Nach Spanien folgten
Belgien mit 32% und Deutschland mit 27% mit hoher regionaler
Identifikation. Auf deutsches Level kam aber auch ein Zentralstaat
wie Portugal und selbst im zentralistischen Frankreich gaben immerhin 23% an, sich in erster Linie mit der Region zu identifizieren. Nur in der Schweiz hat etwa die Hälfte sich vor allem mit
dem Kanton identifiziert. Mit der Schweiz identifizieren sich die
Deutsch-Schweizer am stärksten. Aber diese Identifikationen sind
traditionell nicht ethnisch motiviert.

Leider fehlen vielfach Daten zu den regionalen Differenzen,
außer in Spanien und Österreich (Eurobarometer 45, 1996: 88 f.).
Die Fragen sind zudem kaum auf politischen Wandel hin angelegt.
Innerspanische Umfragen 1996 ergaben, dass einige Ethnien (Baskenland 22%, Katalonien 17%, Galizien 20%) mehr forderten,
während ein gutes Drittel mit dem Autonomiegrad zufrieden war.
Zunehmend unproblematischer entwickelte sich eine duale Identität, die sich in gleicher Weise als spanisch und als regional gebunden empfand (Baskenland 30,8%, Katalonien 38,9%, Galizien
47,9%) (Moreno 2001, 25, 60, 68 f., 115). Im Eurobarometer 2005
lag die doppelte Identifikation im Baskenland sogar bei 60,4%
und in Katalonien bei 74%, die spanischen Daten erreichten fast
das Niveau der doppelten Loyalität im zentralistischen Frankreich

(Peres/Darviche 2006: 45). Die Loyalitäten der Österreicher richteten sich zu 25% auf das Bundesland, am stärksten in Salzburg (39%) und, erwartungsgemäß, im schwäbischstämmigen Vorarlberg (36%). In erster Linie als Österreicher fühlten sich nur 48%, am meisten in Wien (54%), am wenigsten in Tirol (30%). Diese regionalen Differenzen haben aber abnehmende Bedeutung (Plasser/Ulram 2003: 433, 438).

Es fehlt bisher an einer systematischen Umfragestudie in Europa, die in allen Ländern die gleichen Fragen stellt und die Doppelloyalitäten zum Ausdruck bringt. Diese wächst selbst in den Ländern, in denen der ethnische Konflikt auffällig ist. In Belgien zeigten die Befragten in Flandern 2003 nur zu 30% eine exklusive Identifikation mit Flandern. 1999 befürworteten nur ca. 20% der Flamen die Unabhängigkeit von Belgien. Auch in Schottland ist die exklusive Identifikation in der Minderheit. Für ein unabhängiges Schottland waren auch in Konfliktzeiten nie mehr als 40% der Bevölkerung (Swenden 2006: 276–280). Über die Zeit wuchsen in vielen multiethnischen Föderationen und Devolutionsstaaten die «doppelten Identifizierer». Nationale Identitäten sind keine fixen Größen, wie die «Primordialisten» und «Essentialisten» der Regionalismusforschung gern unterstellen. Von 1982 bis 1992 hat sich die Zahl der «exclusive identifiers» vorübergehend halbiert. Sie stieg jedoch angesichts neuer Konflikte um die Jahrtausendwende wieder an (Gunther u. a. 2004: 185).

Wichtiger für den Föderalismus als die diffuse Identifikation ist die Anteilnahme an der regionalen Politik. Der Fall Deutschland könnte vermuten lassen, dass nur in Gebieten mit einer ethnischen Identitätspolitik die regionale Politik hohe Aufmerksamkeit bei den Bürgern erreicht. In der Bundesrepublik rangierte nach einer Forsa-Umfrage von 1990 die Landespolitik in der Aufmerksamkeit der Bürger hinter der Bundespolitik, der Kommunalpolitik und angeblich selbst nach der europäischen Politik an vierter Stelle (Scharpf 1991: 146). Die Schweiz ist jedoch ein Gegenbeispiel, da die Kantonspolitik überwiegend keine ethnischen Funktionen entwickelte.

Regionalismus ist positiv besetzt, ob er von der Bevölkerung gewollt wird oder nicht. Die EU machte sich dies für ihre Förderung der Regionen zunutze. Es gab jedoch auch Befürchtungen, die Regionen könnten durch die Erstarkung der supranationalen Ebene an Bedeutung verlieren. In Zentralstaaten mit einem weniger entwickelten Regionen-System, wie in *Frankreich*, hat die Europäisierung den Regionen und Departements jedoch kaum etwas wegnehmen können, sondern eher den Prozess der Regionalisierung gefördert (Le Galès 1994). Aber die Glieder der Staatshierarchie, wie die Departements, haben von diesem Prozess mehr profitiert als die Regionen. Inzwischen wird der Regionalismus sogar in den neuen Beitrittsländern von der EU propagiert. Hier erscheint die Akzeptanz in der Bevölkerung wesentlich geringer. Vergleichende Studien fanden Identitätsbewusstsein allenfalls in Siebenbürgen, Transsylvanien und Banat in Rumänien, in Schlesien und Kleinpolen in Polen sowie in Mähren (Tschechien) (Dieringer/Sturm 2005). In einigen Ländern – wie in Slowenien – kamen allenfalls Sandkastenspiele heraus (Ljubljana – Nicht-Ljubljana) (Dieringer/Sturm 2005; Sturm/Dieringer 2004: 34).

In außereuropäischen Bundesstaaten hat man in *Indien* nach der Loyalität zur Region und erst in zweiter Linie zur Union gefragt. Obwohl das Interesse an der Staatenregierung laut Umfragen ständig stieg, hat die Loyalität zur Region als vorherrschende von zwei Dritteln (1967) auf die Hälfte (1996) abgenommen (Mitra 2005: 12). Die wichtigste Erkenntnis scheint, dass auch die Inder die beiden Ebenen nicht mehr im Verdrängungswettbewerb sehen. Eine vergleichende Studie über drei nordamerikanische Föderationen – Kanada, Mexiko und die USA – hat mit Umfragen zu Tage gefördert, dass in allen drei Bundesstaaten die Zentralregierung in den Augen der Befragten am wenigsten effizient und vertrauenswürdig sei. Kanadier empfinden Loyalität vor allem zu ihren lokalen Verwaltungen, Mexikaner eher zu ihren Staatenregierungen, obwohl (oder weil?) sie die schwächsten von den drei Bundesstaaten sind. Die Bürger der USA hatten vergleichsweise die balancierteste Loyalität zu den drei Ebenen. In Kanada waren die Differenzen zwischen den Regionen am stärksten (Kincaid u. a. 2003, 3: 145, 150, 154; Cole u. a. 2004, 3: 220 f.). Das ist angesichts der multiethnischen Föderation kaum verwunderlich. Dennoch blieb bemerkenswert, dass nicht das frankophone Québec, sondern das englischsprachige

Saskatchewan den höchsten Anteil der Bürger aufwies, die glaubten, dass die regionale Regierung mehr Macht haben müsse. Angesichts der asymmetrischen Sonderrechte von Québec ist jedoch auch diese Differenz leicht zu erklären.

e) «First Nations» und «aborigines»

Der Kampf um Anerkennung hat im Zeitalter des Neo-Nationalismus dazu geführt, dass der Föderalismus als symmetrisches Modell – in *Kanada* häufig das «US-Modell» genannt – nur unter Staaten einer Sprache denkbar ist. Die «ersten Nationen» oder «aborigines» sowie Territorien mit einer Minderheitssprache im Bund wie Québec drängen auf einen asymmetrischen Föderalismus. In Kanada hat ein politischer Philosoph wie Will Kymlicka (1998: 129, 146 ff.) versucht, die Anglo-Kanadier auf die Anerkennung einer «multination conception of federalism» einzustimmen.

In einem multiethnischen Land lassen sich die Schwierigkeiten der Implementation von mehr Anerkennung an konkreten Fällen demonstrieren. Als sich Pierre Trudeau als frankophoner Premierminister bemühte, in einer kanadischen «Charta der Rechte und Freiheiten» mehr Anerkennung zu ermöglichen, haben sich zehn Provinzen beklagt, dass ihre Identität vernachlässigt werde. Québec sah in der Charta gar ein «imperialistisches Joch». Die 633 «Aboriginal First Nations of Canada» protestierten, dass ihre Rechte gegen Übergriffe der Provinzen nicht hinreichend geschützt seien, die französisch- und englischsprachigen Minderheiten in einigen Provinzen waren ebenfalls nicht zufriedengestellt (Tully 1995: 11 f.).

Der Versuch einer Anerkennungs-Deklaration aus einem Guss lässt viele Wünsche offen. Wo die Anerkennung pragmatisch je nach Konflikten verteilt wurde – wie auch in der spanischen «Devolution» –, konnten sich die feindlichen Stimmen wenigstens zu keinem Zeitpunkt kumulieren und schufen weniger böses Blut im ganzen Land. Kanada hat wichtige Schritte in Richtung eines Einbaus der Territorien der «first nations» unternommen. Die nördlichen Territorien von Canada-Yukon, das Nordwest-Territorium und das neu geschaffene Nunavut-Territorium, das überwiegend von Inuit (Eskimos) bewohnt wird, wurde zum De-facto-Experiment für «aboriginal self-government». Diese Territorien funktionieren heute eher wie Provinzen denn als «föderale Protektorate», die sie lange gewesen sind (Cameron/Simeon 2002: 63, 70). In der kanadischen Politikwissenschaft wird das Geflecht von Boards, die den Ureinwohnern Einfluss über Land und Ressourcen geben und die quer zu den drei Ebenen des Föderalismus liegen, bereits als *treaty federalism* begrüßt, der viele Gravamina in den nördlichen Territorien gemildert hat (White 2002: 89).

Besonders schwierig sind Identitätsfragen, wenn die «aboriginals» wie in den *USA* gleichsam außerhalb der Verfassung als Anomalie auftauchen. Auch die Politik gegenüber den amerikanischen Indianer-Stämmen zeigte, dass trotz des «extra-constitutional status», den die Stämme seit Nixons Politik erhielten, die rechtliche Position gegenüber den föderalen Gliedstaaten ungeklärt blieb. Dies führte zu einer weiteren Asymmetrisierung des Föderalismus, weil die ungeklärte Lage durch differenzierte Verhandlungen zwischen den Staaten und den Stämmen zu Entscheidungen geführt werden musste (Steinmann 2004,2: 113). Wichtig war hier vor allem die Rechtsprechung des Supreme Court (vgl. Kap. I.5).

f) «Affirmative action» zugunsten von Ethnien und Sprachgruppen

Die schiere Größe des konstruierten Aggregats ist noch keine Determinante des Erfolgs. Der Keltenkult in Irland führte nicht zur Zurückdrängung des Englischen, obwohl es ein irisches Identitätsgefühl gab. Die Revival-Bewegung gegenüber dem Hebräischen war in der israelischen Einwanderungsgesellschaft erfolgreich. Etwa dazwischen liegen die Erfolge baskischer Konstruktionen. Auch Jahrzehnte des Bombens haben nicht dazu geführt, dass die Mehrheit der Bevölkerung die baskische Sprache als erste Sprache benutzt.

Es gab auch einen älteren Pluralismus, der nicht-substantielle Identitäten rechtfertigen wollte. Der Nationalstaat in einer Einwanderungsgesellschaft wie den *USA* wurde von einem «benign neglect» gegenüber ethnischen und kulturellen Bindungen getragen. In den Fronten, die zwischen Liberalismus und Kommunitarismus aufgebaut wurden, schienen Minderheitenrechte – nicht nur ethnische und regionale – für radikale Neo-Liberale wie eine Abweichung von den individuellen Rechten. Ein bekannter Spezialist für Minderheitenfragen wie Nathan Glazer (1978: 221) hat die «affirmative action» als *affirmative Diskriminierung* für verhängnisvoll gehalten. Öffentliche Politik sollte für ihn ohne Rücksicht auf Unterscheidungen von Rasse, Farbe oder ethnischer Herkunft wirken. Diese Position eines jüdischen Gelehrten kann selbst als gruppenspezifisch angesehen werden. Eine Minderheit wie die Juden, die nicht zu den depravierten Gruppen gehört und außer bei religiösen Fundamentalisten lieber unauffällig bleibt, kann einen solchen strikt liberalen Standpunkt eher durchhalten als die Exponenten von Schwarzen oder Hispanics. Ethnokulturelle Minderheiten in ihrem Gruppenkollektivismus schienen konsequenten Liberalen noch nicht auf der Höhe des individuellen Liberalismus angekommen. In einer Gesellschaft mit mehreren Rassen war der liberale Staat theoretisch gern «farbenblind». Ideologische Liberale waren daher sogar gegen «affirmative action» in diesem Bereich, weil sie das Rassenproblem, das sie lösen soll, zum Teil verschlimmerte, da sie die Differenzen zuspitzte und die Entfremdung der Gruppen verstärkte (Kymlicka 1995: 4). Die Trennung von Staat und Religion wurde gern auf die Ethnien übertragen: strikte Trennung von «*Staatsdemos*» und «*Gesellschafts-Ethnos*». Diese Parallele von Religion und Ethnien ist in mehrfacher Hinsicht unsinnig. Eine Religion kann man ändern, seine Muttersprache wird man als Akzent hörbar in der Regel nie mehr los. Gleiches gilt erst recht für die Rassen.

Mit dem Aufstieg der Umweltschutzbewegung und der Entdeckung von «*small is beautiful*» wurde das Problem von dem Sonderfall der ethnischen Minderheiten losgelöst. Die arme Peripherie schien in einigen Föderationen die Hauptlast der technischen Veränderungen bei der Nutzung der natürlichen Ressourcen zu tragen. Neue dezentralisierte Formen des Föderalismus und die Ausdehnung der regionalen Rechte und Stärkung der Kommunen – bis hin zur Wiederbelebung des Gemeindeeigentums als Mittel gegen die Überausbeutung regionaler Ressourcen durch nationale und transnationale wirtschaftliche Akteure – tauchten als Forderung auf (Kothari und Camilleri in: Hampson/Reppy 1996: 122 ff., 154 ff.). Bei aller Sympathie für Gruppenrechte wurden jedoch mit Recht bald warnende Stimmen laut: Es gibt Probleme des Schutzes regionaler Gruppen, die nur auf nationaler Ebene gelöst werden können. Eine exzessive Dezentralisierung, wie der Ökozentrismus sie manchmal forderte, droht schließlich lauter territoriale Kleingruppen machtlos gegenüber den Globalisierungstrends werden zu lassen. Die andere Möglichkeit der Übertreibung war eine ganz von oben gelenkte Regionalpolitik, die vielfach damit endete, dass «Kathedralen in der Wüste» gebaut wurden, d. h. teure Prestigeobjekte, die sich nicht in die regionale Wirtschaft einfügten (Keating/Loughlin 1997: 20). Vom italienischen Mezzogiorno bis nach Indien lassen sich zahlreiche Beispiele für eine solche verfehlte «top-down-Politik» finden.

2) Asymmetrien durch die Dynamik der Parteien im Bundesstaat

a) Parteiensysteme im Föderalismus

Rechtliche Ungleichgewichte werden tendenziell durch faktische politische Asymmetrien verstärkt. Sie resultieren aus gesellschaftlichen Konfliktlinien, die hinter den Institutionen wirksam werden. Zu diesen Kräften gehört nicht zuletzt das Parteiensystem im Föderalismus. Da auch die Parteiensysteme asymmetrisch wirken, können sich De-jure- und De-facto-Asymmetrien zusätzlich verstärken. Es zeigte sich aber in den sozial und ethnisch heterogensten Ländern, dass die Parteiensysteme auch integrierend wirken, vor allem durch ihre Politik der Koalitionenbildung. Dies lässt sich an der Schweiz, an Belgien, an Spanien und an Kanada zeigen. In Spanien haben sich die Regionalparteien für die Koalitionsbildung im Zentrum unentbehrlich gemacht. Im britischen Devolutionsprozess wurde die Labourregierung Blairs, welche die Reformen der Devolution 1998 bis 2000 auf den Weg brachte, dadurch begünstigt, dass die Labour Party sich in den Regionalparlamenten als stärkste Partei vor der Schottischen Nationalpartei und vor Plaid Cymru, der walisischen Regionalpartei, behauptete (Daten bei: Palmer/Jeffery 2002: 345, 349). Insbesondere dem walisischen Parlament gelang es nicht, seinen Politikstil völlig vom Westminster-Modell abzukoppeln.

In der Föderalismusforschung wurde die zentralisierende Wirkung von Parteien immer wieder beklagt. Die Kongruenz der Parteiensysteme im Nationalstaat und in den Gliedstaaten gilt als Indiktor für den Zentralisierungsgrad. In Deutschland und Österreich ist diese Kongruenz groß. In Kanada, in der Schweiz und in den USA hingegen ist die Integration der Parteien in Bund und Ländern gering. Australien liegt in der Mitte (Thorlakson 2005: 473). Im Zeitalter der Postmoderne hat sich die Zentralisierungstendenz nicht in allen Föderationen fortgesetzt.

Die Dynamik im Föderalismus ist von einer intervenierenden Variable beeinflusst: den Logiken des Parteienwettbewerbs. Grande (2002: 187) hat deren vier festgestellt: Die «*hegemoniale Logik*» hat die Anfänge des indischen Föderalismus bestimmt. Angelsächsische Systeme, verstärkt durch ein relatives Mehrheitswahlrecht, entwickelten eine «*dualistische Logik*». Wo vor allem die Mittelparteien sich ausdifferenzierten, kam es zu einer «*pluralistischen Logik*». Länder, in denen extremistische Parteien erstarkten, konnten die Variante einer «*polarisierenden Logik*» entwickeln. Diese Logiken sind in Bundesstaaten nicht gleichmäßig verteilt. Regionale und ethnische Parteien spielten in den klassischen Föderationen wie den USA und der Schweiz eine geringe Rolle. Wo die Kooperation zwischen Bund und Ländern stark ist, wie in Deutschland, können sich regionale Parteien nicht leicht herausbilden. Nur Ostdeutschland entwickelte sich als Sonderfall. Die Föderalisierung der Parteiensysteme hat in einigen Ländern zugenommen. In Belgien führte sie zur ethnischen Aufteilung aller herkömmlichen Parteienfamilien, in Kanada ist die Verbindung zwischen nationalen und regionalen Parteien lose, wenn auch nicht ganz so locker wie in den USA.

De-jure-Asymmetrien können die faktische Asymmetrie fördern, wenn das Wahlrecht Minderheiten benachteiligt. Prozentklauseln erscheinen a priori als diskriminierend. Daher sind sie gelegentlich außer Kraft gesetzt worden, z. B. in Schleswig-Holstein für die dänische Minderheit. Die Machtasymmetrien in Bund und Gliedstaaten sind nicht zuletzt durch Machtasymmetrien in den Parteiensystemen von Bundesstaaten gefördert worden. Herausragende Ereignisse wie der Kampf gegen die Apartheid in Südafrika, die Reaktion auf die Sezessionsbewegung von Biafra in Nigeria oder auch das konservative «Realignment» nach dem 11. September in den USA konnten die Machtbalance im Parteiensystem verschieben. Intervenierend wirkte das Wahlrecht in den Gliedstaaten für die Entwicklung von Pfaden unterschiedlicher Parteilogiken. In den USA ist das Wahlrecht eine Angelegenheit der Staaten. Dennoch hielt sich die regionale Ausdifferenzierung der Parteiensysteme in Grenzen, nicht zuletzt durch die Logik des präsidentiellen Systems mit einer starken Polarisierung zweier Wahlkampfmaschinen alle vier Jahre. In Deutschland sind die Wahlen für die Landtage in den Länderverfassungen verankert. Die Termine haben sich selbst in den neuen Bundesländern ausdifferenziert. Sie starteten den Wettbewerb einmal zu einem gemeinsamen Zeitpunkt. Aber die Wahltermine fielen auseinander, da es gelegentlich zu vorzeitigen Landtagsauflösungen kam. Pläne zur Zusammenlegung der Landtagswahlen, um Wähler und Parteieliten vom Dauerwahlkampf zu entlasten, waren bisher nicht durchsetzbar. Die Logik des Föderalismus in Verbindung mit einem parlamentarischen System lässt eine solche Zusammenlegung auch nicht wünschenswert erscheinen – es sei denn, man nimmt einen weiteren Bedeutungsverlust der Landtage in Kauf (von Beyme 1992).

(1) *Polarisierte Parteiensysteme mit dualistischer Logik*. Die Symmetrie im Parteienstaat kann bewahrt werden, wenn in einem Zweiparteiensystem die Parteien Wahlmaschinen geblieben sind, wie in den USA. Die beiden Parteien wurden zwar gelegentlich zum Vehikel einer regionalen Hegemonie, wie die Demokraten im Süden nach Lincolns Sieg bis in die zweite Hälfte des 20. Jahrhunderts oder die Republikaner im mittleren Westen. Aber diese Regionalhegemonien waren nicht von einem Zentrum aus gesteuert. Nur gelegentlich wurde das bipolare System durch regionale Drittparteien herausgefordert – vom «Progressivism» La Follettes bis zur Wallace-Bewegung im Süden. Eine besondere Situation entstand im präsidentiellen System der USA, das keine Rücksichten auf ethnische Besonderheiten im Föderalismus nehmen muss. Das Wahlmännersystem lässt Züge der föderalen Struktur bei der indirekten Präsidentenwahl immerhin durchscheinen. Wichtiger aber ist das Resultat einer Partei in den Kammern des Kongresses. Von

1968 bis 2000 war die amerikanische Regierung «divided government», solange keine Partei im Präsidentenamt und in beiden Häusern des Kongresses dominierte. Kaum gelang es George W. Bush, die Mehrheit im Kongress und eine Mehrheit von republikanisch regierten Staaten um sich zu scharen, spielte der Föderalismus in seiner Präsidentenadresse von 2004 keine Rolle mehr (Krane/Koenig 2005: 39).

Kanada hatte im 19. Jahrhundert ein Zweiparteiensystem britischen Musters entwickelt, das jedoch seit den 1930er Jahren zunehmend zerfiel. Protestparteien wie die «Progressives», die «New Democratic Party» oder der «Parti québecois» und die «Reform Party» wurden durch das relative Mehrheitswahlrecht nicht verhindert. Es verstärkte ab einem gewissen Grade sogar ein Mehrparteiensystem mit struktureller Asymmetrie. Dies ermöglichte eine regionale Einparteiendominanz (Broschek/Schultze 2003: 343). Die landesweiten Parteien sind organisatorisch und programmatisch vielfach unabhängig voneinander und lassen erstaunliche Differenzen zu. Selbst die Liberale Partei mit der längsten Regierungsdauer ist nur dem Namen nach eine gesamtkanadische Partei (Carty 2001). Obwohl sich das Parteiensystem stärker den kontinentaleuropäischen Mehrparteiensystemen annäherte, hielt man lange am dichotomischen Modell alternativer Regierungen fest. Der Preis waren Minderheitsregierungen, die man den Koalitionsregierungen vorzog. Die Liberalen waren lange die effektivste Klammer für das Land. Aber das Parteiensystem regionalisierte sich und warf die Frage der Repräsentativität einer Partei auf, die mit nur 38 % der Stimmen im Volk von der reichsten Provinz Ontario aus das Land regierte. In keinem Bundesstaat wird so hart über die Unzulänglichkeit des existierenden Wahlsystems räsoniert wie in Kanada. Parlaments- und Wahlreformen tauchen daher periodisch als Forderungen auf (Studlar 1997; Tanguay 2002: 310 f.). Gelegentliche Alternierungen mildern das System des «winner takes all», können aber die Gravamina der Regionen nicht aus der Welt schaffen.

In *Australien* waren die Asymmetrien weniger stark entwickelt als in Kanada. Die regionale Country Party konzentrierte sich auf vier Staaten, fehlte aber in Südaustralien und Tasmanien fast ganz. Nur in Queensland wurde sie eine Weile zum dominanten Partner von Koalitionsregierungen. Australien hat sich zunehmend dem «kontinentalen Typ» des Bundesstaates angenähert. Die Koordination erfolgte zunehmend mehr durch Parteienpolitik als durch reine Staatenpolitik (Braun 2000: 46). Ein Indikator für diesen Trend ist die Vermehrung von intergouvernementalen Kommissionen, die einen Konsens in vielen Politikfeldern suchen (Warhurst in: Bakvis/Chandler 1987: 259 ff.).

(2) Ein zweiter Typ entstand durch weitgehende *Kongruenz der Konfliktmuster* auf nationaler und regionaler Ebene, wie in einigen Konkordanzdemokratien (Schweiz, Belgien). Die *Schweiz* rühmt sich, die zentralisierenden Kräfte der Einsprengsel des Westminster-Modells im Gegensatz zum Nachbarland Deutschland vermieden zu haben, in dem der Kanzler häufig zugleich Führer der stärksten Partei ist. Jede Länderwahl wird in Deutschland zum Testfall für die Popularität des Kanzlers. Kantonale Wahlen haben in der Schweiz keinen vergleichbaren Effekt. Die Schweizer Ratsmitglieder werden unabhängig vom Parlament gewählt. Parteiengesichtspunkte spielen im Proporzkarussell eine wichtige Rolle. Aber die Repräsentanten sind nicht von ihren Parteien abhängig und die kantonalen Parteien orientieren sich nicht im selben Ausmaß wie Deutschland an der Bundespolitik ihrer Partei (Basta Fleiner 2000: 116). Die Möglichkeiten der direkten Demokratie haben einen weiteren Einfluss, der nicht nur von den Parteien abhängt. Die Abneigung Madisons im «Federalist» X gegen die direkte Demokratie, insbesondere wenn sich Bürger als Personen versammeln, war auch von der Befürchtung gespeist, dass Faktionen «die schwächere Partei oder eine missliebige Person den eigenen Interessen opfern». Im Schweizer Mehrparteiensystem war diese Gefahr vergleichsweise geringer als im amerikanischen System von meistens zwei Parteien. Ein konkordanzdemokratisches System hat in der Schweiz auch im Vielparteiensystem nicht zu disruptiven Tendenzen für den Bundesstaat geführt.

Die Schweiz weist von den multinationalen Föderationen den Vorteil auf, dass die Parteien nicht nach Sprachgruppen gesondert auftreten. Genau dieses kennzeichnet aber das Parteiensystem in *Belgien*. Die weltanschaulichen Gruppen haben sich nach Ethnien aufgeteilt, selbst wenn die Parteizentralen gelegentlich noch im selben Haus untergebracht sind. Die Christdemokraten sind stärker im flämischen Landesteil, die Sozialdemokraten relativ gewichtiger im wallonischen Teil. Asymmetrisch ist auch die Wählerverteilung. Während Flamen, die nicht in ihrer Region leben, nur 2,5 % ausmachten, haben 17,5 % der Wallonen außerhalb ihrer Region gewohnt. Der flämische Landesteil ist nach dem Niedergang der wallonischen Schwerindustrie wohlhabender und weist eine geringere Arbeitslosigkeit auf. Trotz dieser Asymmetrien wurden kongruente Mehrheiten möglich, weil politisch jene Symmetrie hergestellt wurde, die sozial nicht vorhanden ist. Restbestände der alten Konkordanzdemokratie ermöglichen bei der Bildung von Regierungskoalitionen relativ symmetrische Machtverteilungen. Übergroße Koalitionen begünstigen diese Tendenz (Swenden 2002: 80 ff.).

(3) Zwischen solchen Extremen lag eine *dichotomische Konkurrenz von Lagern*, die unzureichend mit den institutionell bedingten Aushandlungsnormen abgestimmt war (Deutschland). Der Parteienbundesstaat hat zunehmend divergente Mehrheiten in Bundestag und Bundesrat erzeugt (Lehmbruch 1998: 180 ff.). Der bipolare Wettbewerb ist jedoch auch durch die starke Regionalpartei PDS nicht ganz aus den Angeln gehoben worden. Aber der Konflikt zwischen Parteienwettbewerb und Föderalismus verschärfte sich nach der deutschen Wiedervereinigung. Regionalisierungstendenzen und abnehmende Integrationskraft der Parteien erhöhen die Möglichkeit von Politikblockaden (Benz 2003). Nach einer langen Periode der Kritik an den widerstreitenden Logiken von Bundesstaat und Parteienstaat ist mit der Pluralisierung des Parteiensystems auch ein Vorteil für die Flexibilisierung des Föderalismus entdeckt worden, auch wenn diese Hoffnung die Notwendigkeit einiger institutioneller Reformen nicht aufhebt (Grande 2002: 209).

b) Regionalparteien

Das Parteiensystem ist die Schlüsselvariable, die zwischen den sozialen Randbedingungen und der Aushandlung von Politiken entscheidet. «*Dezentralisierung*» ist in der Terminologie vieler Föderalismusforscher inzwischen durch «*Nichtzentralisierung*» ersetzt worden. Dezentralisierung gilt als Akt von oben. Nichtzentralisierung hingegen erscheint als intrinsische Eigenschaft eines etablierten föderalen Systems, auf das beispielsweise die Schweiz stolz ist (Linder 1999: 136). Sie kann sich damit auch begrifflich und theoretisch von den «Parvenüs des Devolutionsföderalismus» absetzen. Ein nicht zentralisiertes Parteiensystem ist die wichtigste Vorbedingung für die Erhaltung von «Nichtzentralisierung» des Bundesstaats. Nichtzentralisierte Parteiensysteme sind nicht an ethnische Divergenzen gebunden. Die USA kennen zwischen den Wahlen nicht einmal zentrale Parteiapparate von Bedeutung und können somit auch auf Parteienebene zu den nichtzentralisierten Systemen gerechnet werden.

In Dezentralisierungssystemen ohne nennenswert dezentralisierte Parteien wie *Frankreich* (Ausnahme: Korsika) kann der Parteienwettbewerb bei regionalen Wahlen der Abstrafung der Zentralregierung dienen. In Frankreich haben die Konservativen um 2002, mit Ausnahme des Elsass und von Korsika, erstmals alle Regionen an die Sozialisten verloren, welche die Dezentralisierung programmatisch herausstellten. Dezentralisierung wurde allerdings zunehmend zum Schimpfwort. Sie wurde mit «Sozialabbau» gleichgesetzt, weil die erweiterten Kompetenzen der Regionen und Departements nicht mit erweiterten Finanzzuwendungen einhergingen. Dezentralisierung schien daher ein Vorwand für die Entlastung der Staatsfinanzen (Zimmermann-Steinhart 2005: 362 ff.).

Die Wahlforschung hat meist nationale Gesamtheiten für das Wahlverhalten konstruiert und vielfach die regionalen Besonderheiten im Föderalismus vernachlässigt. Föderalistisch gestimmte Wahlstudien haben keinen sehr starken Zusammenhang zwischen dem Zustand der Prosperität in einigen Gliedstaaten und den nationalen Wahlen festgestellt. Die Ergebnisse scheinen aber zu belegen, dass die Wähler zwischen den beiden Ebenen unterscheiden. Kandidaten in den Gliedstaaten *Kanadas*, den Provinzen, wurden kaum für die Entwicklung der Wirtschaft in den Provinzen bestraft, wohl aber die Abgeordneten der Partei, die im Zentralstaat für die Misere als verantwortlich galt, wenn sie auch in der Provinz an der Macht waren. Der Föderalismus macht die Möglichkeit der direkten Wählerbelohnung und Bestrafung von Regierungen auf verschiedenen Ebenen vor allem dann wenig wahrscheinlich, wenn «intergovernmental policymaking» die Verantwortlichkeit für eine Staatstätigkeit unklar erscheinen lässt (Gélineau/Bélanger 2005: 423; Cutler 2004, 2: 19). In Krisenzeiten scheinen jedoch auch regionale Wahlen in föderalen Gliedstaaten als eine Art Referendum gegen die Bundesregierung benutzt zu werden. Der Föderalismus hat sich in Kanada auch auf parteilicher Ebene konsolidiert. Der föderale «Clarity Act» von 1999, der die Haltung der Regierung für den Fall skizzierte, dass es zu einem Sezessionsbegehren Québecs kommen sollte, hat nicht die erwartete ethno-nationalistische Welle ausgelöst. Der «Bloc Québécois» (BQ), der für die völlige Souveränität Québecs eintrat, gewann weniger Stimmen als zuvor (2000: 38 Sitze statt 44 Sitze 1997). Die föderal gesinnten Liberalen haben im Jahr 2000 mit 44,2% einen höheren Anteil der Wählerstimmen in Québec erzielt als der Block (39,9%) (Cameron/Simeon 2002: 70).

Nation-building der großen Gruppen mit seinen Tendenzen zum Nation-destroying der kleineren Ethnien wurde von Parteien vorangetrieben. Nationale Parteien beanspruchen meist, «das Ganze» zu repräsentieren. Die regionalen ethnischen Parteien versuchen sich von diesem Ganzen zu unterscheiden. Sie entwickelten jedoch ebenfalls holistische Neigungen gegenüber den widerstrebenden Teilen ihrer Kleingruppe, vor allem die Vorkämpfer der Bewegung. In multiethnischen Staaten haben sie es meist versäumt, Allianzen mit anderen ethnischen Regionalparteien zu schaffen, z. B. in *Italien*. Auch die Südtiroler haben sich lieber als Juniorpartner schwacher Zentralregierungen der Democrazia Cristiana angedient, als Allianzen mit anderen Regionen zu schließen (Katzenstein 1977: 317). Sie hatten Glück, dass de Gasperi, der noch im Reichsrat der Doppelmonarchie gesessen hatte, den Südtirolern relativ gewogen schien.

Die regionalen Parteieliten waren trotz strammer Organisation vielfach auch im Inneren der Partei keine Einheit. Sie sind in «Ideologen», «Radikale» und «Politiker» eingeteilt worden. Sie haben jeweils unterschiedliche Ziele, Mittel, Organisationsvorstellungen und Ansatzpunkte für ihren politischen Aktivismus. Die Frage, welcher der drei Typen überwiegt, lässt sich nicht abstrakt beantworten. Die Frage des Charakters der subnationalen Bewegungen kleiner Ethnien hängt nicht zuletzt davon ab, welche Antworten das Regime auf die Entstehung solcher neuen sozialen Bewegungen gibt. Liberalität des Systems allein war nicht immer erfolgreich. Gelegentlich, wie in Großbritannien oder Spanien, haben die Ideologen die pragmatischen Politiker immer wieder ausmanövriert. In *Spanien* ist dies mit historischen Erfahrungen erklärt worden. 16% der Basken waren in der Zeit des Bürgerkriegs von staatlicher Gewalt persönlich betroffen (Zulaika/Douglas 1996). Radikalität und Gewalt hatten neben der instrumentellen Seite der Politik – die bei demokratischer Politik im Vordergrund steht – immer auch eine symbolische Seite, die sich nicht an der Effizienz des eingesetzten Mittels «Gewalt» messen ließ. Die Typologie der Ziele und Mittel suggeriert Exklusivität oder Komplementarität. Aber in der Frage «Gewalt oder Wahlbeteiligung?», «Nationalismus oder Sozialismus?» als wichtigstes Ziel waren diese Bewegungen keineswegs immer konsequent. Sie vertraten je nach Umständen beides. Doppelte Standards waren nicht selten. Die Aktivisten waren in den Zielen, nach den Interviews zu urteilen, auch nicht einig. Eine Minderheit der befragten Basken-Führer erklärte, sie wäre auch mit einem kapitalistischen unabhängigen Baskenstaat einverstanden, obwohl das Programm für ein sozialistisches Land eintrete (Irvin 1999: 37, 151). Erklärungen des ETA-Terrors aus der Vergangenheit des Franco-Systems müssen berücksichtigen, dass auch die Parteien der dominanten Gruppe vielfach der Gewalt ausgesetzt gewesen sind. Bei der Transformation der Diktaturen zur Demokratie haben die Parteien, die im Untergrund gekämpft haben, die Dezentralisierung und Föderalisierung gelegentlich unterstützt, wie in Spanien der PSOE und die neu gebildete UCD in den 1980er Jahren. Aber zugleich gab es ein ausdifferenziertes regionales Parteiensystem, wie es in den älteren Minderheitenkonflikten von der Schwedischen Volkspartei in Finnland bis zur Südtiroler Volkspartei nicht üblich gewesen ist, auch wenn das Ideal der Volkspartei auch in Spanien beim PNV noch lebendig war. Die landesweit organisierten Parteien, vor allem der PSOE, aber auch der Partido Popular, kämpften jedoch für eine Homogenisierung des Föderalismus, während die Regionalparteien der drei historischen Nationen (Baskenland, Katalonien, Galizien) die Verschiedenheit verteidigten (Moreno 2001: 98, 134). Man kann die Tendenz zum ethnischen Mehrparteiensystem in Katalonien und im Baskenland als «Normalisierung» werten.

Hegemonialparteiensystemen haben sich auch auf der nationalen Ebene als nicht dauerhaft mit der Demokratie vereinbar gezeigt – von Italien bis Indien und Japan. Die Basken haben durch Violenz die Madrider Regierung vielfach antagonisiert. Die Katalanen wurden in ihrer Politik mit Augenmaß in Madrid am einflussreichsten. Aber selbst Ministerpräsidenten der gleichen Partei (der PSOE), Zapatero in Madrid und Maragall in Barcelona, sind mit ihren Kompromissversuchen in eine Sackgasse geraten. Maragall koalierte mit den radikalsten Katalanisten der «Esquerra Republicana» und «grünen Kommunisten» von der Vereinigten Linken. Die Republikaner versuchten ihm nicht nur die «Souveränität Kataloniens als Nation», sondern auch ein «Sezessionsrecht» aufzuzwingen.

Die Basken waren unter Ibarretxe eine Minderheitskoalition eingegangen. Der Ministerpräsident versuchte, mit Duldung einer als Ersatz für die verbotene Batasuna-Partei ins Parlament gelangten kommunistischen Splittergruppe zu regieren. Die Batasuna sollte trotz des Verbots an den «Runden Tisch» geladen werden, um Friedenslösungen zu beraten, die im Parlament nicht verhandelt werden können. Selbst bei den unter dem abgewählten Fraga Iribarne bisher gemäßigten Galiziern regte sich die Forderung nach Anerkennung als Nation und Selbstbestimmung (Wieland 2005: 8). Im November 2005 kam es wieder einmal zu einem zehnstündigen Disput über ein neues Autonomie-Statut für Katalonien. Es wurde die Anerkennung der Region als «Nation» gefordert. Nur die konservative Volkspartei erklärte das Projekt für verfassungswidrig und empfahl es abzulehnen, ebenso wie den «Freistaatsplan» des Baskenführers Ibarretxe. Ministerpräsident Zapatero bot als Kompromissformel an: «Region mit nationaler Identität». Formelkompromisse wurden auf beiden Seiten propagiert, etwa im katalanischen Bekenntnis der sozialistischen Abgeordneten Manuela de Madre: «Die katalanische Nation verleugnet nicht die spanische Nation, sondern bereichert sie. Wir sind eine Nation der Nationen» (zit. FAZ. 4. 11. 2005: 6). Im Januar 2006 hat Ministerpräsident Zapatero bei einem neuen Autonomiestatut überraschend einen Kompromiss geschlossen. Die Präambel hat die Region als «Nation» anerkannt. Im weiteren Text war nur noch von «Nationalität» die Rede. Solche terminologischen Haarspaltereien zeigen jedoch, wie schwer es bei

Tabelle 1: Idealtypen der Aktivisten in Regionalparteien

Typen	Politische Ziele	Strategie und Taktik	Organisation
Ideologen	Unabhängigkeit Sozialreform	bewaffneter Kampf nationale Front	Avantgarde- partei
Radikale	Unabhängigkeit soziale Transformation	Massenmobilisierung bewaffneter Kampf begrenzte Wahl- teilnahme	Massenpartei offene Mit- gliedschaft
Politiker	soziale Transfor- mation, Selbst- bestimmung	gewaltlose direkte Aktion, Wahlen	Massenpartei, offene Mit- gliedschaft

Quelle: C. L. Irvin: Militant Nationalism. Minneapolis, University of Minnesota Press, 1999: 30

ethnischer Anerkennungspolitik ist, den Alles-oder-nichts-Standpunkt zu überwinden. Das Statut für Katalonien vom Juni 2006 wurde von drei Vierteln der Katalanen angenommen, aber die Wahlbeteiligung lag unter 50%. Die Volkspartei kündigte Einspruch beim Verfassungsgericht an und wollte mit vier Millionen Unterschriften ein nationales Referendum über das katalanische Statut erzwingen. Das katalanische Vorbild machte Schule. Prompt kündigten die Balearen die Forderung nach einem neuen Autonomiestatut an. Im Gegensatz zu Indien kann für Spanien oder Kanada noch nicht mit dem Bonmot Entwarnung gegeben werden: «Die separatistischen Hunde bellen lauter als sie bereit sind zu beißen». Die separatistische Rhetorik wird jedoch in allen multiethnischen Systemen zunehmend mit der Gelassenheit behandelt, wie einst die Generalstreiksdrohungen von Arbeiterbewegungen.

In Spanien zeigte sich die Parteiendynamik mit ihren neuen Asymmetrien am krassesten. Die kleinen kommunistischen und linken Gruppierungen, die vor der Wende meist ziemlich zentralistisch gesinnt waren, entdeckten plötzlich ihr Herz für die Regionen. Auch aus parteipolitischem Interesse kochten sie ihr Süppchen auf dem Herd der regionalen Parlamente, weil sie landesweit kaum Einfluss besaßen. Umgekehrt waren Parteiführer wie

Zapatero in ihrer Eigenschaft als Regierungschefs zu Konzessionen gezwungen, weil ihre Regierung einige Regionalparteien für ihre Mehrheit brauchte. Die vergleichende Erforschung der ethnischen Parteien lehrte zwei Einsichten: Ethnische Parteien werden vom Wähler weniger hart abgestraft als Parteien, die soziale Schichten und wirtschaftliche Anliegen vertreten. Da ethnische Parteien jedoch selten – außer in den Regionen selbst – die stärkste Regierungspartei darstellen, zeigte sich, dass sowohl die ethno-nationalistischen Politiker als auch ihre Wähler flexibler sind als angenommen (Alonso 2005: 22). Obwohl ethnische Identitätspolitik anfangs einen Rigorismus erzeugt, den die alten Volksparteien längst überwunden haben, wird der Kampf um Anerkennung und Identität zunehmend so dosiert, dass ethnische Regionalparteien gut überleben können.

Parteiensysteme haben die Asymmetrisierung in vielen Föderationen vorangetrieben. Am krassesten ist die Asymmetrie, wenn eine Partei – wie die Kongress-Partei *Indiens* – in den ersten Jahrzehnten eine hegemoniale Stellung besaß. Nehru konnte 1953 noch sagen: «Congress is the country, and the country is Congress» (zit. De Villiers 2003: 28). Ähnlich dominant war der ANC in Südafrika zu Beginn des Regimes, als die Partei in allen Provinzen mit einer Ausnahme in der Regierung war. In Indien war die Proliferation der Parteien so exzessiv, dass Restriktionen erwogen wurden. «National Parties» sollten sich nur noch die nennen dürfen, die landesweit kandidierten. «State parties» sollten die Auflage erhalten, mit anderen regionalen Gruppen landesweite Allianzen zu bilden. Mittelfristiges Ziel war, die Zahl der Parteien bei nationalen Wahlen von 200 auf 40 zu reduzieren. Aber selbst 40 Gruppen würden noch Verhältnisse reflektieren, wie sie in der Frühzeit der Russländischen Föderation bestanden. Die Regulierung des Parteienwesens ist nach Artikel 324 der Verfassung Sache der «Wahlkommission» (Election Commission). Hunderte von marginalen Organisationen wurden von ihr nicht als Parteien anerkannt. Die Zahl der unabhängigen Kandidaten ist drastisch reduziert worden. Aber bei den Allianzen von Staaten-Parteien war die Überzeugungsarbeit der Kommission bisher nur von mäßigem Erfolg gekrönt. Regionale Identitätspolitik erlaubt vielfach nicht die Erkenntnis, dass regionale Parteien in einem Boot sitzen, sodass die Parteieliten die Koordinierungsarbeit erst auf der Ebene parlamentarischer Unterstützungspolitik nachholen. Es wird bereits die Gefahr gesehen, dass die Staaten-Parteien auch im zentralen Parlament dominant werden und Indien sich von einer hoch zentralisierten Föderation in eine Quasi-Konföderation verwandelt (Verney 2003: 171). Die Rolle der Regionalparteien scheint am schwächsten dort, wo ein annäherndes Zweiparteiensystem bestand. In den Föderationen, vor allem in multiethnischen wie Kanada, war dies aber eher der Ausnahmefall. Tendenziell schwach ist diese Rolle auch in Systemen mit hegemonialen Parteien, wie in Indien vor 1967, als die Stärke der Kongress-Partei drastisch reduziert wurde, und 1969, als der «Congress» sich spaltete und im Parlament in die Minderheit geriet. Die regionalen Eliten gewannen an Einfluss und hatten nicht mehr die kosmopolitische Sozialisation und Gesinnung der Gründergeneration im Parteiensystem (Harrison 1960: 78). Eine Hegemonialpartei im Abstieg musste die «cohabitation» mit kleinen Regionalparteien suchen. Der Fall trat auch bei Parteien mit temporärem Übergewicht ein, die keine Hegemonialparteien waren, etwa bei der UCD und später bei den Sozialisten in Spanien. Die indische Kongress-Partei begann sich auch intern zu regionalisieren, neben einer Fraktionsbildung, die es immer in hegemonialen Parteien gegeben hat.

Die Föderation, die in ihrer Demokratisierungswirkung heute noch am stärksten durch die hegemoniale Stellung einer Partei beeinträchtigt wird, ist *Südafrika*. Die Parteihegemonie wirkt vor allem im Zusammenspiel mit der nach deutschem Vorbild zunehmend praktizierten Politikverflechtung negativ für das Kräftespiel in der Föderation (Simeon/Murray 2001: 88).

Wie wichtig ein Parteienföderalismus ist, zeigte sich an der *Russischen Föderation*. Hier begünstigte das Wahlrecht unabhängige Kandidaten und regionale Cliquen. In den Regionen hat sich laut Wahlkommission eine Minderheit von Abgeordneten (13,8 %) Mitte der 1990er Jahre zu einer Partei bekannt. In der Peripherie spielten die Moskauer Taxi-Parteien – so genannt, weil alle Mitglieder angeblich in einem Taxi Platz hatten – keine Rolle (Stoner-Weiss 2002: 136). Das semi-präsidentielle System hat auch in Frankreich das Parteisystem nicht gerade gestärkt, zumal de Gaulle nicht einmal Mitglied der gaullistischen Partei war. Aber es galt als schwerster Fehler Jelzins, sich nicht stärker auf eine präsidiale Partei gestützt zu haben. Putin hat diesen Fehler nicht wiederholt, aber seine Beziehung zu der ihn unterstützenden Gruppierung folgte eher einem «gaullistischen» als einem «mitterandistischen» Muster. Präsidentenpatronage und Korruption sind die Folgen eines solchen Systems, das auch Kollateralschäden im Föderalismus anrichtet.

Wo Regionalparteien stark sind wie im Baskenland und in Katalonien, in Südtirol, in Bayern oder Schottland, kann die Vetomacht der Regionalparteien zu Asymmetrien im Einfluss führen. Wo überwiegend ein bundesweites Parteiensystem entstand wie in Deutschland (mit Ausnahme der PDS in Ostdeutschland und der CSU in Bayern), sind die Zentralisierungstendenzen stark. In anderen Ländern wie in *Kanada* ist das alte föderale Zweiparteiensystem in den 1990er Jahren erodiert und hat die Erpressungsmacht der kleineren Parteien verstärkt, obwohl Kanada am Westminster-Modell des Wahlrechts festhielt und damit die Vorstellung der Hermens-Schule falsifizierte, dass ein relatives Mehrheitswahlrecht ein Bollwerk gegen Parteienfragmentierung darstelle. Ein Vergleich von Regionen in Kanada und den USA zeigte die Mobilisierungsmacht der regionalen Parteien. An objektiven Indikatoren gemessen, erzielte Québec 1981 94,3 % des mittleren Durchschnittseinkommens des Commonwealth. In Maine haben die französisch sprechenden US-Bürger nur 81,4 % des Einkommens der Union erzielt. Klagen über Diskriminierung gab es auch in Maine. Aber die Frankophonen gingen nicht von einer absichtlichen – gleichsam konspirativen – Benachteiligung aus wie in Kanada (Connor 1994: 149 f.). Die Hauptdifferenz der Lage in zwei unterschiedlichen Bundesstaaten bestand in einer gut organisierten Regionalpartei, die mehr als die Hälfte der Stimmen ihrer Zielgruppe bei Provinzwahlen erzielte, um dem latenten Protest eine Stimme in der Föderation zu verleihen.

Wo Regionalparteien stark sind, haben die föderalen Akteure eine unterschiedliche Haltung zu den autonomen Einheiten angenommen. Starke Führungskräfte wie Felipe González in *Spanien* haben sich aus dem Gerangel der Autonomien ferngehalten, weniger starke – wie der konservative Führer Galiziens, Manuel Fraga – haben die Autonomie benutzt, um ihre parteipolitische Macht zu festigen. Nicht ganz vergleichbar erscheint der Sonderfall der Freiheitlichen Partei *Österreichs*. Sie stellt eine dezentralisierte Honoratiorenpartei im politischen Ghetto dar (Dachs 2003: 110 ff.), mit einer starken regionalen Basis, die ausreichte, um das Koalitionsklima im Lande zu vergiften.

3) Sprachenpolitik im Kampf gegen die Symmetrie territorialer Einheiten

a) «Erdachte» Spracheinheit

Die Nationenbildner der föderalen Großeinheiten machten es sich gelegentlich zu leicht, wenn sie die Mehrsprachigkeit und den Multikulturalismus bemühten. Im Kampf um Anerkennung der Sprachen erwiesen sich die größeren «gleicher als gleich». Die Nationenbildung hat bis zum 19. Jahrhundert vielfältige Kriterien zugrunde gelegt, wie Religion, soziale Zugehörigkeit, ethnischer Ursprung, kulturelles Erbe. Um 1840 wurde der Umschlag angesetzt. «Nation-building» nahm nun die Sprache als das dominante Kriterium. Sprachenpolitik wurde dominant, weil die anderen «Cleavages» wie die Religion oder die Klassen an relativer Bedeutung verloren.

Die Romantik hat die Sprache zu einem primordialen Kriterium in der Gesellschaft werden lassen (Stephens 1979: 9). Das 19. Jahrhundert war das Säkulum der Spracherfindung. «Rumänisch» wurde mit Hilfe anderer romanischer Idiome wieder stärker romanisiert. In Norwegen wurde die offizielle Sprache, das «riksmål», als «zu dänisch» empfunden und das «landsmål» gefördert. Auch vor dem konstruierten Datum von 1840 war die Sprache als Kriterium keineswegs bedeutungslos. Die angeblich farben- und ethnienblinde liberale Gesellschaft hat jedoch vielfach unter der Augenbinde hervorgeschielt. Eine liberale Theorie der Politik, die das «representative government» stark betonte, wie die von John Stuart Mill (1861, 1971: 242 f.), konnte multiethnische Gebilde als geradezu unfähig deklarieren, Gemeinschaftsgefühl und rationalen Diskurs zu entwickeln. Moderne Rechtsstaaten konnten sich für «blind» erklären – was sie hinsichtlich der Rassenfrage allenfalls auf dem Papier waren. Aber selten glaubte man ihnen, dass sie «taubstumm» seien, wie Aristide Zolberg (1977: 140) anschaulich formulierte.

Die *USA* haben bei der Aufnahme neuer Territorien diskret darauf geachtet, dass die englischsprachigen Amerikaner eine Mehrheit hatten. Es gab keine Staatssprache in den USA. Das Staatswappen mit dem Adler auf einem Bündel Pfeile mit der Inschrift «*e pluribus unum*» deutete auf die Vielfalt, die sich multikulturell und multiterritorial im Föderalismus einigte. «Imagined community» wurde wichtiger als die reale angelsächsische Abstammung. Gleichwohl wurde zunehmend bei Immigranten in die USA der Nachweis englischer Sprachkenntnisse verlangt, jedenfalls wenn sie eingebürgert werden wollten und nach einer Anstellung im Staatsdienst strebten. Nur ein Territorium macht eine Ausnahme, Puerto Rico. Hier nimmt Spanisch die hegemoniale Position ein.

In der *Schweiz* wurde der Sonderbundeskrieg nicht zwischen Ethnien, sondern zwischen Religionsgruppen geführt, die einander bis Ende des 19. Jahrhunderts (mit 55% Protestanten und 44% Katholiken) feindselig gegenüberstanden. Nach der neuen Verfassung von 1999 (Art. 70,2) dürfen die Kantone die offizielle Sprache deklarieren. Sie werden aber angehalten, dabei die sprachlichen Rechte der Minderheiten zu respektieren. Während die Verfassung von 1874 noch eine Föderation von verschiedenen souveränen Kantonen schaffen wollte, ist die neue Verfassung auf eine doppelte Legitimität gebaut, die der Schweizer Nation und der Völker der Kantone. Die Verfassung (Art. 3) von 1999 behalf sich mit dem Formelkompromiss: «Die Kantone sind souverän, soweit ihre Souveränität nicht durch die Bundesverfassung beschränkt ist». Selbst ein Reißbrettföderalismus würde sich schwer tun, einen wirklich «*kongruenten Föderalismus*» für gleichwertige Einheiten zu finden. Dies ist fast unmöglich, wenn der Föderalismus Instrument der Repräsentation von Ethnien sein soll. Auch wenn, wie in Kanada, Québec nach ethnischen Gesichtspunkten neu zugeschnitten wurde, bleibt ein unrepräsentierter Rest der Frankophonen in Ontario und New Brunswick.

Selbst in der Schweiz, dem europäischen Land mit den größten Migrationsminderheiten in Europa, ist man optimistisch, dass die französischsprachige Minderheit durch die Dominanz der «doppelten Mehrheiten», der Repräsentation in der zweiten Kammer und in den Referenden, nicht an Boden verliert. Es wurde kein Konflikt zwischen Volksmehrheit und kantonaler Mehrheit gewittert, obwohl mit dem Abflauen der religiösen Gegensätze der Sprachkonflikt relativ an Bedeutung gewann. Aber die Kantonsgrenzen von 26 «Kantonsvölkern» verlaufen nicht entlang der Sprachgrenzen. Es wurde sogar behauptet, dass es keine «frankophone Identität» gebe, weil die Identifikation eher mit der Schweiz und mit dem jeweiligen Kanton bestehe (Kriesi u. a. 1996: 47 ff.; Papadopoulos 2002, 3: 62). Die Autonomie oder «Souveränität» der Kantone ist der entscheidende Wert. Als die Deutschschweizer Freisinnigen im 19. Jahrhundert dem Bund mehr Kompetenzen zuerkennen wollten, solidarisierten sich die deutschsprachigen Sonderbundskantone mit den Welschschweizern gegen diesen Trend. Die Schul- und Kulturhoheit erleichtert es jedoch den Sprachmehrheiten, in gemischten Kantonen die Sprachgrenzen zu stabilisieren. Noch 1999 wurde im Kanton Fribourg per Referendum ein Schulgesetz abgelehnt, das die Zweisprachigkeit fördern sollte. Ein Teil des Unterrichts sollte durch alle Stufen in der jeweils anderen Sprache erteilt werden. Argumente der Überforderung der Schüler mischten sich mit chauvinistischen Stimmen in der französischsprachigen Mehrheit. Trotz solcher Querelen am «Rösti-Graben» – der eigentlich fehlbenannt ist, weil geriebene geröstete Kartoffeln die Landesteile eher verbinden als trennen – herrscht im Ganzen ein erstaunlicher Sprachfriede. Das wurde auf mehrere Faktoren zurückgeführt. Einmal ist die Schweiz der klassische Fall von «*cross-cutting-cleavages*», sodass kein Faktor wie Sprache, Religion oder Klasse übermächtig werden konnte. Keine der Sprachen fühlt sich verfolgt, schon die angrenzende Großsprachgruppe erscheint wie ein Schutzschild. Dem Italienischen gegenüber wird geradezu von einem «Beschützerinstinkt» gesprochen. Den Sprachfrieden erleichterten scharf geschnittene Sprachgrenzen – im Gegensatz zu der Gemengelage in Osteuropa (Freiburghaus/Buchli 2004: 316 ff.).

Im *russischen Zarenreich* haben die Bolschewiki sich mit den österreichischen Erfahrungen der kulturellen Autonomie befasst. Stalin wurde von Lenin nach Wien geschickt, um die nationale Frage zu studieren. Mit Hilfe Trotzkis – der wenigstens deutsch konnte – hat er den Auftrag erfüllt und die leninistische Position eines territorialen Föderalismus in einer Schrift dogmatisiert. Die Hegelsche Idee von den «historischen Nationen», die zur Trägerschaft voller föderaler Rechte fähig schienen, war noch nicht überwunden. Nur bei Karl Renner in Österreich sind auch die nicht historischen und «staatstragenden Nationen» berücksichtigt worden. Im Zarenreich haben nur die Menschewiki, wie der Armenier Šaumjan, die austro-marxistischen Ideen rezipiert. Sie erschienen für die ethnische Gemengelage im Kaukasus besonders sinnvoll. Solche Ideen galten aber in der Sowjetunion als Häresie. Auch Föderalisten im Westen haben die Rennersche Einheitsstaatskonzeption nicht akzeptiert. Das Personalprinzip führte nicht zu einem Föderalismus, wie ihn Carl J. Friedrich (1975: 237) vertrat. Es war einerseits noch zu etatistisch, andererseits wurde durch die Entstaatlichung der ethnischen Genossenschaften nicht die gleiche Integrationswirkung erreicht wie beim territorialen Föderalismus.

Die Politisierung der Sprachpolitik ist zwar relativ neu. Sie war jedoch umso verständlicher, als sich bei der Suche nach «objektiven Kriterien» für nationale Zusammengehörigkeit die Sprache als überzeugendstes Merkmal aufdrängte. Die Ära der Entdeckung der Sprachen, die als «Ethnie» stilisiert wurden, solange dem Sprachgebiet noch keine politische Einheit entsprach, war zugleich eine Ära des *«language death»*. Die Ökolinguistik, die sich der sterbenden Sprachen angenommen hat, vernachlässigte in der Regel die politische Dimension und hat dem Föderalismus als Instrument der sprachlichen Identitätsfindung kein Wort gewidmet. Unter 19 Maßnahmen zur Erhaltung von Sprachen, die von der Datensammlung bis zu Medienstrategien reichen, tauchen politische Dimensionen allenfalls als das vage Bestreben auf, Regionalsprachen öffentlich anerkennen zu lassen. Dabei wurde beklagt, dass Sprachen weniger geschützt werden als Vögel, weil das Aussterben von Sprachen nicht mit dem Tod von Lebewesen verbunden sei. Immerhin kam es zu einer «Universal Declaration of Linguistic Rights» in Barcelona und es wurden 19 Organisationen in der Welt klassifiziert, die sich mit der Erhaltung von Sprachgruppen und Kulturen befassen.

Gerade der Artenschutz hat jedoch gezeigt, wie mit politischen Mitteln effektive Erhaltungspolitik durchgesetzt werden kann. Da 96% der noch existierenden Sprachen nur von 4% der Weltbevölkerung gesprochen werden, ist die Hoffnung, alle mit Mitteln einer Identitätspolitik zu erhalten, nicht sehr groß. Selbst in den Gebieten wie Kanada, wo für die «aboriginal languages» der Indianer Stützungsmaßnahmen vorgesehen sind, gibt man nur drei Sprachen eine Überlebenschance (Crystal 2000: IX, 15 f., 155 f., 167 ff.). Mittelgroße Spracheinheiten wie das Niederländische, das von ca. 21 Millionen Menschen gesprochen wird, haben zwar noch keine Angst vor dem Aussterben. Dieses wäre auch angesichts der Erfolge des Flämischen gegen das einst in Belgien dominante Französisch nicht gerechtfertigt. Aber die Regierungen in *Belgien* und in den *Niederlanden* sahen sich genötigt, das Projekt «Nederlands Taalunie» zu lancieren, weil befürchtet wurde, dass Niederländisch zur familiären Sprache herabsinke und damit für Wissenschaft, Technologie und Wirtschaft immer weiter ins Hintertreffen gerate (van Hoorde 1998: 6).

Anerkennung ist keine Einbahnstraße. Die dominante Sprachgruppe muss die Eigenarten der Regionalkulturen ohne Vorurteil anerkennen – und umgekehrt. Eine neuere Umfrage von SOFRES in *Frankreich* ergab, dass die Elsässer 2005 von 96% der Bürger als Franzosen wie andere anerkannt wurden, auch wenn ihr «quasideutscher» Akzent gelegentlich belächelt wurde. Sie haben seit dem Zweiten Weltkrieg große Fortschritte gemacht. 1946 hielten nur 65% der Franzosen die Elsässer für «normale» Franzosen. Nur die Bretonen waren 2005 noch über den Elsässern angesiedelt (98%). Die Korsen rangierten tiefer (89%), noch unterhalb der Gruppen, die kaum Sprachprobleme aufwerfen, wie die schwarzen Franzosen von den Antillen (90%) und die Muslime (79%) (Thiolay 2005: 62).

Im Kontext der Europäischen Union wurde das Problem der Sprachenpolitik mit jeder neuen Welle der Erweiterung dringlicher. Es wurde empfohlen, sich weniger an den USA als an Kanada zu orientieren (Kraus 2004: 13). Eine Vermittlungsposition zwischen Essentialismus und Konstruktivismus in der Identitätspolitik, wie die von Kymlicka, der zweifellos von den Erfahrungen der Franko-kanadier her dachte, musste bei entschiedenen Anti-Essentialisten an der Einwanderungsfrage scheitern, weil afrikanische Einwanderer in Québec ihre Kinder in französische Schulen schicken müssten, auch wenn sie eine englischsprachige Schule vorzögen (Benhabib 1999: 49). Einen weiteren Widerspruch versuchte Kymlicka (1995: 37) mit einer begrifflichen Differenzierung zu umschiffen. Minderheiten haben Anspruch auf «externen Schutz» gegenüber der sie umgebenden Gesellschaft. «Interne Restriktionen» hingegen müssen zurückgewiesen werden, wie die Restriktionen für Frauen bei kanadischen Indianern. Selbst der «Indian Act» von 1876 hat die territorialen Rechte, im Reservat zu leben, an der Mehrheit der patrilinearen Abstammung orientiert und damit matrilineare Stämme benachteiligt. Die Realität der Identitätspolitik scheidet sich nur klar an den Menschenrechten: Frauenbeschneidung und Berechtigung des Ehrenmords wird auch von Essentialisten zurückgewiesen. Aber ist die Grenze schon bei dem Kopftuch zu ziehen, das von einigen auch als Symbol für die Unterdrückung der Frau interpretiert wird?

Die postmoderne Politik hat zunehmend einen Zweitfrontenkrieg zu führen. Individuen und Gruppen verlangen mehr Rechte. Mit dem Ausbau des Rechtssystems und der Verfassungsgerichtsbarkeit haben Individuen zunehmend Gruppenanliegen zum Gegenstand individueller Grundrechte in ihren Klagen werden lassen. Das alte Volksgruppenrecht der Zeit zwischen den Weltkriegen war nach 1945 als marginales Anliegen der Vertriebenen in Verruf gekommen. Im Zeitalter der Postmoderne griff man auf ältere Modelle eines nicht-territoralen Föderalismus zurück. Dieses Modell erhebt in der Regel die Sprachzugehörigkeit – unabhängig vom Wohnort – zum Hauptkriterium der Zugehörigkeit.

b) «Community federalism»

Eine friedensstiftende Form der Sprachenpolitik ist der «community federalism», der sich an sozialen Gemeinschaften und nicht an Territorien orientiert. In der Postmoderne findet er neue Anhänger. Der Austro-Marxismus war theoretisch am weitesten in der Entwicklung eines nicht-territorialen Föderalismus in *Österreich* gegangen. Karl Renner hat das Personalprinzip zuerst in einer Broschüre: «Synopticus, Staat und Nation» in Wien (1899) eingeführt. Der neue Gedanke rief also gleich Missverständnisse hervor, weil ein Nationalitäten-Bundesstaat unterstellt wurde. Es kam Renner jedoch in Anlehnung an die Genossenschaftstheorien der deutschen Staatslehre auf die Absonderung des Nationsbegriffs von staatlichen Hoheitsansprüchen an. Nationalitäten sollten als «reine Genossenschaften öffentlichen Rechts» konstituiert werden. Die «nationale Autonomie» des Brünner Programms der Sozialdemokratie war nicht konform mit Renners (1918: 46) Konzeption. Sein Modell setzte einen zentralistischen Einheitsstaat voraus, «in dem die Nationen nicht bloß sondergestellt, sondern in Wahrheit außerhalb des Staates gestellt werden.»

Mehrfach wurde mit Varianten dieses Modells experimentiert, wie in *Estland* (1920–1940), *Belgien* (1980 ff.) und *Südafrika* (in der «trikameralen Verfassung» 1983–1993, die Weiße, Inder und «couloured groups» repräsentierte, aber die Schwarzen ausschloss) (de Villiers 2003: 15 f., 21 f.). Nur *Belgien* scheint als Modell erfolgversprechend, weil es das territoriale und das personale Prinzip kombiniert. Obwohl die Regionen territoriale Einheiten darstellen, sind die Gemeinschaften auf Individuen und Territorien geeicht. Niederländisch sprechende oder französisch sprechende Bürger von Brüssel gehören zur jeweiligen Gemeinschaft, nicht jedoch die beträchtliche frankophone Minderheit in Flandern. Die personengebundenen Gemeinschaften führten nicht zu vollständigen Subnationalitäten im ganzen Land (Griffith/Nerenberg 2002: 62). 1963 gab es sechs frankophone Gemeinden an der Grenze zum zweisprachigen Brüssel. Sie wurden nicht der Hauptstadt zugeschlagen, sondern bekamen Spracherleichterungen und konnten eine französische Übersetzung von ansonsten niederländischen Verlautbarungen verlangen. Die Flamen haben diese Konzession inzwischen bereut. Die Asymmetrien der Spracherleichterungen führten dazu, dass einige frankophone Abgeordnete Belgien vor dem Europarat wegen Missachtung der Rechte der frankophonen Minderheit verurteilen lassen wollten (Deschouwer 2003: 152). Der Nabholz-Haidegger-Bericht stellte im Jahre 2002 Ungerechtigkeiten fest. Der Europarat folgte jedoch dem Votum nicht und riet zu einer Lösung des Problems in den bestehenden Institutionen. Dies erschien wie eine Einladung zur «Nichtentscheidung», zumal die Wallonen auch ungern niederländische Sprachprivilegien in ihrem Gebiet zulassen wollten.

Belgien ist neben Kanada das Land mit dem ältesten Sprachkonflikt in einem parlamentarischen Rechtsstaat. 1831 wurden im von den Niederlanden losgelösten Staat Belgien alle Gesetze und Dekrete auf französisch promulgiert. Es gab flämische Übersetzungen, aber nur der französische Text war rechtlich verbindlich. Nicht vor 1898 wurden beide Versionen rechtlich gleichgestellt. 1873 wurde Niederländisch für Strafprozesse, 1878 auch für Regierungsinstitutionen im flämischen Landesteil per Gesetz eingeführt. Erst 1883 konnte Niederländisch in der Sekundarstufe der Schulen teilweise gesprochen werden. 1890 mussten Beamte flämische Sprachkenntnisse nachweisen, um im flämischen Landesteil zu amtieren. Nach dem Ersten Weltkrieg wurde die nationale Verwaltung zweisprachig und die Lokalverwaltung einsprachig. Alle 10 Jahre sollte ein Sprach-Zensus stattfinden, durch den die Kommunen ihren Sprachstatus ändern konnten. Das Harmel-Zentrum publizierte 1958 einen Bericht, der Grundlage für konstitutionelle Änderungen werden sollte. 1970 wurden homogene Sprachgebiete in allen öffentlichen Einrichtungen geschaffen. Änderungen waren nur noch mit qualifizierter Mehrheit möglich (Art. 5,3 der Verfassung von 1970 und 1994) (Senelle 1989: 54 ff.). Ein Land ohne föderale Traditionen wurde zu einer «föderalen Monarchie». Die Monarchie bekam in diesem Konflikt ausnahmsweise eine wichtige Funktion, weil sie periodische Konflikte, wie sie um ein republikanisches Staatsoberhaupt entstehen können, vermied. Sie wären vermutlich aufgetaucht, selbst wenn der jeweilige Präsidentschaftskandidat perfekt zweisprachig gewesen wäre.

In Belgien leitete das Experiment der «community autonomy» ein «friedliches Auseinandergehen» ein. 1970 wurde eine Verfassung erlassen, die das Land zum Bundesstaat erklärte, der aus Gemeinschaften (französische, flämische und deutschsprachige) und Regionen (wallonische, flämische und Brüsseler Region) (Art. 2–4) bestand. Das Verwirrspiel wurde komplettiert durch vier linguistische Regionen (französische, niederländische, die zweisprachige

Region in Brüssel und die deutschsprachige Region). Ein solches System des personalen Föderalismus funktioniert nur, wenn keine Zwangsvergemeinschaftung stattfindet, wie einst bis 1993 in Südafrika, vor allem bei Individuen, die mehrere Loyalitäten haben. Eine territoriale Basis scheint gleichfalls unerlässlich, weil sie für die Effektivität auf regionale Machtbefugnisse angewiesen ist, wie in Belgien (de Villiers 2003: 24).

In *Südafrika* (1996, Art. 6) wurden elf offizielle Sprachen anerkannt, darunter zwei Derivate europäischer Sprachen: Afrikaans und Englisch. Da der Status der einheimischen Sprachen gesunken ist, verpflichtete der Staat sich, den Gebrauch dieser Sprachen zu fördern. Ein «Pan-South-African-Language-Board», durch ein nationales Gesetz eingerichtet, soll weitere Sprachen fördern und schützen; darunter Deutsch, Hindi oder Griechisch. Selbst Sprachen wie Arabisch, Hebräisch oder Sanskrit, die für religiöse Zwecke in Südafrika benutzt werden, genossen den Schutz des Staates (Art. 6.5). Diese weitreichende Staatsziellyrik steht vor der «bill of rights». In den meisten Föderationen enthält der Grundrechtskatalog Hinweise auf Rechte ethnischer Minderheiten. Durch die Political-Correctness-Bewegung haben diese in der Postmoderne jedoch den exklusiven Charakter verloren, den sie in der klassischen Moderne hatten. Über das Assoziationsrecht haben diese Gruppen durch die «bill of rights» Möglichkeiten erhalten, ihre kulturelle Identität zu pflegen. Die «negativen Abwehrrechte» gegenüber Eingriffen des Staates überwogen ursprünglich die positiven Gestaltungsrechte von ethnischen Gruppen. Die wichtigsten positiven Rechte liegen meist in der Erziehung. Sie ist das wichtigste Instrument zur Pflege des «historischen Gedächtnisses». Einige Staaten, wie Südafrika (Art. 28.2), proklamieren das Recht, in der eigenen Sprache unterrichtet zu werden. Aber die Verpflichtung des Staates ist konditional gehalten. Auch *practicability»* musste bei der Realisierung der Ansprüche berücksichtigt werden. Gelegentlich ist für Zwietracht durch Rivalitäten gesorgt, wenn etwa in *Indien* der Staat, der den Erziehungseinrichtungen der Minderheiten Hilfe gewährt, dabei nicht diskriminierend vorgehen darf (Art. 30.2). Ein nicht-diskriminatorisches Gießkannenprinzip mit begrenzten Ressourcen ist schwer konsensfähig bei so vielen Ethnien, wie sie in Indien miteinander konkurrieren.

In Westeuropa verteilten sich die Ethnien überwiegend nach dem Schachbrettmuster. Es gab annähernd abgrenzbare Regionen mit Dominanz einer Sprache. In Ost- und Südosteuropa lebten die Ethnien hingegen nach dem Muster eines Flickenteppichs nebeneinander. In einer solchen multiethnischen Gesellschaft können die Ethnien nicht immer eine regionale Basis finden und daher weder Autonomie noch Partizipation in gleicher Weise effektiv organisieren wie im ethnisch geprägten Regionalismus.

Ethnische Gruppenansprüche an die zentralen Institutionen wurden kaum je durchgesetzt. In den zweiten Kammern sind die Ethnien nirgendwo die exklusive Basis für Repräsentation. In den Exekutiven gäbe es eine weitere Möglichkeit der Repräsentation. Sie lässt sich am leichtesten erreichen, wenn es zwei annähernd gleich große ethnische Blöcke gibt. In *Belgien* (Art. 99) wird die personale Dimension durch eine gleichmäßige Repräsentation der beiden größten Sprachgruppen gestützt. In der *Schweiz* war die numerische Größe der Ethnien weniger symmetrisch. Die Repräsentationsformel 2:2:2:1 wurde informell für die Regierung garantiert, betraf aber seit 1959 die wichtigsten vier Parteien. Formell wird nur ausgeschlossen, dass ein Kanton mehr als einen Bundesrat stellt (Art. 96.1). Diese «Zauberformel» wurde durch den Brauch ergänzt, dass die Deutschschweiz zwei bis drei Sitze den übrigen Landesteilen überlässt und dass die drei großen Kantone Bern, Waadt und Zürich möglichst ständig im Bundesrat vertreten sind (Linder 1999: 222 f.).

Das Problem der Sprachenpolitik ist jedoch nicht auf den *Multilingualismus* föderaler Parlamente beschränkt. In der Schweiz ist die Appellation in der Gerichtshierarchie ohne «Sprachwechsel» denkbar, nicht hingegen in Kanada. Wenn – wie in *Kanada* – zwei Rechtstraditionen aufeinandertreffen, wurde selbst im zweisprachigen Supreme Court ein Bias für das englische Common Law vermutet, das die französisch sprechenden Kanadier benachteiligte (Laponce 1975: 200; Russell 1969). Die zentralen Einrichtungen wie Verwaltung und Supreme Court sind formal zweisprachig, und doch ist die Denkweise der zweisprachigen Richter englischer Herkunft «angelsächsisch», z. B. in der Sozialpolitik, während Québec eher europäischen Mustern folgt (Kymlicka 1998: 156ff.). Auch einsprachige Einheiten in einigen militärischen Einheiten und Verwaltungsorganisationen waren den Québecois lange ein Dorn im Auge. Sprachpolitik wurde daher gelegentlich bis zum Exzess getrieben – etwa bei der Trennung der Universität Löwen und den strikten Sprachgrenzen auch für Schulbezirke in Belgien oder am Schweizer «Rösti-Graben». Sprachliche Inseln wurden strikt verteidigt. Die Sprachen drohten in diesen Fällen verabsolutiert zu werden. In Katalonien mehren sich die Klagen der spanisch sprechenden Minderheit, dass sich hinter der rechtlich verbrieften Zweisprachigkeit für die Bewohner in der Praxis ein *«erzwungener Monolinguismus»* verberge (Ingendaay 2006: 21). Was das Franco-Regime einst den Katalanen angetan hat, gab Katalonien in liberalerer Form partiell an die spanische Minderheit zurück. Selbst eine strikte Sprachgleichheit kann Asymmetrien in anderen Bereichen des föderalen Systems nicht aufheben. Auf die Dauer erschien der Kampf um die Abschottung der Sprachgebiete aussichtslos. Hauptprofiteur der Sprachinsel-Abgrenzung ist die Weltsprache Englisch.

Verfassungen in Bundesstaaten haben Sprach- und Kulturgruppen leichte Selbstbestimmungsrechte zuerkannt, wie in Südafrika (Art. 235) oder Brasilien (Art. 232 für die Indianer), aber auch in Einheitsstaaten wie Ungarn oder Slowenien (für italienische und ungarische Gruppen, Art. 64). Ältere Föderationen wie die USA, Kanada oder Australien haben meist den indigenen Gruppen noch nicht Rechnung in der Verfassung getragen. Der Föderalismus war nicht ethnisch organisiert, selbst dort, wo – wie in Louisiana oder Vermont in den USA – einzelne Staaten lange eine starke nicht-englischsprachige Bevölkerung zu haben schienen.

In der Schweiz sind drei Kantone zweisprachig und einer ist dreisprachig (Graubünden). Die vier verfassungsmäßig garantierten Sprachen der Schweiz haben nur auf der nationalen Ebene gleichen Status. In den Kantonen ist ihr Status hingegen unterschiedlich. Wo die Sprachgruppen sehr viel zahlreicher und unübersichtlicher sind, wie in Nigeria oder in Indien, hat man versucht, den Föderalismus durch die Vermehrung der Regionen zu stärken. In *Indien* wurden

Grenzen 1956 ethnisch «angepasst» – bei 1600 Sprachen ein fast hoffnungsloses Unterfangen. In *Nigeria* wurde der Ethno-Regionalismus wegen der verbleibenden Asymmetrien nicht nur Instrument der Befriedung, sondern auch Auslöser neuer Ansprüche der zu kurz gekommenen Gruppen (Elaigwu 1996: 23). In *Südafrika* legte eine «Regional Demarcation Commission» zehn Kriterien fest. Nur eine Provinz wurde nach kulturellen und Sprachmerkmalen abgegrenzt. Wo eine klare Sprachgruppe dominiert, wie in Kwa-Zulu/Natal, fühlten sich andere Sprachgruppen umso stärker diskriminiert.

Sprachenpolitik erwies sich als unterschiedlich wirksam. Anfang der 1950er Jahre saßen in London der irische und der israelische Außenminister nebeneinander. Der Ire begann die Konversation mit der Bemerkung, dass die beiden kleinen Länder, die sie repräsentierten, kaum etwas gemeinsam hätten. «Doch», antwortete der Israeli, «wir vertreten Länder, in denen die Mehrheit nicht der Landessprache mächtig ist». Das sollte sich in Israel ändern. Sprachpolitische Revivals waren in Israel erfolgreich bei der Durchsetzung des Hebräischen und der Verdrängung des Jiddischen als der ungeliebten Sprache einer Zeit der Verfolgungen in der Diaspora. In Irland hingegen war das Bemühen, das Gälische wiederzubeleben, weniger erfolgreich, obwohl die Verfassung im Artikel 8 die irische Sprache zur ersten nationalen Sprache erklärt hatte. Ca. 120 000 gälische Muttersprachler wurden in Irland nach dem Zweiten Weltkrieg festgestellt. Anfang der 1970er Jahre wurden bereits 28,3 % ermittelt, die des Gälischen mächtig waren (Stephens 1979: 363), vielfach eher passiv. Nur im äußersten Westen Irlands bildete Irisch für die Mehrheit der Bevölkerung das Mittel der täglichen Verständigung. Gleichwohl haben auch Iren, welche die Sprache nicht konnten, die Sprachpolitik des Staates unterstützt.

Die Sprachwissenschaftler sind zunehmend mit den Folgen der Politisierung des Sprachproblems konfrontiert. Gruppen, die sich in ihrer Region in der Minderheit befinden, kämpfen um Autonomierechte, in der Hoffnung, die sprachliche Wiederbelebung der autochthonen Sprache später mit politischen Mitteln zu erreichen. Diese Eliten, wie bei den Basken, Iren oder in vielen postsowjetischen Republiken, benutzen die Sprache symbolisch als «*badges of ethnicity*», obwohl sie diese selbst wenig beherrschen. Auch wenn der Sprachwechsel bei der Mehrheit einer Region stattgefunden hat und die Situation dem «language death» nahe kommt, wird auf die kulturelle Identität gepocht, und diese erweist sich nicht immer als abhängig vom Grad der Erhaltung der regionalen Sprache (Crystal 2000: 121 f.).

Die Sprachpolitik spielte bei radikalen Organisationen wie ETA oder Sinn Féin nicht die gleiche Rolle. Sinn Féin konnte noch weniger Hoffnung als die ETA hegen, «Irisch» zur dominanten regionalen Sprache in der Region zu machen. In Interviews zeigten sich Sprach- und Kulturgruppen als Rekrutierungspool für Sinn Féin-Aktivisten als zweitrangig (Irvin 1999: 144). Im Baskenland in *Spanien* haben auch Jahrzehnte der Agitation nicht dazu geführt, dass Baskisch zur ersten Sprache wurde. Ungefähr ein Drittel in der Region spricht diese Sprache. Die Mehrheit kann nur Spanisch. Die ältere Regionalbewegung hatte daher weniger auf die Sprachtradition abgehoben. Ihre «*Politik des historischen Gedächtnisses*» konzentrierte sich auf die alten Privilegien und «fueros», während die ETA eine Weile noch zu glauben schien, dass man die Mehrheit der Region in die sprachliche Homogenität bomben könne. Selbst in Regionen wie Katalonien tut sich eine Kluft auf zwischen denen, welche die Sprache sprechen können (68%), und jenen, die sie auch lesen und schreiben (39,9%). Günstiger erscheint die Lage in Galizien, wo alle Einwohner Galizisch verstehen, 70% auch sprechen und immerhin 57% diese Sprache auch schreiben können (Daten in: Nohlen/Hildenbrand 2005: 158 ff.). Die fünfte ETA-Versammlung forderte zwar die Wiedervereinigung des Baskenlands in Frankreich und Spanien und die Nationalisierung der Grundstoffindustrien, aber die «Restauration» der Baskischen Sprache als offizielle und funktionale Sprache war nicht an die Bedingung geknüpft, die spanische Sprache im Baskenland zu eliminieren. Die sechste ETA-Versammlung war noch radikaler mit der Forderung nach gewaltsamer Zerstörung des spanischen Staates. In der Sprachenfrage war sie jedoch milder als die Vorgängerdeklaration. Es war nur von «effektiver Gleichheit der baskischen und spanischen Sprache» die Rede (Dok. in Irvin 1999: 20 f.). Radikale wurden von den Ideologen unterschieden. Erstere waren mehr an greifbaren Konzessionen als an doktrinärer Reinheit interessiert.

Sprachenpolitik ist umso erfolgreicher, je strikter die Regeln für die *Zweisprachigkeit der Verwaltung* sind. «Volle Gleichberechtigung» schien den Südtiroler Politikern in *Italien* nicht ausreichend. Sie forderten «vollständige Rechtsgleichheit» mit Prozeduren von «*affirmative action*» zugunsten der deutschsprachigen Bevölkerung in der Region. Zuzugsbeschränkungen wurden ebenfalls gefordert, die sich rechtlich kaum halten ließen. Dennoch kam es zu einem Rückgang der Immigration von Italienern aus dem Mezzogiorno (Katzenstein 1977: 317). Italienische Bewerber fühlten sich in Südtirol schon diskriminiert, weil sie weniger als die «Autochthonen» den Regeln der Zweisprachigkeit genügen konnten. Wo zwei Drittel die Minderheitsprache sprechen, wie in Südtirol, scheint eine solche Privilegierung der Einheimischen noch vertretbar. In *Finnland* geht der Schutz der Minderheitsprache sehr viel weiter. Eine Gemeinde gilt als zweisprachig, wenn die Minderheitsprache 8 % der Bürger umfasst (Kraus 2004: 119 f.). Auch in *Irland* wird der Verwaltungsapparat auf die Beherrschung der zwei Landessprachen verpflichtet.

Sprachpolitik stößt an gewisse Grenzen. Es besteht das Problem, dass historisches Gedächtnis für einen Teil der Regionalkulturen gleichsam «analphabetisch» ist. Es bleibt auf «oral history» angewiesen. In Spanien wird sich dies auch nicht so schnell ändern, weil im Gegensatz zu monistischen Systemen wie in Belgien und der Schweiz das Schulsystem dual angelegt ist. Eltern können entscheiden, ob sie ihre Kinder in eine Schule schicken, in der alle Fächer in der Regionalsprache unterrichtet werden. Das monistische System schafft stärkere regionale Angleichung, aber auch dieses ist durch Migration zunehmend in der Defensive.

c) Lingua franca oder Mehrsprachigkeit?

Die Vielfalt immer neu aufbrechender ethnischer und regionaler Ansprüche macht es schwer, ein rationales Schema von symmetrischer Macht- und Repräsentationsverteilung zu finden. Auch Anhänger des Rational-Choice-Ansatzes sind keine Blueprint-Rationalisten mehr. Sie mussten feststellen, dass etwa in der Akkomodation ethnischer Gruppen Ad-hoc-Entscheidungen – oft sogar gegen den Rat der rationalen Spezialisten – das System zusammengehalten haben wie in Indien (Mitra 2000: 55). Das Konfliktmanagement bei ethnischen Konflikten reicht vom Genozid bis zur Separation (McGarry/O'Leary 1994, Smith 1995: 300). Der Föderalismus bietet sich als Kompromiss der Mitte an. Dieser Kompromiss schafft nicht immer dauerhaften sozialen Frieden. Kanada, Belgien, Spanien und Nigeria, neuerdings auch wieder Indien sind in ständiger Krise und versuchen durch Verfassungsreformen immer neue Kompromisse zu erzielen. Die soziale Dynamik ist in der Regel nicht aufzuhalten. Die Schweiz oder Belgien gehen am weitesten in der peniblen Regelung, in welchen Gebieten eine Ethnie das exklusive Recht auf eine Schulsprache hat. Das funktioniert mittelfristig noch am besten dort, wo der Konflikt zweipolig angelegt ist, wie in einigen Regionen Belgiens, Kanadas und der Schweiz. Wo es zu einer ethnischen Gemengelage kommt wie in Brüssel, in Bosnien-Herzegowina und in weiten Bereichen Osteuropas bleibt die Balance instabil. Auch die Drei-Sprachen-Formel Indiens (Hindi, Englisch und die regionale Sprache) war nicht unumstritten, etwa bei der nationalistischen Hindupartei «Bharatiya Janata», und hat sich dennoch im Großen und Ganzen bewährt (Mitra 2005: 10, 16).

Die Europäisierung hat anfangs die Balance in den Nationalstaaten verschoben und die Zentralstaaten begünstigt. Neofunktionalistische Theorien gingen davon aus, dass generell eher nicht-staatliche Akteure, nationale wie europäische, begünstigt wurden. Vergleiche zwischen dem deutschen Föderalismus und den autonomen Gemeinschaften in Spanien haben jedoch gezeigt, dass die regionalen Einheiten nach anfänglichen Rückschlägen aufgeholt haben. Direkte Beziehungen der Regionen und Länder zu den europäischen Einheiten entwickelten sich komplementär zu den Beziehungen mit der Zentrale. Nationale Regierungen haben den Zugang zur europäischen Politikebene nicht monopolisiert (Börzel 2002: 212).

Dieser Befund bestätigt sich auch in anderen Weltregionen. *Australien* ist nicht in einer engen Wirtschaftsgemeinschaft, aber die Staaten des Landes müssen gleichwohl auf die Folgen der Globalisierung reagieren und haben trotz hochzentralisierter «domestic arrangements» dabei wieder an Spielraum gewonnen (Galligan/ Wright 2002, 2: 165 f.). Der Nivellierung des Föderalismus sind offenbar auch durch die Dynamik des internationalen Systems Grenzen gesetzt. Trotz globaler Visionen sind einstweilen die Sprachregime in Europa noch sehr differenziert. Diese Vielfalt wurde von Kraus (2004: 117) in ein übersichtliches Schema gebracht (Matrix 2). Die Europäisierung hat die Gewichte zwischen ethnischen Gruppen und föderalen Einheiten verschoben. Anfangs schien Französisch durch die EG begünstigt. Je mehr Länder integriert wurden, umso stärker wurde der Druck zugunsten von «global English». In einer Studie der EU (Les Européens 2001) gaben 41% an, Englisch als zweite Sprache zu beherrschen. Es folgten in weitem Abstand Französisch mit 19%, Deutsch mit 10% und Spanisch mit 7%. Einige Autoren befürworten bereits Englisch als einzige «lingua franca» und kritisieren vor allem die französische Sprachpolitik (Siedentop 2002: 201 f.). Englisch statt Latein stößt jedoch auf das Problem, dass es sich um die Sprache eines europäischen Nationalstaats und der Supermacht Amerika handelt. Wo Vorbehalte gegen beide bestehen, kann Englisch nicht die Neutralität des Lateinischen als der Sprache eines untergegangenen Reiches entwickeln. Einige Länder wie die Niederlande oder Dänemark können sich mit dieser «lingua franca» anfreunden. Andere – wie Frankreich – träumen noch von der Zeit ihrer sprachlichen Vorherrschaft und versuchen wenigstens, das Englische einzudämmen, obwohl das «franglais» auch nach Frankreich hineinschwappt. Der Vorteil für ein Land, die offizielle Sprache zu sprechen, wird freilich auch durch das Leiden der englischen Eliten an der Kreolisierung ihrer Sprache im Zeitalter der Globalisierung aufgewogen.

Je stärker die Rolle des Englischen als «instrumentelles» Kommunikationsmittel wird, umso geringer ist die Relevanz im expressiven Bereich der Sprache, weshalb andere Autoren eher skeptisch gegenüber einer lingua franca sind (Kraus 2004: 195, 211 f.). Jedenfalls besteht keine Illusion mehr, wie sie einst die Esperanto-Anhänger nährten, dass mit einer Weltsprache die Konflikte in der Welt verschwinden würden. Die Dominanz des Englischen droht in multiethnischen Staaten die Balance zu sprengen, etwa wenn die

Matrix 2: Anerkennung der Mehrsprachigkeit in westeuropäischen Staaten

Anerkennungsprinzip	personal	territorial
partiell	Schutz von Sprachminderheiten (z. B. Sorben in Deutschland)	sprachliche Autonomie (deutsch in Südtirol)
Reichweite uneingeschränkt	Bilingualismus (z. B. Belgien)	Sprachföderalismus (Finnland, Irland, Verwaltung zweisprachig)

Quelle: Kraus 2004

Schüler in den Schweizer Kantonen in ihren Schulen lieber Englisch als Deutsch oder Französisch lernen. Insofern haben die uneingeschränkten personalen oder territorialen Sprachgarantien die größten Überlebenschancen. Aber eine sukzessive Europäisierung sprachlicher Rechte ist nicht zu verkennen, obwohl der Einsatz zugunsten der Minderheitensprachen in der EU bisher als gering eingeschätzt wird (Morcillo Laiz 2006: 253). Diese Vereinheitlichung der Standards dürfte die Differenzen zwischen den Anerkennungsmodi sprachlicher Bestandsgarantien weiter einebnen. Die Mehrsprachigkeit war zudem eine Forderung kleiner Eliten, die zu echter Mehrsprachigkeit fähig waren. Der Durchschnittsbürger kann sich nur in einer Sprache überzeugend ausdrücken. Demokratische Politik wurde mit Recht als «politics in the vernacular» bezeichnet. Kosmopolitismus wurde daher nicht in Gegensatz zu einem berechtigen Ethno-Nationalismus gesetzt, sondern allenfalls zum Chauvinismus, der Xenophobie und dem Kolonialismus (Kymlicka 2001: 213, 220). Selbst im einsprachigen Milieu, wie in den Niederlanden, funktionierte «consociational democracy» über die Kommunikation der Eliten, während die versäulten Blöcke unterhalb der Eliten wenig Kontakte miteinander entwickelten.

4) Migration und asymmetrischer Föderalismus

Idealtypen wie «vertikale» und «horizontale ethnische Gruppen» sind in globalen Vergleichen vielfach angewandt worden. Horizontale Strukturen, die dem Weberschen Modell von Kastenstrukturen nachgebildet worden sind, haben sich in Europa selten gefunden. Mit dem Aufkommen von «Black Power» ist die Rassenfrage in Amerika gelegentlich als horizontale Struktur behandelt worden – aber sie war allenfalls dann ethnischer Natur, wenn man langfristige Rückblicke auf den afrikanischen Ursprung der schwarzen Bevölkerung anstellte. In Europa schienen die horizontalen Strukturen durch die Einwanderung anderer Ethnien in die Nationalstaaten sichtbar zu werden. Im Gegensatz zu den vertikalen ethnischen «Cleavages» galt auch für sie, dass sie eine geringere Konfliktfähigkeit aufwiesen (Lijphart 1976: 57). Postmoderne Migrationspolitik hat die alten Klischees der Begriffsbildung obsolet werden lassen. Ethnische Minderheiten konnte man als «tribal» und prämodern erscheinen lassen. Die Einwanderung von viel weniger entwickelten Individuen aus tatsächlich noch halb tribalen Gesellschaften, wie in Afrika, war jedoch mit dem Stammesbegriff nicht sinnvoll zu fassen. Die Einwanderer unterlagen einem verstärkten Assimilationsdruck. Aber sie wurden nicht als Stammesgruppe wahrgenommen, weil sie sich nicht territorialisieren ließen. Assimilation wurde in der neuen Einwanderungspolitik plötzlich als reaktionäres Konzept dargestellt (Schöpflin 2000: 22). Die Migranten werden auch von ethnischen Minderheitengruppen nicht ermutigt, den Status einer «ethnischen Gruppe» anzustreben. Der Status ist auch nicht immer klar umrissen. Was in Deutschland als «Türken» firmiert, hat oft ein kurdisches Identitätsbewusstsein. Ein Marokkaner aus dem Gebiet der Berber in Katalonien kann sich gar einem vierfachen Identitätsdruck ausgesetzt sehen: von Seiten der Berber, Marokkaner, Spanier und Katalonier (Kraus 2004: 77). Der Umstand, dass die Migranten in den EU-Staaten bisher keine ethnopolitischen Forderungen stellten, hat dazu beigetragen, die Feindschaft der Einheimischen in Grenzen zu halten (Mann 2005: 508). Allerdings nur, solange die Einheit der «Ethnos-Nation» und der

«Demos-Nation» nicht explizit in Frage gestellt wurde. Die Unruhen in französischen Vorstädten wurden von Migranten der zweiten Generation getragen, die ihre Forderungen jedoch in makellosem Französisch vorbrachten. Die Antwort auf Migration in Demokratien ist meist nicht «Säuberung» oder «Ausweisung» – wie in einer frühen Phase der Moderne –, sondern «Zugzugsbeschränkung», und dafür bekommen die Gastnationen häufig sogar den Beifall der eingewanderten Minderheiten, die kommende Konkurrenz vom Arbeits- und Sozialmarkt fernhalten möchten.

In Bundesstaaten, in denen die «Gleichwertigkeit der Lebensverhältnisse» nicht zu den ideologischen Grundlagen gehört, ist Migration als *dolus eventualis* immer einkalkuliert worden. Der Staat hatte in den *USA* anfangs nicht die «Pflicht», den Wohlstand zu den Individuen in der Peripherie zu bringen, sondern die Individuen hatten das «Recht», dorthin zu migrieren, wo sie die besten Lebensbedingungen fanden. In Bundesstaaten mit einer klar dominanten Sprache hat die Migration unitarisierend gewirkt. Das gilt auch für Deutschland nach 1945, wo die Ströme von ca. 12 Millionen Vertriebenen aus dem Osten anfangs antagonisierend wirkten, aber durch die Dynamik der Wirtschaft bald integrierende Wirkung entfalteten. Erst als die Migration hauptsächlich neue Minderheiten anderer Kultur und Sprache ins Land brachte, entstanden Probleme, die kein Föderalismus mehr ohne weiteres absorbieren kann. In Deutschland waren nach dem Migrationsreport von 2000 im Jahre 1998 8,9% Ausländer. Für 2030 wurden 12,5% hochgerechnet. Das lag noch immer unter dem Niveau der Schweiz. Aber die Akzeptanz der Migration nahm ab, obwohl angesichts der sinkenden deutschen Bevölkerung ein gewisser Zustrom bei den Experten als unerlässlich galt. Restriktionen der Einwanderung wurden im Jahr 2000 von 62% der Bevölkerung im Westen und von 66% im Osten verlangt, ein vollständiges Veto der Einwanderung von 7% im Westen und von 21% der Bewohner im Osten gefordert. Für die Einwanderung Deutschstämmiger aus Osteuropa waren die Zahlen angesichts zunehmender Integrationsprobleme noch höher. Restriktionen wurden von 76% der Westdeutschen und von 74% der Ostdeutschen verlangt (Minkenberg 2003: 234 f.).

Ein Pionier der Föderalismusforschung wie Daniel Elazar war immer schon skeptisch, ob der Föderalismus in multiethnischen Gesellschaften für die Integration ausreiche, und befürwortete in solchen Fällen eher konföderative Lösungen. Migration innerhalb eines Nationalstaats konnte zu der grotesken Situation führen, dass allein in der Region um Marseille mehr Korsen lebten als in Korsika, ohne dass diese im Midi eine alle zufriedenstellende Existenzbasis gefunden hätten und ohne dass der Exodus die Korsen in Korsika friedlicher gestimmt hätte. Korsika hat als Insel den Vorteil, eine klar umgrenzte Region darzustellen. Die Migration hat in dezentralisierenden Staaten jedoch das Problem verschärft, dass die ad hoc gefundenen regionalen Einteilungen rasch wieder überholt waren. Identitätsgrenzen und administrative Grenzen kamen so kaum je zur Deckung. Zudem gibt es innerhalb von Regionen durchaus unterschiedliche Wirtschaftsinteressen, in Schottland etwa gibt es die industrialisierten Lowlands, die agrarischen Highlands und die Inseln (Sturm 1991: 214, 219). Die EU verstärkt diesen Prozess, in dem vielfach Regionen und nicht ganze Nationalstaaten wirtschaftlich im Wettbewerb stehen.

Die Migration hat in den Einwanderungsländern zunehmend Probleme der Zuordnung geschaffen. In den *USA* hat der Civil Rights Act von 1964 Diskriminierungen aufgrund von Rasse, Geschlecht, Religion oder ethnischer Gruppe verboten. Um die vagen Formeln mit Inhalt zu füllen, wurden schließlich Gruppen spezifiziert, die in der Einstellungspolitik geschützt werden sollten, wie Afroamerikaner, Hispanics, Amerikaner asiatischer Herkunft, Indianer und Eskimos. Eine fünfte Gruppe stellten «alle anderen» – als «Weiße» – dar, ob es sich nun um kulturell privilegierte Angelsachsen oder depravierte Gruppen aus dem Nahen Osten und aus Osteuropa handelte. Die Gruppenabgrenzung pauschalisierte auch in den anderen Gruppen. Den Hispanics wurden alle Bürger mit spanischem Namen zugeordnet, ob sie nun von alter spanischer Herkunft waren – von keinem «Weißen» zu unterscheiden – oder halbindianische Mexikaner, die erst kürzlich über den Rio Grande geschwommen waren.

Der Föderalismus wurde seit dem 19. Jahrhundert zum Vehikel der Adaption von Identitätswünschen ethnischer Gruppen. Selbst eine rigide Sprachpolitik war nicht gefeit gegen die Tendenzen einer Asymmetrisierung des Föderalismus durch Einwanderung. Das Problem war in einem Land wie *Kanada* besonders virulent, in dem die Franko-Kanadier ohnehin in ständiger Statusangst lebten, weil die Weltsprache Englisch so attraktiv war. Weniger Probleme gab es in der Schweiz, weil Deutsch für Einwanderer in der romanischen Schweiz keine Versuchung darstellte. Die Migranten in der Deutsch-Schweiz hatten allenfalls das Problem, dass sie eigentlich zwei Sprachen lernen mussten: Hochdeutsch und Schweizer-Deutsch. Nach Ansicht des Staatsrechtlers Thomas Fleiner (Basta Fleiner/Fleiner 2000: 100) kann das Problem der Migranten, die ca. 18 % der Schweizer Bevölkerung ausmachen, nicht innerhalb der Voraussetzungen der föderalen Demokratie der Schweiz gelöst werden. Daher war es kein Paradoxon, dass gerade Interpreten des ältesten multiethnischen Föderalismus der Welt rigide Ansichten äußerten: «This is why, in the long run, the only feasible and viable solution for the immigrant minority is their *willing assimilation into the system*». Die Betonung der «Willensnation» erforderte nach dieser Ansicht eine willentliche Anpassung an die regionale Mehrheitskultur, schon weil die Partizipation auf kantonaler und kommunaler Ebene eine größere Rolle spielt als in allen anderen Föderationen der Welt. Angesichts solcher Assimilationsbekenntnisse haben regional autonome Sprachgebiete einen schweren Stand. Für sie ist jede Zuwanderung eine existentielle Bedrohung. Violenz in Gebieten, in denen eine Ethnie in der Defensive ist, wird nicht zuletzt durch die Migration ausgelöst, welche die Sprache der Mehrheit stärkt und die Sprache der autonomen Minderheiten schwächt.

Neben einer diskreten oder sogar rigiden Sprachenpolitik gab es in Bundesstaaten immer auch eine ungelenkte Migrationspolitik oder gar eine staatlich geförderte Siedlungspolitik, die ethnische Minderheiten benachteiligte. Das galt selbst für Nordamerika, wo die Siedlerströme die indianischen Minderheiten selbst in ihren Reservaten einengten. Es zeigte sich, dass dabei nicht einmal ein Verstoß gegen die Menschenrechte angeprangert werden konnte. Nur protektive Minderheitenrechte konnten hier einen Ausgleich der Interessen bewirken. Indianer konnten sich allenfalls durch Stellvertreterpolitik von Ombudsmännern wehren. Gut organisierte ethnische Minderheiten wie die französisch sprechenden Québecois in *Kanada* hingegen hatten genügend Mitbestimmung im zentralen Entscheidungsprozess, um Einfluss auf die Einwanderungspolitik in ihrem Bereich zu gewinnen. Ihr Kampf war auf die Dauer jedoch allenfalls in ländlichen Gebieten erfolgreich. In Großstädten wie Montréal war der Sog des Englischen nicht aufzuhalten. Einwanderer in Kanada haben sich auch nach empirischen Studien weniger rasch im französischsprachigen Milieu assimiliert. Bei den Kanadiern, die nicht rein französischsprachiger Herkunft waren, haben immerhin ein Drittel am Arbeitsplatz Englisch gesprochen, während die entsprechende Gruppe bei den Englisch-Kanadiern nur zu 6% am Arbeitsplatz Französisch sprach (Meisel 1975: 350). Nationale Minderheiten, die Teile einer Föderation beherrschen, stehen zudem im Widerstreit unterschiedlicher Werte: Der Schutz der sprachlich-kulturellen Minderheiten muss mit dem Wunsch aller Bürger nach «equal opportunity» in der Gesamtgesellschaft versöhnt werden.

Für Deutsche musste es als Schock erscheinen, als knappe Handbücher im Ausland Deutschland als Nationalstaat, mit 97% deutschsprachigen und 3% türkischsprachigen Bürgern definierten (oder solchen, die Bürger werden wollten). Diese Migranten werden auch von ethnischen Minderheitengruppen nicht ermutigt, den Status einer «ethnischen Gruppe» zu erstreben. Deutschland wird sogar in der politischen Theorie, die sich eher im normativen als im empirischen Bereich bewegt, als Negativbeispiel angeführt, in dem «Gastarbeiter» der dritten Generation immer noch als Ausländer behandelt werden, auch wenn sie vielleicht noch nie in ihrer Heimat waren – ein zweifellos veraltetes Bild deutscher Politik, das noch in diesem Jahrzehnt durch die Literatur spukte (Taylor 2002: 33).

Im Kampf gegen altmoderne Assimilationsvorstellungen wurde in der Theorie die Differenz zwischen «*Assimilation*» und «*Akkulturation*» lanciert. Akkulturation schließt die Bejahung eines Verfassungspatriotismus für das Gastland ein – bei Bewahrung der eigenen kulturellen Identität. «Civic acculturation» kann jedoch – wie im Falle Frankreichs, wo die Verfassungswerte sehr stark an die französische Kultur und Geschichte gebunden erscheinen – der Assimilation recht nahe kommen. In Deutschland gelangen diskriminatorische Elemente in die Einwanderungspolitik, solange «Deutschstämmige» aus Osteuropa schnell und bevorzugt eingebürgert werden. Rassistisch erscheint diese Politik jedoch, solange ein Deutscher aus Südamerika oder Südafrika und ein Österreicher oder Elsässer nicht die gleichen Privilegien genießt wie ein «Wolga-Deutscher», obwohl er der deutschen Sprache mächtiger ist als der Deutsche, der vollständig russifiziert aus Kasachstan nach Deutschland einwanderte.

Die Hispano-Amerikaner in den USA werden als Beispiel für einen Paradigmawandel angeführt. Migranten wird nachgesagt, dass sie die Notwendigkeit, sich zu assimilieren, zwar anerkennen, «aber immer öfter bestehen sie darauf, den Weg dorthin und das Tempo selbst zu wählen. Darüber hinaus beanspruchen sie das Recht, die Gesellschaft, an die sie sich anpassen, im Prozess der Assimilation ihrerseits zu ändern» (Taylor 2002:37, 280 ff.). Dass die Gastgesellschaft sich ändern möge, haben Migranten wohl immer gewünscht. Dass dies auch gelingt, ist vermutlich die Vorstellung einer abgehobenen politischen Philosophie. Soweit den Migranten dieses gelingt, ist es wohl eher eine negative Anpassung. Sie führte nicht selten zur «*Halbsprachigkeit*», bei der die Migranten weder die Sprache des Ursprungslands noch die des Gastlands wirklich beherrschen (Crystal 2000: 79). Halbherzige Integration wird mit halbherziger Akzeptanz beantwortet. Aber die Entwicklung vom Grundbegriff der «*Ehre*» in einer Ständegesellschaft, in der hierarchische Komplementarität herrschte, zum Begriff der egalitären «*Würde*» ist nicht aufzuhalten, wie eine neuere Debatte um die Ehrenmorde an türkischen Frauen, die sich wie Mitteleuropäerinnen verhalten, zeigt.

Die Migration schafft in allen Systemen, ob föderalistisch oder nicht, ein Problem: die Kulturen lassen sich nicht säuberlich trennen, weil die Entwicklung interkulturell verläuft. Kulturelle Differenzen sind durch die Massenwanderungen nach 1945 nicht mehr ein Phänomen in exotisch-fernen Ländern. Kulturelle Differenz ist kein Panoptikum fixierter und gänzlich unvereinbarer Weltdeutungen mehr. Den USA wird in der Dritten Welt oft kulturelle Dominanz vorgeworfen, aber deren Erzeugnisse sind im Zeitalter der Globalisierung vielfach «made in Hongkong».

5) Diasporapolitik als Quelle regionaler Asymmetrien

Der Föderalismus war in seiner frühen Epoche ein Mittel der Friedensstiftung – im Deutschen Reich, in der Schweizer Eidgenossenschaft und in den Vereinigten Staaten, solange die Südstaaten sich noch «souverän» wähnten. Bis zur Französischen Revolution bezog sich der Schutz von Minderheitengruppen meist auf religiöse Gemeinschaften. Der Grundsatz *«cuius regio – eius religio»* hatte im Deutschen Reich eine stark vereinheitlichende Wirkung im Einzelterritorium, ließ aber Lebensmöglichkeiten von religiösen Gruppen der Minderheiten zu. Häufig war die religiöse Spaltung mit ethnischen Besonderheiten verbunden, z. B. bei den deutschen Lutheranern in Siebenbürgen oder den ungarischen Szeklern in Rumänien. Dieser cuius-regio-Grundsatz wurde durch die Französische Revolution obsolet.

Nationen als «imagined communities» sind meist in sich multinational. Die ethnische «Schichttorte» enthält zum Ärger der Ethno-Nationalisten nicht selten Elemente eines «Marmorkuchens». Selbst die dreistesten Konstrukteure nationaler Identität geben das indirekt zu. Das Gerede von der «Reinheit der Nation» führt vielfach zu Vorstellungen, dass diese erst durch Purifizierung hergestellt werden müsse. Dies ist besonders gefährlich, wenn dabei Minderheiten außerhalb einer «home nation» betroffen sind, weil damit internationale Konflikte vorprogrammiert sind. Sprachpolitik ist in der Postmoderne kein Element der Homogenisierung mehr, das nur von nationalen Mehrheiten eingesetzt wird. Die historischen Gedächtnisse der Minderheiten entdeckten ihre *«Irredenta»*. Radikale Katalanen forderten die Eingemeindung aller katalanisch sprechenden Gebiete wie der Balearen und Valencias, die jedoch ihre sprachliche Eigenständigkeit in der Mehrheit betonten. Selbst der Winzlingsstaat Andorra, in dem nur 35% Katalanisch, 58% Spanisch und 7% Französisch sprachen, konnte noch in der Verfassung von 1993 das Katalanische als einzige offizielle Sprache festschreiben (Nohlen/Hildenbrand 2005: 157).

Nur selten gab es nach 1945 Fälle, in denen die Sprache für einen sozialen Konflikt weniger bedeutsam war als die Religion, wie in

Nordirland. Ein weiterer Fall war die Jura-Frage in der *Schweiz.* Die Sezession des Jura vom Kanton Bern hat große Teile von Jurassen, die Protestanten waren, nicht zum Abfall vom überwiegend deutschsprachigen Bern gebracht. Die Verfassung des Kantons Jura enthielt eine Werbeklausel für diese «Irredenta», die von den Bundesbehörden als Verstoß gegen den Grundsatz der Solidarität gewertet wurde, der in Artikel 44 von «Rücksicht und Beistand» spricht (Fleiner 2002: 119).

Transnationale Identitäts- und Diasporapolitik spielte zwischen den beiden Weltkriegen eine große Rolle. Die ethnischen Minderheiten waren durch Wilsons Nationalitätenpolitik ermutigt worden. Die Friedensschlüsse in den Pariser Vororten boten jedoch vor allem in Osteuropa wenig institutionelle Ansatzpunkte für Autonomierechte der Minderheiten. Außer in der Tschechoslowakei betrafen diese auch kaum die gesamte Staatsstruktur. Nach dem Zweiten Weltkrieg kam es zu einer hitzigen Diaspora-Politik vor allem in Südtirol zwischen Österreich und Italien. Die Südtiroler haben den Konflikt zunächst eskalieren lassen, und radikale Flügel begannen in Westeuropa erstmals einen «Ethno-Terrorismus», auch wenn er sich noch gegen «Sachen» und nicht gegen «Menschen» richtete. Dass die Deeskalation seit Mitte der 1950er Jahre gelang, war nicht zuletzt der internationalen Politik zu verdanken, welche die Südtiroler langsam daran gewöhnte, sich an die italienische politische Praxis anzupassen (Katzenstein 1977: 322).

Ein erstes Beispiel für einvernehmliche Lösungen in der Diasporapolitik war der Åaland-Konflikt zwischen *Finnland* und Schweden. Schweden unterstützte 1917 die separatistische Bewegung der Inseln in der Hoffnung auf Anschluss an Schweden. Die finnische Regierung agierte geschickt mit Autonomievorschlägen. Auf Initiative Großbritanniens wurde der Konflikt an den Völkerbund verwiesen. Dieser erkannte 1921 die finnische Souveränität in Åaland an. Die Inseln wurden demilitarisiert und genossen großzügige Autonomien, z.B. Schwedisch als exklusive Sprache. Sie wurden zur einzigen Region, die getrennt vom Nationalstaat den Beitritt zur EU beschließen konnte (Mäkinen 2005: 351). Die gelungene Konfliktschlichtung war nicht nur auf die Mäßigung des Nationalismus zweier nordischer Staaten zurückzuführen. Hier wirkte zugunsten der Minderheit, dass auf dem finnischen Festland eine starke schwedische Minderheit lebte, die durch die Schwedische Volkspartei nationale Verhandlungsmacht entwickeln konnte.

Noch günstiger erscheint die Diasporapolitik, wenn Minderheiten des Nachbarlandes auf beiden Seiten der Grenze leben, wie im Falle *Dänemarks* in Schleswig. Einerseits wird der Minderheitenschutz in Schleswig bilateral gelöst. Andererseits hat das Ende des «Grenzland-Kampfes» dazu geführt, dass die Nationalstaaten die Diasporapolitik wegen ihrer Kosten nicht mehr bevorzugt behandeln. Die Subsidien sinken. Dänemark gibt 60%, Deutschland 40% der Mittel für beide Minderheiten aus (Lagler 2004: 551). Für die dänische Minderheit wirkte sich der deutsche Föderalismus günstig aus. Das Land Schleswig-Holstein hat die dänische Minderheit stets im Landtag repräsentiert, sie von der Fünfprozentklausel ausgenommen und ihr Mitwirkungsrechte auf Landesebene eingeräumt.

Die internationale Komponente der Identitäts- und Diasporapolitik, die Asymmetrien der Regionen in Bundesstaaten verstärken konnte, ist nach 1989 in einigen Gebieten der «neuen Demokratien» wieder aktuell geworden. Viele osteuropäische Systeme und Ex-Sowjetrepubliken innerhalb der GUS haben sich als «Diaspora-Staaten» definiert, die für eine dominante Ethnie ausgebaut wurden und die zugleich als *«kin states»* Bezüge zu den *«homelands»* der ethnischen Diaspora außerhalb des eigenen Territoriums in einem anderen *«host-state»* unterhalten. Dieses weite, grenzüberschreitende Identitätsgefühl scheint die Staatsbürgerschaft auszuhebeln und die Territorialität in Frage zu stellen. Darüber hinaus führt es zu transnationalen Konflikten. Durch die Ost-Erweiterung wurde die EU neben zwei sich streitenden Nationalstaaten und den Organisationen der Minderheiten zum vermittelnden Akteur (Selliaas 2005). Die Kopenhagener Beitrittskriterien haben den Minderheitenschutz aufgenommen. Bei den Verhandlungen mit Estland und der Slowakei spielten Minderheitenfragen eine nicht unerhebliche Rolle. Die Formalisierung der Beitrittskriterien betraf jedoch die Menschenrechte und die Rechtsstaatlichkeit, nicht aber den Minderheitenschutz. In Amsterdam wurden die Minderheitenregulierungen der Kopenhagener Grundsätze nicht übernommen. Dies wurde so interpretiert, dass es nicht im Interesse der Mitgliedsstaaten lag, die eigene Minderheitenpolitik einer Kontrolle zu unterstellen (Heidbreder 2004: 477). Der Minderheitenschutz ist nur unter dem Kopenhagener Mandat, nicht aber im EU-Acquis institutionalisiert. Beitrittsländer wurden schärfer unter die Lupe genommen. An *Lettland* oder *Estland* wurden Standards angelegt, die Frankreich wohl schwerlich erfüllen würde.

Selbst in Verfassungstexten in *Deutschland* spiegelte sich ein abnehmendes Engagement für ethnische Minderheiten wider. Die Paulskirchenverfassung (Art. XIII, 3, 188) versprach «den nicht Deutsch redenden Volksstämmen Deutschlands» weitgehende Autonomierechte. Die Weimarer Verfassung von 1919 (Art. 112) postulierte nur, dass die «fremdsprachigen Volksteile des Reiches» «nicht beeinträchtigt» werden dürften. Im Grundgesetz beschränkt Art. 3.3 GG das Benachteiligungsverbot auf Merkmale der Abstammung und Sprache. Der schwindende Einsatz für Minderheitenrechte war allenfalls aufgrund der ethnischen Homogenisierung Deutschlands durch immer neue Gebietsverluste zu entschuldigen. In den Debatten um die Anpassung des Grundgesetzes an die Bedingungen der deutschen Einheit fand eine Minderheit einen Minderheitenschutzartikel immer noch überflüssig, weil in den betroffenen Landesverfassungen entsprechende Artikel gewährleistet seien und es allenfalls Vollzugsdefizite zu beklagen gebe (Dt. BT, Drs. 12/6000: 74).

Andere Länder mit größeren ethnischen Minderheiten haben das Problem ähnlich dilatorisch behandelt. Als die EU-Beitrittsstaaten Mitglieder geworden waren, konnten keine Bedingungen an den Minderheitenschutz mehr gestellt werden. Die Minderheitenrechte werden zwar durch Berichte der Kommission überwacht und dokumentiert. Aber es fehlt an gemeinsamen Standards. Der Minderheitenschutz wird gleichwohl verbessert, da die Sensibilität für dieses Thema in Europa gewachsen ist. Die Irredenta von Nationen außerhalb der eigenen Grenzen wurde in einige Verfassungen aufgenommen (Ungarn 1989, Rumänien 1991, Slowenien 1991, Mazedonien 1991, Kroatien 1991, Ukraine 1996, Polen 1997, Slowakei 2001). Darüber hinaus gab es spezielle Gesetze, die sich mit dieser Frage befassten, wie in der Slowakei 1997, Rumänien 1998,

Russland 1999, Bulgarien 2000, Italien 2001 (Venice Commission Report 2001: 18–25).

Ungarn ist unter den neuen Demokratien am stärksten für Millionen «Trianon-Ungarn» tätig geworden, also für jene Ungarn, die gemäß den Pariser Vorortverträgen nach dem Ersten Weltkrieg außerhalb des auf ein Drittel verkleinerten ungarischen Territoriums leben mussten. Das Problem ist auch im Postkommunismus noch nicht gelöst. Als im April 2002 der neue sozialistische Ministerpräsident Medgyessy versprach, Regierungschef aller zehn Millionen Ungarn zu sein, reagierte der scheidende FIDESZ-Ministerpräsident Orbán pikiert: Die Zukunft des Landes liege bei der ungarischen Nation der 15 Millionen Magyaren. Die Zahl war vermutlich etwas hoch gerechnet. Dennoch beeilte sich der Nachfolger, seine Verantwortlichkeit für 15 Millionen Ungarn zu betonen. Durch die Osterweiterung der EU haben sich einige Probleme gelöst. Das ungarische «Statusgesetz» vom Juni 2001 gewährte den ethnischen Ungarn außerhalb Ungarns zahlreiche kulturelle und finanzielle Vergünstigungen. Das Gesetz hat auch bei dem Kommissar Günter Verheugen, der damals für die Erweiterung zuständig war, scharfe Kritik hervorgerufen. EU-Beitritt und altertümliche Diasporapolitik nach Art der Epoche zwischen den beiden Weltkriegen schienen nicht akzeptabel. Die EU wurde selbst in diese Politik hineingezogen. Die Vermittlerrolle Europas machte die Debatte um das ungarische Statusgesetz zu einem Meilenstein der internationalen Minderheitenpolitik (Chiva 2006: 421). Die in Ungarn, Slowenien oder der Slowakei lebenden Ungarn genossen die EU-Privilegien der Freizügigkeit. Die in Rumänien, Serbien, Kroatien oder in der Ukraine lebenden ethnischen Ungarn jedoch waren wegen der Schengen-Regeln der EU in einer weniger glücklichen Lage. Sie benötigten seit der Erweiterung ein Einreisevisum. Eine Volksabstimmung im Dezember 2004, bei der die ungarische Staatsbürgerschaft an die Diaspora-Ungarn verliehen werden sollte, scheiterte wegen zu geringer Beteiligung. Die ungarischen Parteien waren in dieser Frage gespalten. Ministerpräsident Gyurcsány (MSZP) war gegen die Verleihung der Staatsbürgerschaft. Die Oppositionsparteien rückten die Frage in den Themenkatalog für die Wahlen im Jahre 2006. Als Kompromiss schien sich ein Unikum anzubieten: die eingeschränkte Staatsbürgerschaft, welche die Einreise erlaubte, ansonsten aber keine Rechte und Pflichten nach sich zog. Diese Konstruktion dürfte die EU schwerlich akzeptieren, wie auch ungarische Politiker ahnen. Die Regierungskoalition aus MSZP und SDSZ hatte bei einer vollen Staatsbürgerschaft der Auslands-Ungarn vor allem Angst vor einem Wahlrecht der Auslands-Ungarn, da sie als gleichberechtigte Bürger überwiegend für rechtsradikale Parteien stimmen könnten (Olt 2005: 10).

Der rumänische Premierminister hatte den Europarat gebeten zu prüfen, ob das Statusgesetz mit europäischen Normen vereinbar sei. Die Europarats-Kommission für «Demokratie durch Recht» anerkannte legitime enge Beziehungen zwischen «kin-states» und «kin-minorities» (Council of Europe 2001: 567). Die «Venedig-Kommission» weichte das Souveränitätsprinzip nicht auf. Die Verantwortung für den Minderheitenschutz sah sie bei den «home states». Grundlage jedes Minderheitenschutzes war die Respektierung von vier Grundprinzipien: territoriale Souveränität, Einhaltung bestehender Verträge, freundschaftliche Beziehungen zwischen den betroffenen Staaten und die Achtung vor den Menschenrechten. EU-kompatible Lösungen im Streit zwischen Rumänien und Ungarn wurden gesucht. Ein Abkommen liberalisierte die Einreise für alle Bürger Rumäniens. Die Verfassung soll geändert werden. Ein Sonderausweis soll die reibungslose Einreise nach Ungarn ermöglichen, ohne dass die Aufnahme von Arbeit erlaubt wird. Mit Zustimmung der EU gab es einen Präzedenzfall für die griechische Minderheit in Albanien. 2002 musste das ungarische Statusgesetz geändert werden. Finanzielle Erleichterungen wie beschränkte Arbeitserlaubnis müssen wegen des Diskriminierungsverbots allen Bewerbern offenstehen.

Russland war nach dem Zerfall der Sowjetunion in 15 Republiken der auffälligste Kandidat für eine neue Diasporapolitik. Es blieb zugleich der einzig überlebende föderalistische Staat im früheren kommunistischen Machtbereich (RSFSR, später «Rossijskaja federacija»). Da die Sowjetunion den Föderalismus an ethnische Diversität gebunden hatte, schienen nach ihrem Zerfall die Russen plötzlich benachteiligt. Was in Amerika *«Russianess»* genannt wurde, hatte unkodifiziert geherrscht, wie *«whiteness»* in den USA. Paradoxe Folgen der Weltgeschichte haben Russland, das unter Stalin zum großen Planierer von Minderheiten wurde, vor allem in den ehemaligen deutschen Ostgebieten, die größte Anzahl von Irredenta-Gebieten außerhalb der russländischen Föderation mit 17 Millionen beschert. Hinzu kam ein «Korridor» für das Kaliningrader (Königsberger) Gebiet, den Stalin in Westpreußen 1945 mit Gewalt beseitigt hatte. Einige Autoren gingen sogar von 25 Millionen Diaspora-Russen aus (Brubaker 1996: 52). Zum Glück für den Frieden war Russland vorsichtig in der Schutzpolitik für seine eigene Ethnie. Es gab einige Konflikte auf der Krim 1994 – und 1992 an der Grenze zu Moldawien, als russische und ukrainische Gruppen eine «Dnjestr-Republik» schaffen wollten. Die Aktion wurde diskret von der 14. russischen Armee unterstützt. Noch heute gibt es in diesem Gebiet Bestrebungen zum Anschluss an Russland. Es zeigte sich jedoch auch in diesem Fall, dass ein Staat nicht immer die Kontrolle über seine Diasporapolitik behält, weil zwischen post-sowjetischen «kin-states» und «host states» und Diaspora-Gemeinschaften Interaktionen von vielen ethnischen Gruppen jenseits staatlicher Einwirkungen bestehen. Die Diaspora-Gemeinschaften sind zudem immer weniger politisch geeint. Es gab nur in entlegenen Gebieten in Westeuropa noch eine «Schwedische Volkspartei», wie in Finnland, oder eine «Südtiroler Volkspartei», wie in Italien, die anfangs ca. zwei Drittel der ethnischen Zielgruppen organisieren konnten. Vielfach wurde Diaspora-Politik von sich bekämpfenden Gruppen vertreten wie im Baskenland. Die russische Diaspora ist in den neuen Gastländern parteipolitisch noch schwächer organisiert als die Russen in Russland.

Der russische Euphemismus «nahes Ausland» verdeckte die Spannungen mit den Nachfolgestaaten. Zudem haben die Staaten, die große Diasporagebiete von Russen umfassen, wie die Ukraine und Kasachstan, nach 1991 rasch eine Politik der *Nativisierung* verfolgt. Diese war nicht konstant über die Zeit. Solange die Kasachen sich in der Minderheit fühlten, haben sie eine Politik der Heimkehr der Russen nach Russland bevorzugt. Als Ende der 1990er Jahre die ethnische Balance für die Kasachen günstiger aussah, wurde die Heimkehrpolitik immer weniger zum Problem (King/Melvin 1998: 221 f.). Wo die Sprachgruppen sich nicht klar abgrenzen und Zwei-

sprachigkeit weit verbreitet ist, wie in den russischen Diasporage-
bieten in der Ukraine, war eine Diasporapolitik schwer zu fokussie-
ren, weil sie keinen klaren Adressaten hatte. Wo der Adressat klar
war, wie bei den Russen in Estland, die vielfach über ihre Benachteiligung klagten, kam es dennoch nicht zu einer frontalen Kolli-
sion, weil die russische Minderheit aus ökonomischen Gründen ihr
Verbleiben im «Gast-Land» allenfalls verbal in Frage stellte.

Die russische Klagen, dass die Ukraine Russland aus seiner
«Kiewer Wiege» werfen wolle, haben noch nicht zu einer transnationalen gewaltsamen Interventionspolitik geführt. Die Krim war
vom ukrainischen Sowjetführer Chruschtschow einst leichtfertig
zum Jubiläum der Vereinigung von Russland und ukrainischen Territorien der Ukraine zugeschlagen worden. Die russische Duma hat
gleichwohl nach der Wende die Krim, die mehrheitlich von Russen
bewohnt wird, für Russland beansprucht. Dennoch ist noch kein
russischer Garibaldi auf der Krim gelandet, um die «Erlösung»
dieser Irredenta gewaltsam herbeizuführen. Wo postsowjetische
Ethnien eine starke internationale Lobby – vor allem in Amerika –
aufbauen konnten, haben sie von außen auf die heimischen Eliten
eingewirkt. Im Gegensatz zu Jugoslawien ist bisher kein internationaler ethnischer Konflikt entstanden, obwohl von 23 Grenzen
in der alten Sowjetunion allenfalls drei als ethnisch unumstritten
gelten. Konstruktivisten, die ethnische Identität nur als subjektives
Konstrukt erkennen, haben es leicht, dies zu erklären: Der ethno-
politische Konstruktionsversuch wurde nur halbherzig unternommen. Aber die komplexen Gründe dafür müssen Konstruktivisten
genauso detailliert erklären können wie jene Wissenschaftler, für
die ethnische Gruppen eine objektive Realität darstellen.

Weniger günstig verlief die Diasporapolitik im *ehemaligen Jugoslawien*. Nur in Slowenien war der Konflikt «dyadisch» angelegt
(Slowenen vs. alle anderen Südslawen). In Kroatien war der Konflikt von Anfang an triadisch: nationale Minderheit, die Serben in
Kroatien, ein «nationalizing state» wie Kroatien und ein nationales
«homeland» wie Serbien (Brubaker 1996: 70). In Bosnien-Herzegowina war dieser Konflikt noch vielschichtiger. «Säuberungen»
von unerhörten Ausmaßen zwangen die internationale Gemeinschaft zum Eingreifen.

Mit den Bedingungen, die der Europarat und die Europäische Union für die Anerkennung der kulturellen Aspirationen von Minderheiten stellen, ist wenigstens für Europa sichergestellt, dass dieser Anerkennungskampf im Rahmen der territorialen Integrität bestehender Nationalstaaten und der Respektierung der Menschenrechte gehalten werden kann. Die «host-states» sind aber aufgerufen, über neuartige Formen föderaler Repräsentation der Minderheitenrechte nachzudenken. Bilaterale Abkommen wie zwischen Ungarn und Slowenien oder Ungarn und der Ukraine wurden von der Venedig-Kommission empfohlen (Council of Europe 2001: 554). Dank der neuen bilateralen wie supranationalen Kooperationsformen in Europa entsteht trotz des Beharrens auf Souveränität der Staaten so etwas wie eine *«fuzzy citizenship»* für Bürger, die weder Staatsbürger noch Einwohner eines Landes sind, auf das sie sich sprachlich und kulturell hin orientieren, noch die Loyalität zu dem Staat, in dem sie leben, aufkündigen (Fowler 2002: 4). Postmoderne Prinzipien verändern die Territorialität und Staatsbürgerpolitik der Länder und schaffen multiple Identitäten und Nicht-Staatsbürger-Beziehungen. Solche faktischen Entwicklungen sind vom Völkerrecht freilich noch nicht akzeptiert worden. Das Völkerrecht kennt ein diplomatisches Eintreten für seine Staatsbürger im Ausland, nicht aber automatisch das Eintreten für Angehörige einer Minderheit. Eine doppelte Staatsangehörigkeit ist in der EU aus gutem Grund unerwünscht und überflüssig. Wo aber Deutsche in Oberschlesien diese doppelte Staatsbürgerschaft erhielten, ehe Polen der EU beigetreten war, betonte das Völkerrecht den Vorrang des «Wohnsitzstaates» (Frowein u. a. 1994: XI). Bilaterale Verträge enthalten in der Regel eine «Loyalitätsklausel» (z. B. Deutschpolnischer Nachbarschaftsvertrag, Art. 22). Territoriale Integrität der Staaten rangiert weiterhin vor Minderheitenregelungen.

Die Diaspora kann Föderierungsprozesse im Ausland anstoßen, wie in Rumänien in der kommunistischen Zeit, als es ein «autonomes Gebiet» für die Ungarn gab. Die Asymmetrien werden jedoch vorangetrieben, wie der Fall Kosovo in Serbien zeigt, wo die Forderung nach Autonomie vermutlich nur als Durchgangsstufe für einen Anschluss an Albanien gemeint war. Diasporaprobleme sind jedoch durch einen symmetrischen Föderalismus kaum lösbar.

6) Asymmetrien der Wirtschaftskraft in den Territorien

a) «Die Gleichwertigkeit der Lebensverhältnisse»

Die häufigste De-facto-Asymmetrie ist ein Produkt der unterschiedlichen Größe und Wirtschaftskraft der Gebietseinheiten eines Bundesstaates. In Kanada umfasst der kleinste Staat, Prince Edward Island, nur 1,4 % der Bevölkerung, in Australien Tasmanien nur 2,8 %. In den USA wohnen in Wyoming, Alaska und Vermont je 0,2 % der Bevölkerung, in Indien in Sikkim 0,05 %, in Deutschland in Bremen 0,8 %, in der Schweiz in Appenzell-Innerrhoden 0,2 % und in Spanien in Rioja 0,7 % der Gesamteinwohnerschaft. Diesen Ministaaten stehen in allen Föderationen Großgebilde gegenüber, die durch ihr schieres Gewicht einen größeren Einfluss in der Willensbildung des Bundes haben. Am krassesten scheint die Erpressungsmacht der Kleinen, die Riker (1964: 155) anprangerte, im dezentralisiertesten System der westlichen Welt, der Schweiz. Wenn 51 % der Bürger der kleinsten elfeinhalb Kantone eine innovative Maßnahme ablehnen, können 9 % der Schweizer ihren Willen gegen eine Mehrheit von 91 % durchsetzen (Germann 1991). Zum Glück ereignet sich dieses Rechenbeispiel nicht im täglichen Entscheidungsprozess.

Föderalisierungsprozesse vollzogen sich meist unter Druck und konnten daher keine Symmetrie erzeugen. Ein Verfassungsvater der spanischen Verfassung von 1978, Jordí Solé Tura (1985: 60), kam in einem Buch über Nationalismen in *Spanien* zu dem Schluss, dass ein Neo-Zentralismus die Folge der Europäischen Integration sein werde und ein Zuviel an Föderalismus der spanischen Wirtschaft schaden müsse. Wirtschaftliche Asymmetrien haben Rückwirkungen auf den Prozess der Föderalisierung. Bei den Nachzüglern der Regionalisierung zeigten sich beträchtliche Differenzen der Wirtschaftsmacht in Spanien. Aber sie erwiesen sich als weniger gravierend als das Nord-Süd-Gefälle in Italien. Die Angleichungsbewegungen waren beträchtlich. Die ärmste spanische Region, Extremadura, hat zwischen 1980 und 1990 ihre Lage um 4 % gegenüber der reichsten Region, Madrid, verbessern können (Moreno 2001: 130). In Schwellenländern der Dritten Welt hat die fiskalische

Angleichungspolitik nicht immer nur positiv gewirkt. Was in *Brasilien* an fiskalischer Einheitlichkeit gewonnen wurde, ging verloren durch die Entstehung neuer Machtzentren. Das erschwerte die Steuerung der Zentralregierung. Der asymmetrische Föderalismus führte zu einem erbarmungslosen Konkurrenzkampf zwischen den Territorien (Souza 2002: 47; Hofmeister 2005).

Einige Föderalismustheorien gingen davon aus, dass Dezentralisierung des Staatswesens zu volksnahen Entscheidungen führt. Empirische Überprüfungen haben diese Vermutung nicht bestätigt (Tsebelis 2002: 157). Die Wirtschaftspolitik der Bundesebene hat neben ihren eigenen Zielen, die notfalls rücksichtslos gegenüber der regionalen Balance sein können, ein Interesse, einen marktgerechten Föderalismus aufrechtzuerhalten. Er ist in Entwicklungsländern wie Argentinien, Brasilien oder Indien mangels eines landesweiten Marktes noch nicht gegeben. In entwickelten Ländern, in denen die regulatorische Macht der Gliedstaaten groß genug ist, um kompetitive Politik zu treiben, tauchte das Dilemma der Balance im System von Asymmetrien auf. Wenn eine Zentralregierung stark genug ist, die privaten Märkte zu schützen, so ist sie auch stark genug, «den Reichtum der Bürger zu konfiszieren» (Weingast 1995: 138). Selbst die USA schienen nur bis in die 1930er Jahre diesen hehren Kriterien eines *«market preserving federalism»* zu entsprechen. Bundesstaaten mit Entwicklungsproblemen stehen in der wirtschaftlichen Effizienz ihrer Gliedstaaten zudem vor dem Problem der Korruption. Je kleiner die Gliedstaaten, desto anfälliger sind sie für die Korruption (Treisman 2000).

In *Indien* wurde die «devolution» der wirtschaftlichen und finanziellen Entscheidungsmacht nicht immer positiv beurteilt. Populistische Führer in den Regionen haben die Asymmetrie der Wirtschaftskraft vielfach vergrößert (Singh/Verney 2003: 29). Das Planungssystem mit seinen Transfers, das als Wächter zugunsten von mehr Symmetrie gedacht war, wurde durch die Finanzkommission konterkariert und die Asymmetrie verschärfte sich noch (Bagchi 2003: 21). In *Kanada* hat die Asymmetrisierung des Föderalismus durch die ethnische Identitätspolitik in Québec dazu geführt, dass kooperativer Föderalismus eher im Verhältnis des Nationalstaats zu den englischsprachigen Provinzen entstand, während der Wettbewerbsföderalismus die Beziehungen von Québec zu Ottawa beherrschte (Skogstad in: Braun 2000: 58). Québec hat zuerst die Möglichkeit des «opting out» genutzt und sich an gesamtstaatlichen Programmen nicht beteiligt (Schultze 1998). Andere Provinzen sind dem Beispiel gefolgt.

Die Globalisierung der Wirtschaft hat die regionale und gruppenspezifische Identitätspolitik herausgefordert, denn globalisiert ist nur die Kapitalseite. Der Traum der außerparlamentarischen Opposition, die Arbeiterbewegung zu internationalisieren, scheiterte schon in der Debatte um die multinationalen Konzerne. Das hat auch Teile der alten Arbeiterbewegung für rechte Angebote von Identitätspolitik anfällig gemacht. Eine Art «*Wohlstandschauvinismus*» drohte sich auch in der alten Linken auszubreiten. *Deutschland* ist nicht nur wegen seiner Institutionen, sondern vor allem wegen seiner integrativen Ideologie gern unter die unitarischen Bundesstaaten gerechnet worden. Die deutsche Geschichte hat neben der Schubkraft einer Ideologie auch den Einheit stiftenden Akteur hervorgebracht, der in nachholender Modernisierung die Angleichung der Lebensverhältnisse forcierte. Dabei handelte es sich nicht nur um Relikte bürokratischen Machbarkeitswahns. In einem Land mit 12 Millionen Vertriebenen schien die integrative Botschaft von Art. 72 GG wenigstens bei der konkurrierenden Gesetzgebung eine notwendige Konzession mit der Verheißung der «Wahrung der *Einheitlichkeit der Lebensverhältnisse*». Neben einer alten vornationalstaatlichen Tradition aus dem Geist tätiger Nächstenliebe im protestantischen Pietismus, der sich vor allem in der preußischen Landesuniversität Halle mit der Aufklärung verband und zur Ideologie der preußischen Verwaltungseliten wurde, gab es in allen deutschen Territorien die Lehren von der «guten Polizey», die dem Absolutismus ein kleinstaatlich milderndes Gepräge verliehen.

Die «Einheitlichkeit der Lebensverhältnisse» war schon 1949 in Deutschland ein Euphemismus gewesen. Bei den Verfassungsänderungen nach der Einheit 1990 wurde die Verheißung auf «*Gleichwertigkeit*» reduziert. Das Bundesverfassungsgericht hat sich lange aus dem Parteienstreit um Artikel 72 herausgehalten. Im Oktober 2002 hat es jedoch beim Urteil über das Altenpflegegesetz darauf hingewiesen, dass Gleichwertigkeit nicht Uniformität bedeuten könne, und somit den Wettbewerbsföderalismus gestärkt. Es gab jedoch auch Entscheidungen wie die vom 26. Januar 2005 zur 6. Änderung des Hochschulrahmengesetzes (6. HRGÄndG), in dem der Bund ein Verbot von Studiengebühren festschreiben wollte. Einige Länder klagten und setzten sich durch. Die Richter fanden, dass ein Verbot von Studiengebühren für die Erhaltung gleichwertiger Lebensverhältnisse und die Wahrung der Rechts- und Wirtschaftseinheit nicht nötig sei. Somit konnte dem Bund die Kompetenz für eine solche Regelung abgesprochen werden. Dieses Urteil zeigte, dass die Betonung von Wettbewerb zugunsten der Länder ausschlagen kann. In der Föderalismusreform von 2006 wurde diesem Votum Rechnung getragen (Kap. II.8.a).

b) Regionale Wirtschaftspolitik als Paradiplomatie im Ausland

Auch in der abgeschwächten Variante der «Gleichwertigkeit der Lebensverhältnisse» erscheint die Formel dem angelsächsischen Denken in Föderationen wie den USA oder Kanada fremd. Niemand nimmt dort Anstoß daran, dass der Staat Kalifornien ein Mehrfaches an Sozialtransfers an die Bevölkerung vornimmt als das arme Alabama (Daten in: Ways and Means Committee Print WMCP: 108–6 Greenbook). 1990 betrug die Differenz 6:1 (Majone 1996: 235). In Föderationen mit riesigen Entfernungen, in denen das Lebensniveau der Hauptstadt für die periphere Bevölkerung allenfalls ein rares Fernseherlebnis ist, spielt die Gleichheits- ideologie eine geringere Rolle. *Kanada* gilt als der dezentralisier- teste Föderalismus der Welt. Der Osten wird als «maritimes Ar- menhaus» betrachtet. Der Westen ist dominiert von Agrarwirtschaft und Rohstoffförderung. Die Integration in die NAFTA hat die Ost-West-Differenzen durch eine Nord-Süd-Drift überlagert: Der Handel der kanadischen Provinzen mit den USA im Süden ist größer als der Ost-West-Austausch im Lande. Es wird bereits von kontinental eingebundenen *region states* gesprochen (Chourcheen/ Telmer 1998; Sturm 2002, Schultze 2004, 196 f.).

Die Gliedeinheiten von Bundesstaaten haben ihre außenpoli- tischen Kompetenzen zu erweitern versucht. *Belgien* gewährt den Regierungen der Gemeinschaften und Regionen in der Verfassung

(Art. 167,3) unter dem Obertitel «geteilte Verantwortlichkeiten» am großzügigsten das Recht, internationale Verträge zu schließen. Vergleiche regionaler Zusammenarbeit zwischen verschiedenen Staaten in den Regionen «Oberrhein» «Bodensee» oder Kalifornien (USA – Mexiko) zeigten, dass die europäischen Regionen ein breiteres Spektrum von Themen für die transnationale Kooperation entwickeln konnten als die amerikanischen Regionen (Blatter 2002: 94 f.). Die Wirkungen einer transnationalen *Paradiplomatie* sind jedoch gelegentlich übertrieben worden. Ontario und Québec haben aus finanziellen Gründen einen Großteil der Verbindungsbüros geschlossen, die sie in den 1980er Jahren im Ausland eröffnet hatten. Regionen lernten, ihre Nationalstaaten nicht zu umgehen, Nationalstaaten lernten, dass die Paradiplomatie der Regionen keine Bedrohung für sie darstellt (Keating 2002: 52, Börzel 2002 a: 383).

Zwischen einem klaren Wettbewerbsföderalismus und der deutschen Ideologie der Gleichwertigkeit der Lebensverhältnisse ist die *Schweiz* zu verorten. Alten Föderationen wie den USA und der Schweiz ist das Streben nach wirtschaftlicher Symmetrisierung des Föderalismus fremd. Es gehört nicht zu den Zielen des Schweizer Föderalismus, die Lebensverhältnisse in den Kantonen anzugleichen (Fleiner 2002, 2: 113). Dies wäre auch schwerlich vereinbar mit der Souveränitätsdeklaration für die Kantone im Artikel 3 der Verfassung. Die beiden ältesten Föderationen betonen die individuelle Freiheit stärker als die kollektiv-territoriale – zwei Prinzipien, die gelegentlich durchaus in Konflikt geraten können. Gleichwohl machte sich ein gewisser Einfluss des großen Nachbarlandes Deutschland auch im Schweizer Föderalismus bemerkbar. Den Amerikanern wurde unterstellt, dass sie sich die günstigsten Lebensverhältnisse durch «Abstimmung mit den Füßen» aussuchen und das Problem durch Migration lösen. Gegen diesen «ökonomischen Föderalismus» setzte das Schweizer Selbstverständnis die «Solidarität statt Konkurrenz» (Linder 1999: 137). Das hat jedoch nicht verhindert, dass der Finanzföderalismus in der Schweiz die Abstimmung mit den Füßen wenigstens unter den Wohlhabenden ermöglichte.

Die Gleichheitsideologie scheint selbst für die Regionen *Russlands* nicht mehr zu gelten, die immerhin 70 Jahre unter der Gleichmacherei des Kommunismus gelebt hatten. Föderationen mit unterschiedlichen Ethnien können Abstriche an der Gleichheit offenbar leichter hinnehmen als ethnisch homogene Föderationen. Galizien oder Sizilien werden vermutlich immer Bittsteller bei der Zentrale sein. Dennoch erzeugt der schleppende Anpassungsprozess keine Sezessionsgelüste, solange der «Stolz auf die abgewetzten Hosen» sich in autonomen Sonderrechten hinreichend ausdrücken kann. Die Verfassung von 1978 in *Spanien* (Art. 130) hat eine abgeschwächte Variante des deutschen Gleichwertigkeitsstrebens aufgenommen. Die öffentlichen Autoritäten sollen dort die Modernisierung und Entwicklung aller Regionen vorantreiben und «den Lebensstand aller Spanier egalisieren».

Auch in Europa haben die Regionen wieder an Bedeutung gewonnen. Die «Versammlung der Regionen Europas» (VRE) in Straßburg führte im Schatten der EU-Institutionen ein wenig beachtetes Leben, zumal ihr nicht nur die Regionen der EU-Länder sondern auch die der Nichtmitglieder bis nach Russland und in die Ukraine angehören. Es gehört zu den Ritualen, dass der Ausschuss der Regionen in der EU in Brüssel die VRE als Auslaufmodell ansieht und umgekehrt in Straßburg der Ineffizienz bezichtigt wird. Das Straßburger Modell hält sich an die nationalen Einheiten, die höchst ungleich sind. Winzig erscheinen die Einheiten in Dänemark oder bei den britischen Grafschaften (Die Regionen Europas 2006: 18). Dagegen sind die deutschen Bundesländer mit wenigen Ausnahmen schon «Großregionen». Aber auch sie entsprechen keineswegs immer den im Grundgesetz angemahnten wirtschaftlich lebensfähigen Einheiten. Allenfalls privilegierte Gebiete können als Wirtschaftsregionen Bedeutung gewinnen. Die Einschätzung, dass es sich bei den Regionen um «Wirtschaftsräume» handele, hat Beate Kohler-Koch (1998: 126, 152) als eine «heroische Annahme» angesehen, der die Voraussetzungen weitgehend fehlen. Verwaltungseinheiten sind noch keine Wirtschaftsregionen. Die Regionen sind national eingebunden und haben keine Kompetenzen, um sich notfalls abzuschotten. Selbst die intensive europäische Politik zur Stärkung der Regionen scheint in dieser Sicht «Wunschprogramm», das eher den ohnehin wirtschaftlich starken Regionen zugutekommt.

Regionalisierung ist kein Mittel zur Lockerung der nationalen Identität, auch nicht bei reichen Regionen mit vielfältigen transnationalen Möglichkeiten. Eine Region wie die im Dreiländereck am Oberrhein kooperiert mit rein nationalstaatlichen Regionen wie der Lombardei und Katalonien und entwickelt noch keine disruptiven Tendenzen innerhalb einer nationalstaatlichen Wirtschaft. Der moderne Föderalismus und Regionalismus bietet im Zeitalter der Globalisierung zunehmend die Möglichkeit des «opting out». Der Terminus klingt zerstörerischer, als es die von ihm bezeichnete Realität ist. Die funktionale Differenzierung der Wirtschaftsregionen kann zu transnationalen Kooperationsformen führen, die den Nationalstaat transzendieren, ohne ihn durch Sezessionsverhalten zu gefährden. Empirische Untersuchungen zeigten in der Zufriedenheit der regionalen Akteure mit den europäischen Organisationen starke Differenzen. In Baden-Württemberg und Katalonien waren sie zufrieden. In ärmeren Regionen wie Andalusien, Sizilien oder Wales hingegen breitete sich Frustration aus (Knodt 1998: 122 f.).

Bei der Einschätzung der Regionalisierung zählt aber nicht so sehr die Wirtschaftskraft als vielmehr die politische Durchsetzungskraft einzelner administrativer Einheiten. In einigen Ländern wie Spanien und Italien wird von der Stärkung der Regionen eher eine verbesserte kulturelle Behauptung denn wirtschaftliche Durchschlagskraft erwartet (Jouve/Négrier in: Kohler-Koch 1998: 44). Insofern ist die bloße Evaluation wirtschaftlicher Effizienz für das Streben nach regionaler Identität kein Abschreckungsmittel. Eindeutig ist nur ein Befund: Sowohl die wirtschaftlichen als auch die kulturpolitischen Aspekte der regionalen Identitätsbildung verstärken die asymmetrischen Tendenzen in föderalistischen wie in Einheitsstaaten Europas.

7) Asymmetrien der föderalen Finanzverfassungen

a) Steuer- und Einnahmenpolitik
Vier Verteilungsmodi der Besteuerungskompetenzen sind idealtypisch entwickelt worden (Ter-Minassian 1997). Nur die ersten drei erscheinen mit dem Föderalismus vereinbar. In der politischen

Realität kommen jedoch unterschiedliche Mischungsverhältnisse in den Realtypen der Finanzverfassungen vor.

(1) *Trennsysteme*, bei denen die Steuerarten nach dem Kriterium verteilt sind, welche Ebene sie am besten verwalten kann (z. B. Einkommenssteuer wegen der überregionalen Probleme der Erhebung beim Nationalstaat).

(2) *Konkurrenzsysteme* lassen gleiche Steuern auf beiden Ebenen zu, die sich über die jeweiligen Anteile einigen müssen.

(3) *Huckepacksysteme (piggybacking)* führen zu einem weiteren Schritt in Richtung Zentralismus, indem die Zentralen die Steuern einziehen und die Bemessungsgrundlagen für das Land festlegen. Die Gliedstaaten haben nur die Möglichkeit, die Anteile zu variieren.

(4) *Zentralisierte Steuersysteme* überweisen den Gliedstaaten lediglich bestimmte Anteile an den zentral eingenommenen und festgelegten Steuern.

Die Kompetenzverteilung im Bereich der Einnahmen- und Ausgabenpolitik ist idealtypisch von der Grundentscheidung über das politische System abgeleitet worden (Sturm 2003: 74 f.). Im Einheitsstaat gibt es keine regionale Einnahmenhoheit und bei den Ausgaben nur Verwaltungstätigkeit. Devolutionssysteme wie Großbritannien und Spanien haben inzwischen bei Einnahmen wie Ausgaben eine gewisse Autonomie im Rahmen gesetzlicher Bestimmungen. Der duale Föderalismus der USA kennt Autonomie bei beiden Aspekten der Finanzpolitik. Der Typ der Politikverflechtung, der in *Deutschland* dominiert, hat regionale Einkommenshoheit im Steuerverbund und die Ausgabenhoheit durch funktionale Aufgabenteilung begrenzt. Es ist erstaunlich, dass die relativ starke Stellung der Länder im Verfassungssystem nicht zu mehr Steuerautonomie geführt hat (Peffekoven 1990: 351). Sie hätte den Vorteil, dass reiche Länder bei Steuersenkungen mit gutem Beispiel vorangehen könnten und weniger über Ausgabenerhöhungen nachdenken müssten, um sich für Investoren interessant zu machen.

In der Einnahmenpolitik galt einst die Faustregel, dass der Bund weniger als 50% der Einnahmen erhält. Bei Einheitsstaaten verfügen die unteren Einheiten nur über ca. 20% der Einnahmen (Sturm

1989: 121 f.). Neuere Zahlen beziffern den Anteil des Zentralstaates an den öffentlichen Einnahmen auf über 50% (USA 52,2%, Schweiz 53,3%, Australien 71,4%, Österreich 73,1%, BRD 64,8%). Nur Kanada entsprach noch der Regel mit 47,8% (Braun 2002: 335). Bei der Ausgabenseite ist die Dominanz der unteren Einheiten im Föderalismus noch auffallender. Das Verhältnis von Ausgaben des Bundes und der Gliedstaaten war in einigen zentralen Politikfeldern im Vergleich von Bundesstaaten (Australien, Kanada, Deutschland, Schweiz, USA) und von zentralistischen Staaten (Dänemark, Frankreich, Niederlande, Norwegen, UK) bei der Politik der inneren Sicherheit 6:94 und 74:26, bei der Bildung 11:89 und 49:51, Gesundheit 47:53 und 67:33, Sozialpolitik 78:22 und 78:22. Nur in der Sozialpolitik ergaben sich keine Unterschiede zwischen föderaler und zentraler Staatsorganisation. Die größte Differenz tauchte bei der Politik der inneren Sicherheit auf (OECD 2001: 174; Sturm/Zimmermann-Steinhart 2005: 75).

Seit die «families of nations» entdeckt wurden, welche die Varianzen im quantitativen Vergleich der Performanz von Staaten erklären können, haben selbst die hart rechnenden Komparatisten der Steuer- und Haushaltspolitik qualitativ definierte Einheiten wie die *families of taxation* entdeckt. Sie sind historisch gewachsen und in ihrer Pfadabhängigkeit nicht leicht zu transformieren. Es wurde ein liberal-konservativer, ein christdemokratischer, ein sozialdemokratischer und ein peripher-residualer Besteuerungscluster unterschieden. Deutschland gehörte zur Gruppe christdemokratischer Länder, die durch eine breite Besteuerungsgrundlage mit vielen Steuern und durch ein mittleres bis hohes Besteuerungsniveau geprägt sind (Wagschal 2005: 418).

Die föderalen Finanzverfassungen führen zu einem Gemisch aus De-jure- und De-facto-Asymmetrien. Am chaotischsten waren Asymmetrien im Konsolidierungsstadium des Föderalismus in *Russland*. Da die Union häufig bei Gehältern und Subsidien in Verzug geriet, haben die Regionalregierungen die Aufgaben des Bundes vorübergehend übernommen, um die Loyalität der Staatsdiener zu sichern, die vielfach zu rebellieren begannen. Sie hielten sich aber bei den Transfers an die Zentralregierung schadlos (Bell 1998: 280). Hatte die untergegangene Sowjetunion ein System der Umverteilung von oben bis an die Grenze der eigenen wirtschaftlichen Leistungsfähigkeit betrieben, entwickelte sich unter Jelzin vorübergehend ein anomisches System der Umverteilung von unten. Die Kompetenzen wurden dabei vielfach verwischt. Die Regionen begannen ihre eigene Fiskalpolitik zu betreiben. Jelzin duldete vieles, um durch Klientelbeziehungen Stabilität zu erzeugen.

Aber auch in gut etablierten Föderationen waren die Finanzbeziehungen weder immer symmetrisch noch wenigstens durchsichtig. Selbst im dualen Föderalismus der *USA* mit einem unbeschränkten Steuerrecht und getrennten Steuerverwaltungen sind die Kompetenzen der Ebenen in der Innenpolitik nicht ganz klar abgesteckt, sodass es zu Überlappungen kommt. Gleichwohl entwickelten sich keine gemeinsamen Steuern (Renzsch 2000: 44). Asymmetrien entstanden bei den Einnahmen wie den Ausgaben. In den USA finanzieren sich die Staaten vor allem über Verbrauchssteuern und in geringerem Maße über Einkommenssteuern (OECD 2002). Das duale System hat sich nicht idealtypisch erhalten. Kooperative Verflechtungen entwickelten sich auch dort. Im Unterschied zum System der Politikverflechtung beruhen sie auf Ad-hoc-Vereinbarungen und können jederzeit gekündigt werden (Döring 2000: 106).

In *Kanada* erheben Zentrale und Provinzen mit jeweils getrennten Steuerbehörden Einkommenssteuern, Körperschaftssteuern, und Umsatz- und Verbrauchssteuern. Der Bund zieht die gesamte Einkommenssteuer ein, die Provinzen können ihren Anteil variieren. Während in einigen Föderationen die Gliedstaaten angeblich zunehmend verarmen, hat sich der Anteil der Provinzen auf der Einnahmen- und Ausgabenseite verbessert, nicht zuletzt weil die Sozialstaatsprogramme drei Viertel der Ausgaben in den Provinzen ausmachen. Die Zentralregierung hat 1995 zur Konsolidierung des Haushalts ihre Transfers stark reduziert, damit aber die Sozialleistungen in den Provinzen beeinträchtigt. Trieb der Ausbau des Wohlfahrtsstaates anfangs die Unitarisierung des Föderalismus voran, so hat eine neoliberale Umsteuerung zur Sanierung des Haushalts diesen Trend inzwischen gewendet (Schultze 2004: 201 ff.).

Die *Schweiz* hat die größte Steuerautonomie der Kantone konserviert. In diesem dualen Steuersystem lebt der Bund von Einkommens- und Verbrauchssteuern. Der Wettbewerbsföderalismus lässt etwa bei der Einkommenssteuer zwischen der Großstadt Zürich und ländlichen Kantonen wie Schwyz Differenzen im Verhältnis 4 : 1 zu, was den Wettbewerb manchmal in grotesker Weise anheizt (Feld 2004: 23). In der Schweiz haben zu zwei Dritteln zweckgebundene Transfers mit Eigenbeteiligung überwogen. Reiche Kantone zahlen in einen horizontalen Ressourcen-Ausgleich ein, und der Bund beteiligt sich am vertikalen Ausgleich. Die Schweiz ist durch die Praxis des Steuerwettbewerbs im Inneren und international in die Kritik geraten. Die Superreichen sitzen in Zug und zahlen ein Viertel der Steuern von Zürich, benutzen aber die urbane Infrastruktur und Kultur einer Weltstadt, der sie das Steuersubstrat entzogen haben. International ist die Schweiz in die Kritik gekommen, weil sie mit Luxemburg das einzige OECD-Land war, welches ein Abkommen mit Empfehlungen gegen unlauteren Steuerwettbewerb nicht unterzeichnete (Schildknecht 2002: 140, 142). Das transnationale Problem wird langfristig durch internationalen Druck gelöst. Das innerbundesstaatliche Problem des Steuerwettbewerbs wird hingegen von einer mächtigen Ideologie gestützt: «Gewinne privat – Kosten dem Staat». Im transnationalen Vergleich zeigte sich jedoch, dass die «Race-to-the-bottom-These» sich langfristig nicht generalisieren lässt (Wagschal 2005).

Im transnationalen Vergleich erwies sich die Finanzverfassung der Bundesrepublik *Deutschland* als die zentralisierteste, die zugleich die höchste Regelungsdichte aufweist (Renzsch 2000: 50). In Deutschland sind über 70 % des Steueraufkommens Gemeinschaftssteuern von Bund und Ländern, seitdem die Politikverflechtung Einzug in den Föderalismus hielt. Die Finanzautonomie der Länder ist unterentwickelt. Der Bund wälzt in einer finanziellen Arbeitsteilung Lasten auf Länder und Kommunen ab, ohne die Kosten der übertragenen Aufgaben hinreichend zu regeln. Der Bund gestaltet – die Länder finanzieren, kein Wunder, dass die Finanzen ein Hauptdesiderat der Föderalismusreform sind. Typischerweise wurde die Regelung der Finanzen von der Großen Koalition Ende 2005 auf einen späteren Zeitpunkt verschoben. Der Finanzausgleich ist als «Kind der Politikverflechtung» bezeichnet worden, geprägt von der Weltsicht juristischer Fachbeamter, die Regelungen schufen, die dem Bürger unverständlich bleiben müssen (Sturm/Zimmermann-Steinhart 2005: 80).

Das Bundesverfassungsgericht (BVerfGE vom 11.11.1999 Bd. 101, 158 ff.) hat den Reformdruck durch ein Urteil erhöht, nachdem die bestehenden Regelungen Ende 2004 auslaufen sollten. Ein «Maßstäbegesetz» wurde gefordert. Es wurde vom Bundestag mit großer Mehrheit verabschiedet. In dem Urteil wurde postuliert, dass der horizontale Finanzausgleich die Unterschiede in der Finanzkraft verringern, aber nicht beseitigen soll. Gesucht wurde die «richtige Mitte ... zwischen Selbständigkeit, Eigenverantwortlichkeit und Bewahrung der Individualität der Länder» und «der solidargemeinschaftlichen Mitverantwortung». Bundesergänzungszuweisungen sollen nicht bloß eine Fortschreibung des horizontalen Finanzausgleichs darstellen. Die Anhebung der Finanzkraft der leistungsschwachen Länder sollte vor allem den neuen Ländern zugutekommen. Das Maßstäbegesetz war entgegen den Intentionen des Verfassungsgerichts nicht auf Dauer angelegt, sondern bis 2019 befristet. Damit wurde die finanzielle Wiedervereinigung gleichsam für beendet erklärt, weil die Sonderbehandlung der neuen Bundesländer ab 2020 entfallen soll. Um die Anreize für gute Politik der reichen Länder zu vergrößern, bleiben 12 % der Steuermehreinnahmen pro Einwohner im Vergleich zum Vorjahr bei der Berechnung der Finanzkraft der Länder unberücksichtigt. Mit dieser kleinen Reform ist freilich den Ermahnungen der OECD (z. B. 1998: 96) noch längst nicht Rechnung getragen. Die Reform der Finanzverfassung blieb ohne übergreifende und langfristige Konzeption und wurde selbst bei den Ankündigungen für die Föderalismusreform der neuen Bundesregierung vom Herbst 2005 noch dilatorisch behandelt. Die USA können nur in der rechtlichen Theorie als dualistisches Vorbild für die Bundesrepublik dienen. In den letzten Jahrzehnten hat sich auch Amerika von der strikten Kompetenztrennung und der Konkurrenz der Staaten entfernt. Aber die Kooperation bleibt freiwillig, fallbezogen und jederzeit kündbar. Dass Amerika ein Vorbild für die Entflechtungspolitik in der Bundesrepublik sein könne, wird nur mit Vorbehalten angenommen (Sturm 1997: 344 f.; dagegen: Döring 2000: 101).

Der Asymmetrisierungsdruck, der vom Finanzbedarf ausgeht, drängt überall in Richtung Mischungen der Finanzsysteme, mit Elementen des Trenn- wie des Verbundsystems. Auch in noch-nicht-föderalistischen Regimen wie in *Spanien* lässt sich diese Tendenz nachweisen (Wendland 1998: 237). Die Communidades Autónomas von Navarra und dem Baskenland besitzen eine fiskalische Autonomie, die sie von den anderen Einheiten unterscheidet. Sie können Steuern auf persönliches Einkommen, auf Unternehmenseinkommen und eine Umsatzsteuer erheben. Der Anteil, der an die Kassen des Zentralstaats abgeführt wird, ist im Voraus festgelegt. 1993 kam es zu einer Änderung der Steuerpolitik. Die 15 Regionen erhielten 15% der Einkommenssteuer von Personen in ihrem Territorium. 1997–2001 wurde der Anteil auf 30% erhöht. Er näherte sich damit den damaligen Werten der Bundesstaaten an (USA 46%, Kanada 34%, Deutschland 29%). Zufriedenheit der autonomen Einheiten ist mit der Verbesserung der Lage gleichwohl nicht entstanden. Es kam auch in Spanien vielfach zur «blame avoidance». Misserfolge regionaler Politik wurden wegen der angeblich zu geringen finanziellen Mittel der Zentralregierung angelastet. Angebote Madrids, Zuschläge auf die Einkommenssteuer zu erheben, haben die spanischen Meso-Regierungen ungern aufgegriffen, weil solche Maßnahmen in den Regionen naturgemäß unpopulär sind. Im Jahre 2002 wurde ein unbefristet gültiges Finanzierungssystem eingeführt, das einstimmig vom Zentralstaat und allen autonomen Gemeinschaften verabschiedet wurde. Neu war die Zusammenfassung, bei gemeinsamen Kompetenzen aller autonomen Gemeinschaften, im Gesundheitssektor und im Sozialwesen. Die Zahl der ganz oder teilweise den autonomen Gemeinschaften abgetretenen Steuern wurde erhöht (Nohlen/Hildenbrand 2005: 291).

Immer wieder ist von Forschern – der Deskriptionen müde – die systematische Frage aufgeworfen worden, ob eine Dezentralisierung die Begrenzung der Staatsausgaben fördert. Brennan und Buchanan (1980:185) haben in Analogie zu wirtschaftlichen Monopolen eine Leviathan-These vertreten: Die Staatsausgaben sind umgekehrt proportional zum Dezentralisierungsgrad. Es wurde jedoch auch die gegenteilige Hypothese bei der «Jagd auf den Leviathan» entwickelt (Oates 1985). Als Gegenhypothese, welche die Kausalitäten konditionaler formulierte, wurde eine «Collusions-Hypothese» vertreten: Der wohltuende Effekt der Dezentralisierung im Föderalismus kann durch «*collusion*», durch stille Kooperation, zunichte gemacht werden, wenn nicht die Ausgabenpolitik ebenfalls dezentralisiert wird (Lalvani 2002, 3: 25).

b) Finanzausgleich und Transfers

Die vergleichende Föderalismusforschung hat die Annahme entkräftet, dass Föderationen mit einer rechtlich klaren Teilung der Kompetenzen, wie die USA, Kanada und die Schweiz, geringere Transfers an die Gliedstaaten kennen als die Länder mit nur funktionaler Teilung der Kompetenzen. Das Gegenteil erwies sich als richtig. *Australien* zeigte eindeutig zentralisierende Tendenzen, mit einer wachsenden Bedeutung der Parteienpolitik im Vergleich zur reinen Staatenpolitik. Es wurde sogar von einem Quasi-Monopol über die Steuerpolitik gesprochen (Galligan/Wright 2002, 2: 165; Braun 2000: 46). Der fiskalische Föderalismus wurde mit wachsender Globalisierung und Internationalisierung der Wirtschaft häufig entscheidender als die Parteienkonstellation. Auch in Deutschland zeigten sich gelegentlich negative Allianzen von Länderchefs aus beiden Lagern. Castles (2000: 192) ging so weit, die Befunde über die Beziehungen zwischen Dezentralisierung und wirtschaftlicher Leistungsfähigkeit eher auf die Haushaltsprozeduren als auf die politische Struktur des Systems zurückzuführen.

Asymmetrien werden im Bundesstaat durch Transfers von der nationalstaatlichen Ebene zu mildern versucht. Keine Föderation kommt ohne Transfers an die Gliedstaaten aus. Die Finanzierung des Bundes geschieht nicht mehr über Matrikularbeiträge wie im Deutschen Reich bis 1918 und in der Europäischen Union. Je stärker wohlfahrtsstaatlich eine Föderation orientiert ist, umso mehr wurde die Finanzkraft der schwächsten Gliedstaaten gesteigert – wie in Deutschland, Kanada und Australien. Dies ist auf die parlamentarische Regierungsform zurückgeführt worden (Renzsch 2000: 54). Aber vermutlich spielen die ideologischen Traditionen im System keine geringere Rolle als die institutionelle Gestaltung zwischen Exekutive und Legislative. Was an finanziellem Zugewinn durch Transfers erreicht wird, droht in der Ausgabenpolitik wieder verloren zu gehen.

Der «Klassenkampf von unten» – die Forderungen der armen Gebietseinheiten – ist in *Deutschland* inzwischen durch «Klassenkampf von oben» ergänzt worden. Reiche Länder wie Bayern und Baden-Württemberg sehen in der egalitären Verteilungspraxis des Beteiligungsföderalismus zunehmend einen Malus für gutes Wirtschaften. Die reicheren Länder – meist unionsregiert – beklagen eine Nivellierung durch den Finanzausgleich. Sie gehen in ihren Initiativen von einer vereinfachten Kausalitätsannahme in einer «ökonomischen Theorie des Föderalismus» auf der Basis von Rational-Choice-Methoden aus. Damit wird eine angeblich verfehlte oder erfolgreiche Wirtschaftspolitik in einzelnen Bundesländern klassifiziert, als ob die isolierte Länderebene allein eine erfolgreiche Ökonomie steuern könne. Einige Strukturmerkmale zeigen in krasser Weise, wie gering die Steuerungsmöglichkeiten auf Landesebene sind. Das gilt z. B. für strukturschwache Miniländer wie Bremen und Saarland. Man konnte nicht einmal die Parteien dafür verantwortlich machen, weil sie jeweils von einer konträren Parteikonstellation regiert wurden. Auch in *Belgien* zeigte sich, dass die flämischen Landesteile umso stärker als Veto-Gruppen auftraten, je mehr die wallonischen Regionen industriell verarmten und Flandern auch wirtschaftlich in Führung ging.

Aber auch das Gegenmodell, nämlich projektgebundene «*grants in aid*», erwies sich nicht als Allheilmittel. Wenn der fiskalische Föderalismus wie etwa selbst in den *USA* dazu führte, dass den Staaten «Staatstätigkeiten» quasi diktiert werden, ist von einem «*dysfunktionalen Föderalismus*» gesprochen worden (Elazar 1972). Gelegentlich wurde auch kritisiert, dass der Bund per Gesetz Aufgaben aufbürdet, für die er keine Transfers bereitstellt. 1995 hat die konservative Mehrheit im Kongress versucht, Präsident Clinton solche «*unfunded mandates*» zu untersagen. Das Gesetz hat diese nicht finanzierten Mandate jedoch nicht unterbinden können, obwohl eine verbesserte Überprüfung der finanziellen Folgen von Verpflichtungen zugesagt worden ist. In den 1990er Jahren sind die Bundestransfers vielfach von zweckgebundenen Zuschüssen in

Globalzuweisungen umgewandelt worden (Conlan u. a. 1995; Conlan 1998).

In *Kanada* hat vor allem Québec die Möglichkeit erkämpft, Programmangebote des Bundes nicht anzunehmen, die in die Angelegenheiten der Provinzen eingreifen, und diese in Zuweisungen ohne Verpflichtungen gegenüber dem Bund umzuwandeln (*opting out*). Unter dem Franko-Kanadier Trudeau als Premierminister zeigte sich eine Tendenz der «gut gemeinten» regionalen Entwicklungspolitik der Zentralregierung, die zunehmend das Gegenteil des «Guten» wurde: Die Programme und Initiativen gingen zunehmend von der Hauptstadt aus. Die «federal spending power» wurde von Anhängern des Wohlfahrtsstaats auch in Kanada in den Provinzen willkommen geheißen. Die Anhänger einer möglichst weitreichenden Autonomie der Gliedeinheiten hingegen brandmarkten das System als «Übergriff auf die Autonomie der Provinzen» und gar als «nation-destroying» (Telford 2003: 23). Bei einem ideologisch verbohrten Föderalismus kann die regionale Identität über das wirtschaftliche Wohlergehen der Bürger gesetzt werden. Der «goldene Zügel» wurde in Föderationen mit selbstbewussten Gliedstaaten kritisiert. Autonomie im Sinne von Identitätspolitik erschien manchmal wichtiger als der finanzielle Vorteil von Bundesleistungen. Prognosen gehen davon aus, dass nationalstaatliche Transfers in Zukunft weniger bedeutsam sein werden als in der Vergangenheit und dass «Verschiedenheit und Verantwortlichkeit» über die «interregionale Gleichheit» triumphieren werden (Brown 2002: 78). Die Annahme linearer Entwicklungstrends hat sich jedoch immer als riskant erwiesen. Vor allem in Föderationen, in denen ethnische Identitätspolitik jederzeit unkalkulierbare Risiken birgt, haben Prognosen sich immer wieder als vorschnell und einseitig entpuppt.

Solange die rechtliche Autonomie noch unterentwickelt ist, wie in *Südafrika*, lautet die verbreitetste Klage, dass die Zentralregierung für ihre Transfers zu rigorose Standards setze und wenig Spielraum für eine flexible Ausgabenpolitik in den Provinzen lasse (Wehner 2000: 71). In Ländern mit größeren Entwicklungsdefiziten an der Peripherie ist dieser Zustand kaum zu beheben. Korruption und Stammescliquen-Wirtschaft, gedeckt von einer Hegemonialpartei wie dem ANC, würden größere Freiheiten wahrscheinlich in das Gegenteil von Wohlfahrt für die Regionen verwandeln.

Der Föderalismus – in einer Phase des Umbaus der Steuer- und sozialen Sicherungssysteme – entwickelte nicht nur in *Österreich* (Dachs 2003: 301) zentralisierende Wirkungen. Die Gliedstaaten wurden zunehmend verpflichtet, zur Konsolidierung der Staatshaushalte beizutragen. Die «Verländerung» der Staatsausgaben durch Dezentralisierung wichtiger Aufgaben im Sozialbereich und in der Infrastrukturpolitik erschwert jedoch gerade diesen Beitrag für die geplünderten Länderkassen.

8) Kooperativer Föderalismus, Politikverflechtung und Föderalismusreform

a) Politikverflechtung und Föderalismusreform in Deutschland

Die Föderalismustheorie nach dem Zweiten Weltkrieg ist vielfach davon ausgegangen, dass eine zunehmende Zentralisierung im Bundesstaat stattgefunden habe. Zentralisierungsindizes schienen dies zu belegen. Ein Pionier der quantitativen Föderalismusforschung hat die alten Kontroversen zwischen Elazar und seinen Gegnern für überflüssig erklärt. Es wurde meist nur die technische Seite einer möglichen Zentralisierung gemessen, nicht eine wirklich politische Tendenz zu wachsendem Zentralismus (Riker 1975: 140). In der Literatur sind die Bundesstaaten unter den Rubriken *funktionale Teilung* (Schweiz, Österreich, Deutschland) und *rechtliche Teilung* (USA, Kanada, Australien) mit zwei unabhängigen Entscheidungsebenen eingeteilt worden (Watts 1996: 32 ff.). Die Typen haben sich einander angenähert. Vor allem in Kanada ist die Realität inzwischen fern der ursprünglichen Verfassungskonzeption. Aber noch immer galt die «Westminster-Fiktion», die Opposition sollte die Regierung kontrollieren, ihr aber nicht in den Arm fallen können, wie das in Deutschland über Gemeinschaftsaufgaben, konkurrierende Gesetzgebung und über den Bundesrat geschieht.

Institutionen der Politikverflechtung – in der dreifachen Form von horizontaler und vertikaler Kooperation und der Verbundsysteme – waren anfangs meist nicht verfassungsmäßig oder gesetzlich geregelt. Sie entstanden als Teil der Asymmetrisierungstendenzen im modernen Wettbewerb der Regionen. In *Deutschland* wurde die Verflechtung durch die Finanzreform von 1969 und die Einfügung der Gemeinschaftsaufgaben als Art. 91 a und b und der Investititionshilfen (Art. 104 a GG) ins Grundgesetz aufgenommen. Die Gemeinschaftsaufgaben wurden «tendenziell vom Bund definierte Aufgaben mit einem Finanzierungsanteil der Länder» (Renzsch 1999: 380). Politikverflechtung wurde als ein System beschrieben, in dem aus der institutionellen Logik heraus systematisch ineffiziente und problemunangemessene Entscheidungen erzeugt werden. Ein solches System schien zugleich unfähig, sich in Richtung von mehr Integration oder mehr Desintegration zu verändern (Scharpf 1985: 349 f.). Promotoren der Verflechtung waren vor allem Fachbürokraten und Fachpolitiker auf allen drei Ebenen.

Fritz Scharpf (1988) hat die *Politikverflechtungsfalle* («joint decision trap») international berühmt gemacht. Sie führt bei individueller Rationalität der einzelnen Akteure schlimmstenfalls zu «kollektiver Irrationalität», ganz sicher aber zu wachsender Asymmetrie. Die Politikverflechtung wurde solange positiv bewertet, bis Bundesstaaten sich in zunehmend komplexere Aufgaben wie die Raumplanung oder die Forschungs- und Technologiepolitik einzumischen begannen. Was in der Zeit der Planungseuphorie der Großen Koalition als Modernisierung empfunden wurde, ist in den 1990er Jahren als Hemmschuh der Modernisierung erkannt worden. Ineffizienz und mangelnde Transparenz, Ausschaltung der Parlamente, Stärkung des exekutiven Föderalismus, Verwischung klar definierter politischer Verantwortlichkeiten wurden selbst von den Kritikern bemängelt, die am Grundkonzept des kooperativen Föderalismus – trotz der Forderung nach mehr Wettbewerb – festhalten wollten.

Die Politikverflechtungstheorie ist wegen ihrer Nähe zum Rational-Choice-Ansatz scharf kritisiert worden. Sie übersieht Lerneffekte der beteiligten Akteure, die Anreize zur Umsteuerung, die inzwischen von der europäischen Ebene ausgehen, und setzt in ihrer einseitigen Datenbasis zu sehr auf Steuerung durch finanzielle Anreize. Die Politikverflechtung schaffte nicht nur Probleme, sie löste auch einige. Suboptimale Politikergebnisse wurden zudem im transnationalen Vergleich auch bei Systemen entdeckt, die keine Politikverflechtung kennen (Schmidt 1994: 84; Wachendorfer-Schmidt 2003: 48, 392).

Die Vorschläge zur Aufbrechung eines Systems, dem keine Fähigkeit nachgesagt wird, sich selbst zu reformieren, konzentrierten sich auf mehrere Punkte (Schatz u. a. 2000: 16–18):

- Die Neugliederung des Bundesgebiets, die von der Sachverständigenkommission des BMI (1973) vorgeschlagen und nie realisiert wurde. Sie ist seit 1990 noch unwahrscheinlicher geworden, als man die Gelegenheit der deutschen Einheit für eine Neugliederung verpasste und weitere viel zu kleine Einheiten in Ostdeutschland entstehen ließ.
- Rückübertragung von Gesetzgebungskompetenzen an die Länder.
- Institutionelle Reformen des Bundesrats.
- Stärkung der Autonomie in der Steuererhebung.
- Abschaffung der Gemeinschaftsaufgaben und Mischfinanzierungen.
- Durchforstung des Katalogs der konkurrierenden Gesetzgebungskompetenzen (Scharpf 1999: 34).

Die Abwendung von der Politikverflechtung und die Hinwendung zum Wettbewerbsföderalismus wurde gelegentlich an die Erhaltung von weitgehender Homogenität der Lebensbedingungen gebunden gesehen. Seit der Entlarvung des «verkappten Einheitsstaats» (Abromeit 1992: 125 ff., kritisch: Schultze 1998: 210) ist diese Homogenität schon durch die Folgen der Vereinigung zunehmend erodiert. Gerade die stärker kompetitiven Föderalismen in der Schweiz und in den USA haben schon immer größere soziale Asymmetrien geduldet und zum Teil sogar erzeugt. Die Einsetzung einer «Kommission zur Modernisierung der bundesstaatlichen Ordnung» (Kombo) im Herbst 2003 folgte zwar weiterhin den parteipolitischen Erwägungen der Akteure. Aber der Verfassungskonvent wurde immerhin als Vorbild erörtert. Wenigstens wurde die Europatauglichkeit der föderalen Aufgabenverteilung zu einem wichtigen Reformpunkt (Grotz 2006: 142 f.).

Ende 2004 scheiterte die Kommission zur Modernisierung der bundesstaatlichen Ordnung, obwohl die beiden Vorsitzenden,

Müntefering und Stoiber, aufrichtig an der Reform interessiert waren. Nicht zuletzt einige Landesfürsten hatten gemauert (Renzsch 2005: 98 f.). Die damals nicht voraussehbare Große Koalition seit Ende 2005 hat trotz der Vorleistungen die Arbeit nur schleppend wieder aufgenommen und den Abschlussbericht vom Dezember 2004 als Grundlage für die Koalitionsverhandlungen akzeptiert. Als ein Ausweg erscheint einigen Analytikern eine Korrektur der falschen Weichenstellung der alten Kommission. Das Ziel der Aufgabenentflechtung sollte nicht wieder vom Kampf um «materielle Zugriffsrechte» der Länder überlagert werden (Fischer 2005). Dieses Ziel wurde freilich nicht erreicht.

Wenn man das Festhalten am Status quo ausschloss, blieben zwei Szenarien der Föderalismusreform übrig: Systemwechsel oder Strukturflexibilisierung (Schmidt 2001 a: 287 f.). Die zweite Option ist 2006 gewählt worden. An die vierzig geplante Grundgesetzänderungen werden den Flickenteppich der Verfassung noch bunter machen, um den Ländern mehr Zuständigkeiten zuzuschanzen, vom Beamtenrecht bis zum Strafvollzug. Die «Europatauglichkeit des Grundgesetzes» soll verbessert werden. Immer wieder war das Abstimmungsverhalten der Deutschen mit zahlreichen Enthaltungen zur Lachnummer in Brüssel geworden. Die Mitwirkungsrechte des Bundesrats in der Europapolitik (Art. 23) werden auf Bildung, Kultur und Medienpolitik beschränkt. Die deutschen Rechte in der EU sollen künftig einem vom Bundesrat benannten Vertreter der Länder übertragen werden.

Die Rahmengesetzgebung nach Artikel 75 GG wurde abgeschafft, die Materien wurden der konkurrierenden Gesetzgebung zugeschlagen. Bei den Gemeinschaftsaufgaben (Art. 91 a) wurde der Hochschulbau gestrichen. Die norddeutschen Länder bangen um die «excellency» ihrer Standorte. Mischfinanzierungen galten als ineffektiv, aber in der Wissenschaftsförderung entstand eine neue Gemeinschaftsaufgabe, um dem Vorwurf der Wissenschaftsorganisationen zu begegnen, der Bund könne künftig im Hochschulbereich nur noch «in Beton und nicht mehr in Köpfe» investieren. Den Ländern übertrug die Reform den Strafvollzug, das Versammlungsrecht, das Ladenschlussrecht, das Gaststättenrecht, Messen, Ausstellungen und Märkte, Teile des Wohnungswesens, den landwirtschaftlichen Grundstücksverkehr, Siedlungs- und Heimstättenwesen, Sport und Freizeit, Laufbahnrecht und Besoldung der Landesbeamten und Richter, das Hochschulrecht mit Ausnahme der Hochschulzulassung und der Abschlüsse sowie das Presserecht. Der Bund erhielt die Kompetenzen zur Abwehr von Gefahren des Terrorismus, Waffen- und Sprengstoffrecht, Versorgung der Kriegsbeschädigten, Kernenergiepolitik, Melde- und Ausweiswesen, Schutz deutschen Kulturgutes vor der Abwanderung in das Ausland. Es kamen nur Kompetenzübertragungen an die Länder in Frage, welche auch die schwächsten Einheiten wie Mecklenburg-Vorpommern nicht überforderten.

Die konkurrierende Gesetzgebung wurde beibehalten. Der Bund behielt Gesetzgebungsrechte, soweit sie zur Herstellung gleichwertiger Lebensverhältnisse und zur Wahrung der Rechts- oder Wirtschaftseinheit notwendig erscheinen. Weniger Gesetze sollen künftig zustimmungspflichtig sein. Gesetze bedürfen weiterhin der Zustimmung des Bundesrats, «wenn sie Pflichten der Länder zur Erbringung von Geldleistungen und geldwerten Sachleistungen gegenüber Dritten begründen». Der Anteil der zustimmungspflichtigen Gesetze soll von 50% bis 60% auf ca. 25% sinken (Müller 2006: 6). Der Verlust an Mitwirkungsrechten wird für die Länder ausgeglichen, da materielle Abweichungsrechte in der Raumordnung, im Naturschutz, bei der Zulassung zum Hochschulstudium und bei den Studienabschlüssen gewährt werden – eine Einladung zur Rechtszersplitterung.

Gelegentlich wurde den Akteuren der Länder bange angesichts der Folgen ihres Kompetenzzuwachses. Arme Länder fürchten Nachteile für ihre Staatsdiener, wenn sie ganz für ihre Beamten zuständig werden. Ein «Besoldungswettlauf nach unten» scheint unvermeidlich. Mecklenburg-Vorpommern stimmte daher im Bundesrat gegen die Reform, Schleswig-Holstein enthielt sich der Stimme. Rechtliche Fragmentierung und die Entstehung neuer Bürokratien werden befürchtet – eine kostenreiche Kompensation für den Verlust einiger Mitwirkungsrechte der Länder im Bundesrat. Experten einiger Länder hatten Bedenken, den Strafvollzug ganz den Ländern zu überlassen. Es wird eine Absenkung der Standards und ein Wettlauf der Länder um einen kostensparenden harten Strafvollzug befürchtet. Insofern ist der Vorwurf, die Länder strebten durch die Reform einen «Staatenbund» an, sicherlich übertrieben (Bannas 2006: 2, 2006a: 5).

Die Föderalismusreform ist zum Machtinstrument für die großen Bundesländer geworden. In der Großen Koalition regte sich Widerstand. Die «Netzwerker», ein Zusammenschluss von ca. 45 jüngeren SPD-Parlamentariern, verteidigten die egalitäre Logik des Systems: «Einen Wettbewerb zugunsten der Spitze und der reichen Länder lehnen wir strikt ab.» Das mittlere Parlamentsmanagement hatte begreifliche Vorbehalte gegenüber der Reform, weil seine Mitwirkungsmöglichkeiten auf vielen Politikfeldern reduziert wurde. Viele Ministerpräsidenten hatten ebenfalls Bedenken. Sie stellten sie aber zurück, um das Projekt nicht durch Aufschnüren des Konsens-Pakets erneut zu gefährden. Machtfragen überlagerten immer wieder die Sachfragen. Die Föderalismusreform in Deutschland bleibt also ein Dauerbrenner. Das künftige Erfordernis horizontaler Verflechtung, um die Länderkompetenzen nicht in disparaten Politikergebnissen enden zu lassen, könnte sich als noch negativer erweisen als die frühere vertikale Verflechtung, die zum Teil fortbesteht, nur hoffentlich flexibler eingesetzt werden kann.

Nicht gelöst wurden von der angeblichen Jahrhundertreform die Länderneugliederung und die Finanzverfassung, bei der es nur zu kleinen Korrekturen kam. Die Länder erhielten das Recht, den Satz für die Grunderwerbssteuer selbst zu bestimmen. Alle wichtigeren Steuerreformen bleiben auf die Zustimmung der Mehrheit der Bundesländer angewiesen. Wegweisend war lediglich der nationale Stabilitätspakt. Sanktionsmaßnahmen der EU tragen Bund und Länder künftig im Verhältnis 65:35. Die Lasten der Länder werden solidarisch nach der Einwohnerzahl verteilt. Ein Verursachungsbeitrag einzelner Länder, die sich übermäßig verschulden, zieht die Länder stärker in die Verantwortung für die Stabilitätspolitik.

b) «Wettbewerbsföderalismus» gegen «Beteiligungsföderalismus» in den Bundesstaaten der Welt

Deutschland scheint die Regel zu falsifizieren, dass bundesstaatliche Systeme die Entstehung einer exzessiven Wohlfahrtsstaatlichkeit verhindern, weil die Zahl der Veto-Spieler und Mitentscheider zu groß ist. Der duale Föderalismus der USA und der Schweiz hat somit auch ein paar Vorteile gegenüber dem Exekutivkooperationsföderalismus der Bundesrepublik und dem zentralisierten Föderalismus à la Österreich erlangt. Dennoch heißt es über den im Prinzip erfolgreichen dualen Föderalismus, er sei «de facto oft eher Modell als Wirklichkeit» (Sturm 2003: 78). Dass nur der Verbundföderalismus die Tendenz zum «*Förderalismus*» in einem «Unterstützungsverein auf Gegenseitigkeit» stärkt (Schneider 1998), ist noch nicht durch vergleichende Studien bewiesen worden. Ein *grants-in-aid*-System amerikanischen Musters produziert andere Irrationalitäten und gewährt in der Beantragungsstrategie häufig den weniger bedürftigen Einheiten Startvorteile.

Auch in etablierten Föderationen hat ein Paradigmawechsel stattgefunden. Der «Beteiligungsföderalismus» löste den Ruf nach mehr «Wettbewerbsföderalismus» aus. «Wettbewerb statt Gleichschritt» lautete die Parole. Die Nachhutgefechte der Gleichheitsbefürworter konnten die Einsicht nicht verhindern, dass jede Zunahme an Wettbewerb eo ipso auch die Asymmetrie des Systems verstärkt. Wettbewerbsföderalismus muss nicht nur mit Asymmetrien leben, sondern er setzt sie sogar voraus, um Anreizstrukturen für innovatives Verhalten zu entwickeln. Zudem gerät der Wettbewerbsföderalismus in alten Sozialstaaten rasch an Grenzen: Das Solidarsystem der Sozialversicherungssysteme kann schwerlich in gleicher Weise auf Wettbewerb umgestellt werden wie die Wirtschafts- und Strukturpolitik (Wachendorfer-Schmidt 1998: 77).

Auch in anderen Föderationen ist der «*exekutive Föderalismus*» ins Kraut geschossen (Painter 2000: 142). Deutschland hat die Politikverflechtung am weitesten getrieben, war aber nicht das einzige Land, in dem ein «*collaborative federalism*» entstand, allerdings noch ohne gesetzgeberische Basis. Als Beispiel einer pragmatischen Ad-hoc-Kooperation wurde *Kanada* zum beachteten Modell. Der kooperative Föderalismus mit der horizontalen Konsultierung, etwa in Gouverneurskonferenzen, wurde seit Langem diskutiert. Wo Verfassungsänderungen schwer erreichbar sind, liegt diese Form der Koordinierung nahe. Neueren Datums ist jedoch eine zunehmend vertikale Kooperation – vor allem zwischen den Exekutiven. Die jährlichen Konferenzen der Premierminister (APC,

Annual Premiers Conference), auf Anregung Québecs in den 1960er Jahren entstanden, wurden zunehmend wichtiger als die «First Ministers' Conference» (FMC), bei der sich die Premiers der Provinzen mit dem Premierminister Kanadas trafen. Exekutive «inter-state Verhandlungen» dominieren in Kanada über die Entscheidungen in den nationalen Institutionen. Ein kooperativer Föderalismus war ursprünglich horizontal angelegt. In Kanada war der Zentralstaat vielfach involviert, als die *«intergovernmental meetings»* sich vermehrten, wie bei den Treffen der Premierminister und der Fachminister und den Konferenzen der Beamten verschiedener Ebenen. Was egalitär angelegt schien, wurde in dem Maße asymmetrisch, wie einzelne Einheiten – wie Québec – aus vielen Programmen mit geteilten Kosten ausscherten. Ein schlechtes Beispiel verdarb gute Sitten. Auch die englischsprachigen Provinzen haben zunehmend versucht, «besondere Beziehungen» zur Zentralregierung aufzubauen, und förderten damit den asymmetrischen Föderalismus. Der Paradigmawandel hin zu einer neoliberalen Wettbewerbsideologie hat dabei vielfach Pate gestanden (Bakvis/Skogstad 2002: 9 f.). Die Zusammenarbeit kanadischer Provinzen wurde als *«federal provincial diplomacy»* eher mit dem «bargaining» in den internationalen Beziehungen verglichen als mit der Politikverflechtung des Exekutivföderalismus in den «unitarischen Bundesstaaten». Lockere Formen der Kooperation schaffen unkonventionelle Formen des Strukturwandels, wie ihn die Politikverflechtung auf dem europäischen Kontinent bisher vermissen lässt (Cameron/Simeon 2002, 2: 55, 61 ff.). In *Südafrika* hingegen kam es zu einem «co-operative government» nach deutschem Modell. In Verbindung mit der Hegemonie des ANC im Parteiensystem scheint das System jedoch weit negativere Auswirkungen für Demokratie und Konfliktmanagement zu entwickeln als in Deutschland (Simeon/Murray 2001, 4: 89).

Selbst die *Schweiz* wurde von der Kooperation erfasst, welche eine sachliche und funktionale Aufgabenteilung realisierte. Im Gegensatz zum deutschen System blieb jedoch ein größerer Grad von Autonomie auf der dezentralen Ebene erhalten (Linder 1999: 160). Die kollektive Irrationalität wirkt freilich nicht in allen Föderationen in gleicher Weise. In der Schweiz herrscht trotz der Asymmetrien der Größe und wirtschaftlichen Stärke der Kantone überall die gleiche Logik von Verhandlung und Kompromiss. Sie wird nicht durch Parteienwettbewerbslogiken durchbrochen wie in Deutschland (Armingeon 2000: 121). Die Verbundtendenzen bleiben weitgehend horizontal, wie etwa die Erziehungsdirektorenkonferenz. Politische Eliten, die permanent eine Konfliktstrategie verfolgen, werden in einem solchen System nicht belohnt. Konflikte werden auch schon dadurch gemildert, dass die Kantone – wie die amerikanischen Staaten – gewisse Ungleichheiten akzeptieren und nicht dem deutschen Phantom der «Gleichwertigkeit der Lebensverhältnisse» nachjagen. Die Mitentscheidung der Kantone ist häufig eine negative: Minderheiten können ein Gesetz per Referendum verhindern. Referenden wurden immer wieder als Möglichkeit für die numerische Mehrheit gelobt, der Falle egoistischer Entscheidungen von kantonalen Submehrheiten zu entkommen. Falls dies nicht gelingt, bleiben die Prozeduren schwerfällig. Es dauert meist zehn Jahre oder mehr, um politische Ideen in Verfassungsänderungen oder neue Gesetze umzusetzen. Gleichwohl wurde das Schweizer System als «effizient» angesehen, wenn man es nicht an den Zeiträumen der Entscheidungsfindung misst. Fleiner (Basta Fleiner 2000: 144) hat nicht ohne Seitenhieb auf die USA gelobt, dass in der Schweiz neue Regelungen nicht mit Polizeimacht durchgesetzt werden müssten. Zudem sind grundlegende Neuerungen auch in Amerika einer sogar noch schwerfälligeren Amendment-Prozedur unterworfen. Niemand hat bisher vergleichend die Durchschnittsdauer von Entscheidungsprozessen für Schlüsselentscheidungen gemessen. Aber es gibt Länderstudien. Selbst in Deutschland, wo die Mehrheiten mit Grundgesetzänderungen keineswegs immer sparsam umgingen, dauerte die Umsetzung von Innovationen aufgrund der deutschen Blockademöglichkeiten im Verbundföderalismus häufig länger als zehn Jahre (von Beyme 1997: 335). Die Zeitdimension muss komplexer eingebracht werden: Eine Verlängerung des Entscheidungsprozesses kann durch Verkürzung der Fristen bei der Implementation ausgeglichen werden.

Der «europäische Typ» in den deutschsprachigen Ländern erfordert mehr Kooperation und Verhandlungsmacht. Das Ineinandergreifen von Bundesgesetzgebung und Länderverwaltung hat die Politikverflechtung in Deutschland begünstigt. In der Föderalismustheorie überwog lange das eindimensionale Zentralisierung-Dezentralisierung-Schema. Es erwies sich einem komplexen Mehrebenensystem von Entscheidungen nicht mehr als angemessen (Scharpf u. a. 1976: 29). Parallel zur Theorie des Verhaltens von Wirtschaftsmonopolen wurde der Staat als «Leviathan» angeprangert, wenn er zu sehr zentralisierte. Selbst *«revenue sharing»* war nach Brennan und Buchanan (1980: 183) in dieser anti-monopolistischen Theorie von Übel, weil es die wichtigste Existenzgrundlage des Föderalismus, nämlich Wettbewerb zwischen verschiedenen administrativen Ebenen, ruiniere. *«Collusion»*, eine informelle Vorform der Politikverflechtung, wurde von der ökonomischen Föderalismustheorie negativ bewertet. Die Leviathan-These hat jedoch den empirischen Test anhand der amerikanischen Staaten und transnationaler Vergleiche nicht immer bestanden (Oates 1972: 7). Die verschiedenen Überprüfungen widersprachen einander, schon weil die Indikatoren für die Messung von Zentralisierung unterschiedlich ausfielen. Am Beispiel von *Indien* wurde ein plausibles Kompromiss-Theorie-Angebot entwickelt: Beide Hypothesen haben unter bestimmten Bedingungen recht. Positiver ausgedrückt: Föderalistische Dezentralisierung ist gut, aber nur unter der Bedingung, dass die Ausgaben der Territorien begrenzt bleiben (Lalvani 2002, 3: 25). Selbst in der *Schweiz* wurde moniert, dass die Kantone in ihrer Zusammenarbeit «hart an die Grenze des verfassungsrechtlich Zulässigen» gingen (Hänni 2000: 392). In guter kontinentaler römisch-rechtlicher Tradition der Juristen erschallt der Ruf, rechtliche Rahmenbedingungen für diesen Wildwuchs zu erlassen. Die angelsächsische Common-Law-Tradition Nordamerikas hingegen ist vielfach geneigt, die Kooperation dem politischen Kräftespiel im schöpferischen Halbdunkel zu überlassen.

In den stark asymmetrischen Systemen eines unvollständigen Föderalismus, wie in Spanien oder gar in Russland, überwogen in der Anfangsphase die bilateralen Verhandlungen. In *Russland* nahmen sie geradezu erpresserische Formen an, solange das Zentrum unvollständige Kontrolle über die Peripherie hatte. Erst unter Putins Föderalismusreform werden die zentrifugalen Tendenzen gebändigt (von Beyme 2000, 2001).

Spanien wurde als Modell dargestellt, das dem «dual federalism» der USA folge (Börzel 2002: 93). Ganz vergleichbar sind diese neueren Prozesse jedoch allenfalls in der Neigung zur Trennung der Kompetenzen, nicht hingegen in der Symmetrie zwischen großen und kleinen Gliedstaaten, die dem amerikanischen Modell zugrunde liegen. Selbst in den USA haben sich freilich horizontale und vertikale Kooperationsmechanismen entwickelt. In Europa ist Spanien ein Beispiel dafür, dass mit wachsender Konsolidierung des Systems wenigstens die horizontale Politikverflechtung wächst, wie etwa in den sektoralen Konferenzen. Das Verfassungsgericht Spaniens hat einige dieser Innovationen angeregt und war in diesem Punkt einflussreicher als das russische Pendant. Die Konferenzen der 17 autonomen Einheiten in Spanien sind jedoch noch keine Beschlussorgane, sondern haben eher Seminarcharakter. Die Mitwirkungsrechte der autonomen Gemeinschaften an der Willensbildung des Zentralstaats haben sich weniger in den Bahnen der verfassungsmäßig vorgesehenen Rechte entwickelt, vielleicht gerade weil sie recht rudimentär geblieben sind. Ressortkonferenzen und häufig in bilateralen Verhandlungen erzielte Abkommen sind hingegen bedeutsam und verstärken die asymmetrischen Tendenzen im Quasi-Föderalismus Spaniens. Sektoralisierung und Entparlamentarisierung der Entscheidung entwickelten sich auch in Spanien Hand in Hand (Börzel 2002: 175).

Das deutsche Modell der Politikverflechtung wurde in Spanien vielfach diskutiert und als «die am meisten perfektionierte Praxis» gewürdigt (Ministerio para las Administraciones públicas 1995: 161). Inzwischen haben sich jedoch die Mängel des «perfektionierten Systems» auch bis Spanien herumgesprochen. Vor allem bei Einigungsbedarf hinsichtlich europäischer Entscheidungen zwischen Bund und Ländern ist das deutsche Modell bis in die Terminologie einflussreich (Belege in: Börzel 2002: 127). Der Geist der regionalen Kooperation mit dem Zentralstaat folgt dem Modell des exekutiven Föderalismus, entwickelt sich jedoch überwiegend anders als in der Bundesrepublik. Spieltheoretisch sind die intergouvernementalen Verhandlungen nicht als ein Spiel der 17 plus 1 Akteure angesehen worden, sondern als Spiel von 18 separaten Akteuren (Grau i Creus 2000: 62, 73; Wendland 1998: 206). Die

Europäische Union hat den Zentralstaaten einige neue Zugriffe auf die Reservate der Regionen ermöglicht und neue Asymmetrien im Bereich von «*say and pay*» gebracht (Börzel 2002: 216). Die Gefahren der Zentralisierung sind jedoch in einem voll föderalisierten System wie Deutschland im Vergleich zu den Regionen in Spanien geringer. Die Kompensation durch Mitwirkung an zentralen Entscheidungen ist daher eine permanente Versuchung, so sehr auch der *dual federalism* mit klarer Trennung der Kompetenzen in der postmodernen Föderalismusliteratur wieder im Vormarsch zu sein scheint.

Dezentralisierte Einheitsstaaten wie Frankreich, Großbritannien, Griechenland oder Portugal blieben nicht unbeeinflusst durch die europäische Regionalpolitik, aber die Eigenständigkeit der Kooperation zwischen Regionen und der europäischen Ebene war weniger entwickelt. Im Vergleich zu Großbritannien bestand in Frankreich wenig Anreiz, die Zentrale bei der Kooperation zu umgehen. Die Tradition eines «*kooperativen Zentralismus*» durch kumulierte Mandate, durch Planungsorganisationen und durch informelle Netzwerke schuf eher eine politische Kultur, die auf Kooperation und Konsultation angelegt war. Daher ließen sich die Erfahrungen des deutschen Bundesstaates und der spanischen autonomen Regionen nicht auf dezentralisierte Einheitsstaaten anwenden. Der österreichische Föderalismus stand dem deutschen Modell näher, während sich in Belgien und Italien eher das Wettbewerbsmodell Spaniens entwickelte (Börzel 2002: 222 f.).

9) Föderalismus als Bremse oder Motor der Innovation im Bereich der Staatstätigkeiten und die Veto-Spieler im System

Ist der Föderalismus Bremse oder Förderer im Bereich der Innovationen? Ein Pionier der Föderalismusforschung im Geist eines modernistisch-rationalistischen Rational-Choice-Ansatzes wie Riker (1964) wurde eher als Kritiker denn als «cheerleader» des Föderalismus wahrgenommen (Volden 2004, 4: 106). Dieser empirisch-realistische Blick auf den Föderalismus ging nicht davon aus, dass das System in den USA gestärkt werden sollte, und sah eher die Hemmnisse bundesstaatlicher Strukturen – durch die institutionellen Möglichkeiten für konservative Minderheiten, den Fortschritt im System aufzuhalten.

Politische Systeme wie die «unitarischen Regime», die «verflochtenen Bundesstaaten» und die «dualen Bundesstaaten» wurden mit den Ideologien in Beziehung gesetzt, aus denen der Wohlfahrtsstaat entstand. Der «sozialdemokratische Typus» in Skandinavien ist nirgends mit einem Bundesstaat verbunden. In konservativeren Systemen sind zwei verflochtene Bundesstaaten wie Deutschland und Österreich und ein dualer Föderalismus mit Belgien vertreten. Das liberale Modell schließlich überwog bei dualen Bundesstaaten wie den USA, Australien, Kanada und der Schweiz. Die Devolutionssysteme, die in dieser Grobeinteilung noch unter «unitarischen Regimen» rangieren, sind entweder im konservativen Wohlfahrtstyp (Spanien, Italien) oder im liberalen Wohlfahrtstyp (Großbritannien) angesiedelt. Mit dieser Typologie wurde die historische Dimension wiederentdeckt. Sozialsysteme erwiesen sich als abhängig vom Zeitpunkt der Entstehung und von den Ideologien, die sie ermöglichten. Mit der Entdeckung der «Pfadabhängigkeit» von politischen Leistungen eines Systems wurde die historische Perspektive in der Debatte fruchtbar gemacht. Sie war nicht ohne Einfluss auf die Theoriebildung in der Föderalismusforschung, obwohl sie in die deskriptive Sozialgeschichte verwies. Die individualistische Variante erklärt die Entwicklung durch die profitierenden Akteure. Die historisch-systematische Variante analysiert die Institutionen eher unabhängig von den Handlungen der Akteure. Institutionalisierungsprozesse schaffen symbolische Deutungsmuster, welche die Handlungsweisen der Akteure vorstrukturieren und vom kurzfristigen Eigennutz lösen.

Im Sinne der «Erblasttheorien» war eine kurzatmige Suche nach Korrelationen zwischen einer «policy» und einem Set von Institutionen nicht mehr sinnvoll. Prima vista schien etwa das Ausmaß der Sozialstaatlichkeit mit dem Ausbau des Föderalismus in Beziehung zu stehen. Bei eingehender Analyse fanden sich jedoch keine simplen Gleichungen. Sozialpolitik in Deutschland war unter präföderalistischen relativ autoritären Bedingungen im Kaiserreich geschaffen worden. Ihre Entstehung hatte Auswirkungen auch auf das Funktionieren des Föderalismus. Der Einfluss des Föderalismus erscheint zudem unterschiedlich, je nachdem ob die Sozialpolitik im Anfangsstadium, auf dem Höhepunkt oder in der Phase der Reorganisation untersucht wird. Nicht nur die Staatstätigkeiten änderten sich über die Zeit, sondern auch die Institutionen (Obinger u. a. 2005: 318, 308). Reformpolitik muss vor der Institutionenreform vor allem die eigenen Deutungs- und Entscheidungsmuster überdenken.

Der Wohlfahrtsstaat schien eine Weile in die Richtung eines «sanktionierenden Föderalismus» zu drängen, der die Innovation fördert. In der neoliberalen Welle mit Rückkehr zur Angebotsökonomie ist diese Phase jedoch vielleicht schon wieder überholt. Aber es gibt zunehmend sanktionierende Eingriffe im Namen der neoliberalen Wirtschaft, etwa im «Telecommunications Act» in den USA von 1996. Er beseitigte alle legalen Schranken für Telekommunikationsdienste. Gefahren gehen heute auch von einem anscheinend menschenfreundlichen Politikfeld wie der Umweltpolitik aus – etwa, wenn der Kongress schon 1965 einheitliche Qualitätsstandards in der Wasserversorgung durchsetzte. Die Amendments zum «Safe Drinking Water Act» von 1986 haben den Kommunen harte Auflagen gemacht. Sie verursachten derartige Kosten, dass 1996 einige dieser Auflagen widerrufen werden mussten. Die drei Perioden des Föderalismus wurden in der Literatur nicht mehr verabsolutiert, weil die Zentrum-Staaten-Beziehungen zu allen Zeiten «duale», «kooperative» und «Zwangs-Elemente» enthielten (Zimmerman 2001: 29, 26 f.). Die populäre Redewendung von «sticks and carrots» – ein Äquivalent von «Zuckerbrot und Peitsche» – steht in der Föderalismusforschung für regulatorische Maßnahmen mit möglichen Sanktionen und für Anreize durch «grants». Interviewstudien unter Verwaltungsbeamten der Staaten haben in Amerika für die 1990er Jahre keine so dramatischen Veränderungen ergeben, wie die vorschnelle Konstruktion von «Revolutionen» in den Stadien der Entwicklung des Föderalismus gern unterstellt (Cho/Wright 2001: 2, 57). Kanada hat gezeigt, wie ein auf Verhandlungen angelegter Exekutivföderalismus durch unkonventionelle Formen der Kooperation den Strukturwandel vorantreiben kann, der in der deutschen Politikverflechtung nur über große Verfassungs- und Gesetzesänderungen denkbar wäre.

Die neuere wissenschaftliche Literatur legt sich nicht mehr auf ein evolutionär-fortschrittliches Modell fest und falsifiziert solche Pauschalaussagen über die generelle Überlegenheit des föderalistischen Systems in der Policy-Performanz (Keman 2000: 222). Die gute Nachricht für die Föderalismusforschung lautete, dass stark föderalisierte oder dezentralisierte Staaten «weniger Staat», mehr Wohlstand und weniger Elend produzierten. Lag das wirklich am Föderalismus, oder waren die Föderationen, die untersucht wurden, meist unter den reichen Staaten? Die schlechte Nachricht lautete, dass der Zusammenhang zwischen Dezentralisation und Wohlfahrt eine Frage des Grades darstelle. Verallgemeinerungen über die Performanz sind meist nach wenigen Jahren falsifiziert worden. Sinnvoller sind Urteile über einzelne Politikfelder. In der Inflationsbekämpfung (Lancaster/Hicks 2000) und bei der Einschränkung der Staatsverschuldung (Busch 1995, dagegen Wagschal 1996: 162) wurde ein Vorsprung föderaler Staaten vor zentralisierten Systemen festgestellt. Nicht so sehr der Bundesstaat an sich als vielmehr die jeweilige Haushaltspolitik wurde als entscheidend für die Performanz angesehen (Sturm 1989; Lane/Ersson 1996: 34; Merkel u. a. 2006: 104). Eine Studie mit sieben makroökonomischen Indikatoren in 18 OECD-Ländern von 1960 bis 1994 konstatierte Einflüsse des Faktors Föderalismus bei Einkommenstransfers und «social wage». Beim Wachstum wirkte der Faktor Föderalismus nur in Verbindung mit dem Korporatismus (Lancaster/Hicks 2000: 238). Da es unter den Nationalstaaten nur wenig vergleichbare Bundesstaaten gibt, hat sich der Vergleich der Performanz von Länderregierungen angeboten, der zugleich die Frage beantwortet: «Do parties matter»? Das Profil der Performanz von Parteien in den Ländern weicht gelegentlich stark von dem im internationalen Vergleich vermuteten Profil ab. In der Bildungspolitik der deutschen Länder hat eine neuere Studie (Wolf 2006: 220) Befunde zu Tage gefördert, die dem Image der Parteigruppierung widerspricht: Die SPD schnitt bei den Bildungsausgaben schlechter ab als unionsgeführte Länder. Zur Erklärung wird angeführt, dass die Kernanhängerschaft eher Einsatz in der Berufsausbildung erwartet und dass die deutsche Arbeiterbewegung, historisch betrachtet, Bildung nachrangig behandelte.

Wo die Korrelation zwischen den Institutionen und dem Politik-Output schwach ist, flüchtete die Forschung zur Erklärung häufig in einen Superfaktor wie *«policy style»*. Nicht nur Politikstile, die für ganze Policy-Familien gelten (wie die angelsächsischen Länder, die skandinavischen Länder oder die deutschsprachigen Länder), wurden entdeckt. Selbst in einzelnen Politikfeldern wie der Steuerpolitik wurden «Familiencluster» gesichtet. Sie waren weniger von national-kulturellen Faktoren als von Parteiideologien geprägt, die das System langfristig geformt hatten. Aber diese vorherrschenden Ideologien wurzelten ihrerseits tief in historisch gewachsenen politischen Kulturen. Eine blauäugige Reformpolitik erhielt durch solche Einsichten einen Dämpfer. *«Families of taxation»* machen es schwierig, einen historischen Pfad und seine vorherrschende Besteuerungslogik kurzfristig zu verlassen. Deutschland wurde zur christdemokratischen Familie gezählt, die einer liberal-konservativen und einer sozialdemokratischen Steuerfamilie gegenübersteht (Wagschal 2005: 418).

Diese qualitativen Begriffe, die sich in die quantitative vergleichende Politikforschung eingeschlichen haben, sind nicht weit von den *«politischen Kulturen»* angesiedelt, denen gelegentlich generell eine beharrende oder eine innovative Kraft nachgesagt wurde. Defizite der Föderalismusdiskussion in Deutschland können notfalls zu der resignativen Feststellung führen, dass diese nicht nur in den Institutionen, sondern auch «im Habitus der politischen Akteure angelegt sind» (Lhotta 1993: 123). Aber viele Länder, wie die Schweiz für die erste Tendenz oder die USA für die zweite Tendenz, haben ihr Image unter dem Druck von Krisen rasch verändert. Daher ist die Variable «Problemdruck» immer sehr gut zur Erklärung geeignet, warum auch Veto-Institutionen im Föderalismus sich unter besonderen Herausforderungen aktionsfreudig zeigten. Niemand kann freilich exakt prognostizieren, wie viel Problemdruck notwendig ist, um einen eingefahrenen Habitus der Eliten aufzubrechen. Die deutsche Einigung hat die Blockadetheorien der Politikverflechtung vorübergehend eher Lügen gestraft. Der Bund erwies sich als überraschend handlungsfähig, da die Länder

Kompetenzüberschreitungen hinnahmen, um die Kosten des Einigungsprozesses für sich zu reduzieren. Aber ein solcher «windfall profit» an Problemdruck ereignet sich nicht alle Tage.

Was hindert den Föderalismus daran, sich innovativ den Herausforderungen des dritten Jahrtausends zu stellen? Zwei verbreitete Ansätze geben die Antwort: die Veto-Spieler im System und die Erblast der Vergangenheit in politischen Regimen. Die Theorie der *Veto-Spieler* von Tsebelis (2002) hat vor allem drei Veto-Spieler in Systemen wirksam gesehen: herausgehobene Befugnisse eines Präsidenten (dies war sehr stark von den USA her gedacht), ein Zweikammersystem, das häufig der Regierung feindliche Mehrheiten aufweist, und das Parteiensystem. Verfassungsgerichte wurden nicht zum engeren Kreis der Veto-Spieler gerechnet, weil durch «Absorption» angeblich die Richter in etwa die Interessen der Partei vertreten, die sie ins Amt gebracht hat. Weder in den USA noch in Deutschland hat diese Annahme in allen Fällen zugetroffen. Der Föderalismus wurde ganz unter dem Aspekt von *«rent-seeking»* der Eigeninteressen gesehen. Dabei können Gliedstaaten aus Eigennutz gegen die Mehrheit ihrer Partei handeln. So haben Unionsparteien und rot-grüne-Koalition ihre Steuerreformen je mit «eingekauften» Ländern einer anderen Couleur durchgebracht.

Es hat sich zudem als sinnvoll erwiesen, kompetitive und *konsensuale Veto-Spieler* zu unterscheiden. Nur die *kompetitiven Veto-Spieler* entwickelten wegen ihrer grundsätzlich anderen Präferenzen eine Bremswirkung auf den Reformprozess. In einzelnen Politikfeldern ist Tsebelis nicht bestätigt worden. Je größer die Polarisierung des Parteiensystems, umso innovativer war z. B. die Steuerpolitik (Wagschal 2005: 415 ff.). Auf einzelnen Politikfeldern haben Veto Spieler wie die Präsidenten im präsidentiellen System keinen überragenden Einfluss auf das Politikergebnis entwickelt. Tsebelis' reduzierte Anzahl von Veto-Spielern war stark auf Amerika zugeschnitten und bewährte sich nicht im Kontext anderer Föderationen. Nicht die Präsidenten waren so gewichtig als Veto-Spieler, sondern die Verfassungsgerichte. Tsebelis (2002) hat als Veto-Spieler nur Akteure unterschiedlicher Parteien anerkannt. Er ging davon aus, dass die Richter am Supreme Court im Sinne der Partei entschieden, die sie ernannt hat. Das trifft auch in den USA nicht immer zu. Die These, dass Verfassungsgerichte Entscheidungen nur für nichtig erklären, aber nicht initiieren könnten (Volcansek 2001: 353), erwies sich sogar als falsch. Das deutsche Verfassungsgericht wurde zwar nicht – wie oft behauptet – zur dritten Kammer oder zu einem Ersatzgesetzgeber. Aber es hat durch Reformaufträge oder Auflagen für die Änderung von Gesetzen mit der Ermahnung zu «verfassungskonformer Interpretation» durchaus Initiativen ergriffen. Von 108 Urteilen, die von 1949 bis 1994 zu 150 Schlüsselentscheidungen in der Bundesrepublik ergingen, verlangten 17,5% diese verfassungskonforme Auslegung. Die Initiativkraft des Verfassungsgerichts liegt damit zwar unter seiner Vetotätigkeit (19,4% wurden als unvereinbar mit dem Grundgesetz und 14,8% der Schlüsselentscheidungen als «nichtig» oder «teilweise nichtig» erklärt) (von Beyme 1997: 304). Aber das Gericht zeigte in einer Minderheit der Fälle durchaus seine Fähigkeit zur Initiative.

Die sozio-ökonomische Performanz erwies sich am günstigsten bei den föderalen Staaten, die zugleich dezentralisiert waren (Keman 2000: 223). Föderalismus und Zentralismus werden nicht mehr als ontologische Einheiten gegenübergestellt, sondern sind Pole auf einer Skala von Übergängen im Dezentralisierungsgrad. Nicht nur Föderalismus-Studien sind vonnöten, sondern *«intergovernmental relations»* stehen im Fokus der neuen Forschung. Zudem sollten die territorial angelegten Entscheidungsfindungsmechanismen mit den eher auf funktionale Gruppen zugeschnittenen Kooperationsmustern verglichen werden, um dem Föderalismus keine übertriebene Wirkungsmacht zuzuschreiben. Die Performanz war auch nicht auf allen Sektoren in gleicher Weise generalisierbar. Die Inflationsbekämpfung scheint in föderalen Staaten besser zu funktionieren, weil diese die Kontrolle einer unabhängigen Bundesbank zu übertragen pflegen. Aber auch weniger dezentralisierte Systeme haben diese Lektion gelernt. Wo noch Defizite zu erkennen sind, hilft die Europäische Union auch den Zentralisten, ihre Lektion nachzuholen. Korrelationen zwischen den Institutionen im Einzelnen und dem jeweiligen Policy-Output sind eher schwach, wie man für Parteien und Parlamente zeigen konnte. Das gilt vor allem für alle Vergleiche, die allzu kurzfristig nach Einflüssen institutioneller Variablen suchen. Ohne eine institutionelle Umgebung, die den ideologischen Präferenzen der jeweiligen Regierung Handlungsspielräume eröffnet, könnten Regierungen den Status quo nicht verändern (Cusack/Fuchs in: Obinger u. a. 2003: 348).

Verallgemeinerungen über die Wirkung des Föderalismus auf den Policy-Output erwiesen sich im Vergleich als problematisch. Bundesstaaten scheinen niedrigere Inflationsraten zu besitzen. Die Do-parties-matter-Literatur aber relativiert solche Aussagen immer wieder nach den Perioden der Vorherrschaft einzelner ideologischer Parteigruppen. In den USA hat der Föderalismus zentrale Regulierungen in der Sozialpolitik weitgehend verhindert, in Kanada hat er diese eher gefördert (Wachendorfer-Schmidt 2000: 4). In der Zeit der Planungseuphorie wurde im Föderalismus häufig eine Bremse für den Fortschritt gesehen, vor allem wegen seiner Resistenz gegenüber dem Ausbau der Sozialstaatlichkeit, wie an der Schweiz und den USA demonstriert werden konnte.

Die Parteien haben bei Erwägungen des Zwangsföderalismus naturgemäß unterschiedliche Präferenzen. Die Demokraten betonten dabei vor allem die Rechte der Minderheiten und der Frauen, die Republikaner hingegen setzten gern die Zentralmacht ein, um Steuerzahler und Eigentümer besserzustellen. Deutschland hat das Vorurteil falsifiziert, der Föderalismus sei eine Bremse für sozialen Fortschritt – allerdings um den Preis, dass sein exekutiver Kooperationsföderalismus schon wieder in den Ruf eines «nicht ganz echten Föderalismus» geriet, den es schon bei den Altinstitutionalisten wie Kenneth Wheare aus Gründen seiner atypischen Bundesratskonstruktion gehabt hatte. Der Bundesrat wird inzwischen im internationalen Vergleich als gar nicht so schlechtes Modell gewertet, da er eine Balance zwischen Länderegoismus und gesamtstaatlicher Effizienz der Willensbildung im Ganzen relativ gut gewährleistet.

Der Föderalismus kann schon deshalb nicht generell als anti-innovativ gelten, weil es häufig vorkommt, dass Gliedstaaten innovative Gesetze verabschiedeten, die später vom Bund übernommen werden. Supreme Court Justice Louis Brandeis hat 1932 in einem «dissenting vote» die Staaten als «Laboratorium ... für neue soziale und wirtschaftliche Experimente» bezeichnet (New York Ice

Co. v. Liebermann, 285 U.S. 262, 311). Entgegen dem Vorurteil des Niedergangs wurden die Staaten seit den 1950er Jahren im Zuge der Ausweitung von Staatstätigkeiten eher stärker. Gouverneure haben mehr Führungskraft entwickelt. Die Verwaltung der Staaten musste man dem modernen Wohlfahrtsstaat anpassen und man überholte selbst die Verfassungen. Als Wyoming 1890 ein Staat wurde, war es der einzige Gliedstaat, in dem Frauen wählen konnten. Wyoming antizipierte das 19. Amendment, das erst 1921 in Kraft trat. Wisconsin wurde zum Pionier bei der Arbeitslosenunterstützung und Massachussetts hat zuerst Minimallöhne für Frauen eingeführt. Innovationen im Budget-System, wie das «zerobase budgeting», wurden in den Staaten vor dem Bund ausprobiert (D. Howard in: Katz/Tarr 1996: 17). Hawais Health-Care-System in den USA, das 1974 in den «Prepaid Health Care Act» mündete, oder Saskatchewans «welfare system» wurden einflussreich für die Medicare-Regelung 1971. Saskatchewan ist in Kanada in den 1960er Jahren Vorreiter für die Einrichtung einer flächendeckenden Krankenhausversorgung gewesen, eine Politik, die im «Medical Services Act» von 1966 auf ganz Kanada ausgeweitet wurde (Bakvis/Skogstad 2002: 13).

Häufiger als diese Fälle der Vorreiterrolle von Staaten zur Innovation waren jedoch die Möglichkeiten der Gliedeinheiten, hinter dem Innovationsgrad einer gesamtstaatlichen Regelung zurückzubleiben, und sei es nur durch Obstruktion auf der Ebene der Implementation. Schon Madison hatte im «Federalist X» die Tyrannei der kleinen Staaten beklagt, weil sich in ihnen zu große Mehrheiten und «factions» bildeten, die zum Missmanagement führen mussten. Föderalismus galt nicht nur als Bremse für eine Entwicklung zu mehr Gleichheit. Er schien auch den Weg zu mehr Freiheit zu versperren. «Coercive» oder «regulatory federalism» schien daher unerlässlich, um die amerikanischen Staaten von der *grass roots tyranny* traditionaler lokaler Eliten zu befreien. Selbst bei der Bekämpfung der Kriminalität schien der *coercive federalism* gefordert, nachdem 65% der «federal prisoners» und 64% der «state prisoners» Schwarze oder Hispanics waren (Kincaid 2001, 3: 68 f.). Paradebeispiel für solche Forderungen ist meist die Todesstrafe. Es wird zunehmend gefragt, ob man konservative Staaten wie Texas

(176 Hinrichtungen), Virginia (50), Florida (43) oder Louisiana (32) nicht daran hindern müsste, bei den Exekutionen überproportional aktiv zu sein (Daten für 1976–1998 in: Death Penalty Information Center, Los Angeles Times 31. Mai 1998: A7).

10) Die Europäische Union, der Föderalismus und die Regionen

Die Europäische Union ist in Bundesstaaten zur «offenen Flanke des Föderalismus» geworden, da nach Art. 24,1 GG Hoheitsrechte auf die europäischen Institutionen übertragen werden können (Bundesrat 1988: 377). Im Rahmen des Maastrichter Vertrages erhielt die EU neue Kompetenzen in Bildung, Forschung und Kultur, die das Herzstück der Länderkompetenzen im Bundesstaat darstellen (Mielke/Reutter 2004: 24). Der Einfluss der EU auf die Föderalisierung der Systeme ist selten systematisch untersucht worden. Ein Vergleich von Deutschland, Österreich, Italien und Großbritannien zeigte, dass bei den «Europäisierungsmustern» die von Rational-Choice-Theoretikern weitgehend geleugneten grundlegenden Differenzen zwischen föderalen und unitarischen Staaten einen wichtigen Unterschied ausmachten. Aber die Kontextbedingung «Föderalismus» wies kein durchgängiges Muster auf, und auch in Bundesstaaten waren die historischen Strukturtraditionen der jeweiligen Staaten entscheidend. Die europäischen Bezüge blieben punktuell ausgerichtet – mit einer gewissen Ausnahme in Österreich, dessen Reformen durch den EU-Beitritt angestoßen wurden. Ausländische Modelle spielten eine vergleichsweise geringe Rolle in den Reformprozessen (Grotz 2006: 360 ff.).

Die Flucht in den Terminus «Subsidiarität» in der EU, um die Empfindlichkeiten Großbritanniens und Frankreichs zu schonen, hat das Dilemma nicht verkleinert. Das terminologische Ausweichmanöver zeigt, dass die Postmoderne gegenüber den prämodernen Elementen föderalen Denkens wieder toleranter geworden ist. Ein Begriff, der aus der katholischen Soziallehre stammt und für funktionale Gruppierungen gedacht war, wurde territorialisiert, ohne den semantischen Konflikt der Interpretation zu beenden. Das Europäische Parlament hat einmal lapidar festgestellt, dass Subsidiarität im

Zweifel auf «Föderalismus» hinauslaufe: «Die Föderalisierung der Ausübung dieser bereits auf der Gemeinschaftsebene bestehenden Befugnisse wäre eine erste Antwort auf die Frage nach der Achtung des Grundsatzes der Subsidiarität, die somit eng mit der Beseitigung des Demokratiedefizits verbunden ist» (EP-Doc. DE/PR/91692:6). Subsidiarität wurde für die Souveränitätsinteressen einiger Länder ohne föderalistische Traditionen instrumentalisiert. Sie wurde nicht nur als Schranke gegen den Föderalismus konzipiert, sondern auch als Barriere gegen die Demokratisierung, weil sie der Union nur in wenigen klar umrissenen Fällen den legislatorischen Durchgriff auf alle Teile gestatten will. In diesem Sinne lautete Artikel 9 des Entwurfs zum «Vertrag über eine Verfassung für Europa» (2003: 15): «Für die Abgrenzung der Zuständigkeiten der Union gilt der Grundsatz der begrenzten Einzelermächtigung. Für die Ausübung der Zuständigkeiten der Union gelten die Grundsätze der Subsidiarität und der Verhältnismäßigkeit». Außenminister Fischers Plädoyer für eine europäische Verfassung wurde relativ positiv aufgenommen, bis man die möglichen Folgen erkannte: «Europäische Föderation, jetzt ist es raus, das Wort … Mit einem einzigen Wort hat der deutsche Außenminister in Frankreich Feuer an die Regierungsmehrheit gelegt» (Le Monde, 13. Mai 2000). Eine empirische Untersuchung über die institutionellen Präferenzen der deutschen Mitglieder des Verfassungskonvents ergab, dass alle deutschen Abgeordneten quer durch die Parteien ein föderalistisches Modell anstrebten, auch wenn sie Abstriche vom deutschen Modell zugunsten eines andersartigen Institutionengeflechts machten (Dräger 2006: 112). Die deutsche Konzeption aber ist ganz sicher fern davon, die Mehrheitsmeinung im Verfassungsprozess Europas zu werden. In diesem Punkt hört vor allem die neugewonnene «Erbfreundschaft» mit Frankreich auf, wie das Pariser Presseecho auf Fischers Vorstoß zeigte. Chevènement und andere Politiker befürchteten, dass Deutschland seinen Föderalismusbegriff an Europa herantrage, der von einem deutschen Nationsbegriff ausgehe (zit. Marhold 2001: 435). In Polen hatte der Begriff «Subsidiarität» immerhin katholische Resonanz. Artikel 3 der Verfassung von 1997 stellte fest, dass die Republik Polen ein «einheitlicher Staat» sei. Der Artikel wurde so ausgelegt, dass die Wojwodschaften keinerlei Merkmale besitzen, die für einen Bundesstaat oder einen Staat, in dem autonome Regionen vorkommen, charakteristisch sind. Damit ist klargestellt, dass Subsidiarität – wie in Frankreich – vor allem als Sperre gegen den Föderalismus gedacht wurde (Garsztecki 2003: 296). Dennoch sind die Wissenschaftler einig, dass der Verfassungsvertrag im Vergleich zum Nizza-Vertrag Schritte in Richtung Föderalismus enthält (Follesdal 2005: 572). Es wird darauf ankommen, sie so zu camouflieren, dass die Akzeptanz der Nationalstaaten nicht beeinträchtigt wird.

Die Fortentwicklung der EU zu einem föderalistischen System wurde vor allem von den Wissenschaftlern für unwahrscheinlich gehalten, welche die Wohlfahrtsstaatlichkeit als Zentrale der Legitimierung von politischen Institutionen ansahen. Die EU-Forschung hat seit Langem bemängelt, dass es in diesem wichtigen Bereich allenfalls zu regulatorischer Politik kommt, nicht jedoch zu einer inhaltlichen Vereinheitlichung sozialer Standards in Europa (Majone 1994, 2005). Anhand von Erfahrungen des Schweizer und des US-Föderalismus wurden «regulative Beipass-Strategien» empfohlen, welche die Blockade der Institutionen überspielen helfen könnten. Der europäische Wohlfahrtsstaat befindet sich nach Ansicht einer neuen Studie (Obinger u. a. 2005, dt. Kurzfassung 2005: 506) in einer Entwicklungsfalle. Auch diese Autoren sehen nur die Möglichkeit, durch Beipass-Strategien und offene Methoden der Koordinierung die Rechts- und Politikentwicklung in Europa voranzutreiben.

Immer wieder wird das Bonmot des alten Monnet zitiert, dass er das nächste Mal bei seinen europäischen Integrationsbemühungen mit der Kultur beginnen würde. Hier aber sind die Hürden für eine föderalistische Balance zwischen Zentralisierung und Dezentralisation noch weit größer als im Bereich der Wohlfahrtspolitik. Die EU hat sich im Entwurf für eine «Verfassung für Europa» (Art. 3.3) verpflichtet: «Die Union wahrt den Reichtum der kulturellen und sprachlichen Vielfalt und sorgt für den Schutz und die Entwicklung des kulturellen Erbes». Damit sind der Union enge Grenzen für Interventionen in der Kulturpolitik gesetzt. Die deutsche Föderalismusreform hat die Mitwirkungsrechte des Bundesrats nach Art. 23 GG reduziert. Aber sie bleiben in der Bildungs-, Kultur-

und Medienpolitik erhalten – Bereiche, in denen die Länder 2006 in ihren Kompetenzen gestärkt worden sind.

Die kulturellen und sprachlichen Programme, die seit den 1990er Jahren von der EU entwickelt worden sind, wie «Kaleidoskop» (Förderung der Kunstproduktion), «Ariane» (Förderung der Buchproduktion) oder «Raphael» (Unterstützung nationaler Förderprogramme), sind Interventionen zugunsten der Vielfalt (Kultur 2000). Die eingesetzten Summen (167 Mio. Euro für 2000–2004) waren freilich eher bescheiden. Das Erasmus-Programm und die Übersetzungsförderung sind explizit gegen die Idee einer «lingua franca» gerichtet. Die Preisbindung von Büchern wurde gegen den neoliberalen Druck aus Amerika noch zugelassen, um kleine Sprachen und Kulturen zu schützen. Die UNESCO hat gegen die USA und Israel diesem Prinzip 2005 zugestimmt (Kulturnische 2005: 39). Generell galt der Grundsatz, dass Kulturprotektionismus zulässig ist, wenn er keine wirtschaftlichen Interessen berührt. Der Europäische Gerichtshof hat daher etwa der irischen Regierung im Fall der Niederländerin Groener, die in Dublin auf Englisch lehrte, erlaubt, irische Sprachkenntnisse als Voraussetzung einer Festanstellung zu verlangen. Solche Einzelfälle haben keine weitreichenden wirtschaftlichen Auswirkungen und scheinen daher akzeptabel. Zwischen einer starren nationalen Identitätslogik und der postmodernen Beliebigkeit von Netzwerkvorstellungen scheint das föderale Modell Freiräume für Autonomie zu bieten. Auf europäischer Ebene wurde die Auflösung des souveränen Nationalstaats verlangt, nicht aber die Auflösung des Staates schlechthin (H. Dumont in: Dewandre/Lenoble 1994: 139). Auf europäischer Ebene ist allenfalls eine verfassungspatriotische Einheit zu erreichen. Die lebensweltlichen Traditionen der Europäer, auch wenn sie noch dem traditionalen Identitätsverständnis anhängen, können dabei toleriert werden. Der Verzicht auf die dezentralen kulturellen Identitäten würde erhebliche Gefahren einer formalistischen Bürokratie in Europa mit sich bringen. Nationalistische und regionalistische Gegenbewegungen einer übersteigerten traditionalistischen Identitätspolitik könnten die Folge sein.

Resumee: Integrationskraft vs. Effizienz im Föderalismus – ein Lob des asymmetrischen Föderalismus

1) Vom Reißbrettföderalismus zu den Stückwerktheorien

Die Welle der neuen Demokratien nach dem Zusammenbruch des Kommunismus hat unseren Blick dafür geschärft, dass zwischen den Prinzipien Demokratie und Rechtsstaat keine völlige Harmonie herrscht, obwohl beide Bereiche aufeinander bezogen sind. Der Föderalismus gehört zu beiden Bereichen: universaler demokratischer Partizipation und rechtsstaatlicher Sicherung von speziellen Rechten. Der Föderalismus spielt freilich bei der Konstruktion von Transformationsindizes kaum eine Rolle (Bertelsmann Transformation Index 2006: 76). Die defekten Demokratien zeigten größere Defizite im Bereich Rechtsstaat als auf dem Gebiet der demokratischen Partizipation. Wo ein gewisser Föderalismus herrscht wie in Russland, stärkt dieser freilich nicht notwendigerweise die Demokratie (vgl. von Beyme 2001: 96 ff.).

Föderalismus ist die prekäre Balance zwischen «geteilter Herrschaft» und «self-rule» (Elazar 1994: XV). Diese allgemeine Formel musste angesichts der Varianten typologisch ausdifferenziert werden. Es gibt keine akzeptierte Theorie des Föderalismus (Duchacek 1970: 189), und es herrscht nicht einmal Einigkeit, was unter Föderalismus subsumiert werden soll. Der herkömmliche Föderalismus wird durch neue ethnische und regionale Bewegungen verunsichert. Die Föderalismusforschung hat die postmoderne Identitätspolitik neuer Einheiten und die Asymmetrien im System meist als Störung empfunden. Sie hat sich zunehmend in Lager gespalten. Ansätze eines aufgeklärten Neo-Institutionalismus, herkömmliche rechtliche Untersuchungen, ökonomisch orientierte Rational-Choice-Ansätze, die strikt von Individuen ausgehen, oder normative Ansätze stehen nebeneinander. Sie nehmen einander nur gelegentlich zur Kenntnis. Rechtliche Ansätze haben drei gute Voraussetzungen, beachtet zu werden: einmal zitieren sie gewohnheitsmäßig flächendeckend und rezipieren sozialwissenschaftliche Forschungen eher, als dass Sozialwissenschaftler sich mit juristischen Studien befassen. Zweitens haben sie in der vergleichenden Forschung weniger Probleme mit der Fülle von Asymmetrien, sofern sie sich rechtlich regeln lassen. Sie haben drittens für ihre Orientierung den Vorteil, Halt in einer «herrschenden Lehre» und in der vorherrschenden Rechtsprechung zu finden. Für Synergien mit den Sozialwissenschaften wird das durch den Nachteil erkauft, dass sie manches als «abwegig» zitieren, wenn Sozialwissenschaftler sich in der Reformpolitik allzu weit vom Status quo entfernen. Die staatsrechtliche Literatur dominierte in der Frühzeit. Sie blieb rein institutionell. Staatsgewalt auf zwei Ebenen, die verbindliche Entscheidungen trifft, geteilte Kompetenzen und eine Repräsentation der Gliedstaaten im Zentralparlament waren die Minimaldefinition.

Es gibt keine «general theory» des Föderalismus, aber eine Fülle von Detailtheorien. Angesichts der stark divergierenden Befunde erschwert die vergleichende Föderalismusforschung die Bildung einer Theorie. Sie wirkt aber ganz im Sinne von Popper, weil sie unaufhörlich Partialtheorien falsifiziert oder relativiert. Dies zeigte sich etwa an Theorien der «Pfadabhängigkeit» oder der «Politikverflechtung». Durch Problemdruck, Lernerfolge nationaler Eliten, «Beipass-Strategien» in der Gesetzgebung oder den Gang auf «Schleichwegen» (Héritier) der informellen Konsultationen sind Innovationen gegen die Vermutung einer totalen Immobilität des Systems immer wieder erfolgreich durchgesetzt worden.

Das Pathos der Propaganda für den Föderalismus im Namen einer höheren Effizienz ging verloren. Neuere Studien fragten bescheidener, bis zu welchem Grad der Föderalismus funktional sei. Nur normative Ansätze beschworen weiterhin die mythischen Ursprünge des Föderalismus aus dem biblischen «Bundesmythos» (Görner 1996:5; Elazar 1998) und hofften gleichsam auf Gottes Segen für das irdische Wohlergehen. In der Würdigung des vierbändigen Vermächtnisses von Elazar (1998) wird nach der Prognose seiner Bewunderer im Redaktionsteam der Zeitschrift «Publius, The Journal of Federalism» der religöse Normativismus Elazars die Entwicklung kaum aufhalten: «I see no evidence that the kind of theorizing done in his four volumes will limit the rush to statism or even find unqualified support in the journal he founded» (Horowitz 2001: 6). Aber die normativen Beschwörungen sind gegen die Einseitigkeiten einer rational-choice-geleiteten Föderalismusforschung, die nur die Effizienz auf bestimmten Politikfeldern misst, noch immer nützlich. Die integrative Kraft des Föderalismus wird gerade in Ländern wie Deutschland gelobt, dafür müssen gewisse Abstriche bei der Effizienz in Kauf genommen werden.

Föderalismus erscheint in den meisten Darstellungen als eine «objektive Gegebenheit» im Bereich der Institutionen. Identität ist in erster Linie ein «subjektiver Faktor», der ständig hergestellt werden muss. Identitätspolitik als bloßer Terminus zeigt, dass die Identität nicht einfach objektiv aus dem Reich der sozialen Realität abrufbar ist. Sie kann zwar nicht willkürlich ohne Verankerung in der sozialen Realität konstruiert werden. Aber die Konstruktion muss durch Identitätspolitik kollektiv verbindlich gemacht werden. Die politische Soziologie war nach dem Zweiten Weltkrieg äußerst skeptisch, dass der Nationalstaat (oder der Subnationalstaat) dies leisten könne. Parsons hatte bereits die These vertreten, in der modernen Gesellschaft sei nur noch *Systemintegration* möglich, nachdem die Teilsysteme füreinander Umwelten darstellen, mit denen allenfalls rational kommuniziert werden könne. Aber eine *Sozialintegration* hielt er nicht mehr für erreichbar. Luhmann (1975) hat angesichts der Herausbildung einer «*Weltgesellschaft*» selbst diese Antithese über Bord geworfen. Die Subsysteme könnten einander nur noch beobachten. Aber auch die Gegner der konservativen Systemtheorien, welche die «*Lebenswelt*» nicht ganz vom «*System*» absorbiert sahen, wie Habermas (1976: 111), hielten kollektive Identität nur in reflexiver Gestalt für möglich. Ein Bewusstsein allgemeiner und gleicher Chancen in einem kontinuierlichen Lernprozess sollte zu einer «*vernünftigen Identität*» führen. Die Antipoden der Theoriebildung konnten sich damals noch auf das Passepartout «Lernprozesse» einigen. Der Nationalstaat konnte für beide diese Lernprozesse nicht mehr dirigieren.

Solche warnenden Stimmen haben die etablierten Nationen nicht daran gehindert, durch Sozialisation, Kulturpolitik und symbolische Politik bis zum Flaggen- und Hymnenkult die Identitätsgefühle der Bürger zu fördern. Nur in Zeiten der Krise müssen so törichte Kampagnen angezettelt werden wie «Du bist Deutschland». Eine Nation, die sich von Null-Bock-auf-Nation-Parolen ihrer Jugend verunsichern lässt, sollte zur Kenntnis nehmen, dass die gleiche Jugend fast hysterisch nationalistisch reagiert, wenn eine gegnerische Mannschaft sich dem deutschen Strafraum nähert. Herkömmliches Nationalgefühl erscheint als das «Selbstverständliche», das einer Politik der Identität nicht bedarf. Identitätspolitik wird aber bestandsentscheidend bei nationalen Minderheiten oder Nationalitäten, die das Nation-building noch vor sich zu haben glauben. Das Sub-nation-building, das vor allem im Devolutionsföderalismus stattfand, kämpfte mit dem Vorurteil, dass der in den verfassungsmäßigen «Reißbrett-Föderalismus» eingebettete gesamtstaatliche Nationalismus «das Rationale» sei, während die neue Identitätspolitik von unten «das Irrationale» vertrete. Bei den Prätendenten der Nationalstaatlichkeit ist die Identitätssuche häufig «eine Sehnsuchtsparole und eine Verlustanzeige zugleich» (Burger 1992: 11).

Der klassische Vereinigungsföderalismus, der aus einst souveränen Territorien entstand, war rechtlich auf Symmetrie geeicht, um die soziale Asymmetrie der Staaten zu schützen. Er legte Wert auf duale Strukturen und klare Trennungen der Kompetenzen. Selbst in der multisprachlichen Schweiz war der Föderalismus nicht Vehikel der Anerkennungspolitik von Ethnien. Religionsunterschiede und Stadt-Land-Differenzen spielten anfangs eine größere Rolle. Aber auch die Schweiz blieb keine föderalistische Insel der Seligen. Konflikte von Sprachgruppen brachen auf, Migration verschob die Gewichte der ethnischen Zusammensetzung. Der symmetrische Föderalismus konnte diese Probleme nicht lösen. Der Vereinigungsföderalismus nähert sich dem Differenzierungsföderalismus an. Kanada, Belgien, Spanien, Italien, Großbritannien, Indien oder Südafrika können mit den Instrumentarien des symmetrischen Föderalismus ihre Probleme nicht mehr bewältigen (Kap. II.1).

Parallel zu dieser Differenzierung gibt es in ethnisch relativ homogenen Ländern wie Deutschland oder Österreich eine Unitarisierungstendenz. Der Wohlfahrtsstaat wurde nach 1945 in Systemen mit schwachem nationalen Identitätsgefühl eine Art Ersatzidentität. In den fetten Jahren konnte man sich den Luxus immobiler Züge des Föderalismus leisten. Sowie der Sozialstaat im Zeitalter leerer Kassen bedroht ist, haben viele Bürger in ethnisch homogenen Bundesstaaten mehr Interesse an der wirtschaftlichen Wohlfahrt als an den Institutionen, welche die regionale Identität bewahren helfen. Die Bürger akzeptieren dabei mehr Asymmetrie als in jener Ära, als die «*Gleichwertigkeit der Lebensverhältnisse*» von den Verfassungspatrioten wie eine Monstranz umhergetragen wurde. Die Akteure sind gespalten: Die armen Territorien rufen nach einem Bonus für die Herstellung von Gleichheit, die reichen wollen keinen Malus mehr ertragen. Ihr Reichtum – so glauben sie – ist ja nicht gottgegeben, sondern durch gutes Wirtschaften erarbeitet. Das hindert im Zeitalter der Dezentralisation ein reiches Land wie Schweden nicht, weiter mit Inbrunst seine Nationalhymne über das «arme Schweden» (fattiga Sverige) zu singen (Kap. II.8).

Der Föderalismus erfuhr seit den 1980er Jahren eine starke Ausweitung des Konzepts. Quasi-föderale Systeme wie Belgien und Spanien wurden unter den Begriff subsumiert. Föderalismus wurde nicht mehr nur deskriptiv als Institutionengebilde verstanden. Föderalismus wurde zum normativen Konzept und «federation» stand in der angelsächsischen Literatur oft für die deskriptive Seite jener 23 Bundesstaaten, die gegen Ende des 20. Jahrhunderts gezählt worden sind (Watts 1998: 121). Föderalismus wurde zum Oberbegriff für viele Unterbegriffe wie Föderationen, Konföderationen, assoziierte Staaten, Unionen, Ligen, Kondominium, Regionalisierung und verfassungsmäßig garantierte «home rule». Während die jahrzehntelange Debatte um den «echten Parlamentarismus» (den britischen) und den «unechten Parlamentarismus» (den französischen) als unzulässiger Essentialismus zu den Akten gelegt wurde (vgl. von Beyme 1973: 314), starb der Abgrenzungsversuch eines «*echten Föderalismus*» von einem «*unechten Föderalismus*» nicht aus (Abromeit 1992: 14 f.). Die neun Minimalkriterien des «echten Föderalismus» sind durchaus akzeptabel, um Bundesstaaten von bloßen «Devolutionsstaaten» zu unterscheiden. Dennoch ist die «Echtheitsdebatte» seit Wheare (1946) nicht mehr angebracht, und der Terminus sollte durch neutralere Bezeichnungen ersetzt werden. «Bloße Devolutionsstaaten» ist ein vielfach herabsetzender Terminus in der Literatur. Es sieht jedoch so aus, als ob Devolution bald zum Oberbegriff werden könnte. Vorboten sind Buchtitel wie «Vom Föderalismus zur Devolution» (Conlan 1998). Angesichts der Dezentralisierung von unitarischen Staaten und der Unitarisierung von föderalen Systemen könnte der Föderalismus irgendwann zum Sonderfall der Devolution werden. Symmetrische Vorstellungen des Alt-Föderalismus oder wohlmeinende Konzepte der *consociational democracy* erscheinen unanwendbar, wenn ein regionaler Konflikt in die Phase der Violenz getreten ist. Zur Konkordanzdemokratie gehören Eliten, die für die vertretenen Gruppen kohärent handeln können (Waldman 1989: 364). Genau dies fehlt bei den meisten regionalen Eliten der Devolutionssysteme (Kap. II.1.d). Die Tendenz zum Multiparteiensystem auch in Territorien ethnischer Minderheiten hat die alte Hegemonialposition erodieren lassen, die einst der PNV im Baskenland hatte und welche die Schwedische Volkspartei in Finnland oder die Südtiroler Volkspartei in Italien bis zu einem gewissen Grad noch immer besitzen. Diese Hegemonie erodiert in dem Maße, in dem ethnische Minderheiten zu violenten Mitteln greifen (Kap. II.2.b). Identitätspolitik, Subsidiaritätsprinzip und die Ausdifferenzierung der Föderalismen in der Welt treiben die Asymmetrisierung des Föderalismus in der postmodernen globalisierten Welt voran. «Nichtzentralisierung», «Dezentralisierung», «Devolution», «Regionalisierung» wurden zu den Grundbegriffen der jüngsten Debatten. Die Konzentration auf die «territorialen Regime» sprengte die alte Dichotomie von Föderalismus und Einheitsstaat.

2) Effizienz vs. Integrationskraft des Föderalismus

Woher weiß man etwas über den Einfluss des Föderalismus auf die Effizienz des Systems? Die ökonomisch orientierte Rational-Choice-Forschung muss für ihr rationales Design die Spärlichkeit der Fälle in Kauf nehmen: Immer wieder werden sechs Systeme behandelt, von denen Kanada reichlich atypisch und Österreich nicht hinreichend föderalistisch erscheint (vgl. Obinger u. a. 2005). Belgien, Spanien, die Devolutionssysteme oder gar Indien werden allenfalls dann verglichen, wenn die Typenbildung auch die unitarischen Regime umfasst. Probleme der Identitätspolitik werden nur einbezogen, wenn sie sich verallgemeinern lassen. Das Regionalgefühl eines Flamen in Belgien ist jedoch – trotz vergleichender Umfragen – kaum mit dem Regionalgefühl eines Nordrhein-Westfalen zu vergleichen, obwohl beide dicht nebeneinander wohnen und überwiegend die gleichen Werte im Bereich eines «Verfassungspatriotismus» teilen. Ethnische Identität schafft diese Differenz. Die vergleichende Föderalismusforschung spürt die Krise. Sie plädierte bereits für vergleichende Fallstudien statt der am stärksten Prestige versprechenden quantitativen Ansätzen der vergleichenden Staatstätigkeitsforschung (Benz 2002: 44).

«Opas Politikwissenschaft» wurde für tot erklärt. Der «paläo-institutionelle Ansatz», der Formen des Regierens wie unveränderliche Spezies gewachsener Pflanzen in einer politologischen Botanisiertrommel sammelte, wurde aufgegeben. Bundesstaat oder Konföderation war die älteste Dichotomie der Föderalismustheorie. Neuere Mischtypen wie Belgien kombinierten jedoch förderale und konföderale Elemente mit Relikten eines Einheitsstaates (Alen 1995: 46). Für Russland unter Jelzin konnte Ähnliches gelten, nicht zu reden von losen Mischformen zwischen Föderation und Konföderation, wie sie unter amerikanischem Protektorat in Mikronesien entstanden. Hier wird allenfalls «state-building» verwirklicht, da ein «Nation-building» bei vielen unterschiedlichen Stammesgesellschaften noch nicht möglich erscheint (Döring 2006: 3 ff.). Besonderheiten auf der Ebene von «politics» und «polity» werden zunehmend mit der Effizienz im Bereich der «policies» zusammengesehen. *Polity* – das Verfassungssystem – und *politics,* das institutionelle Entscheidungssystem, sind nicht irrelevant geworden. Aber sie werden nach ihrem Nutzen für die Wohlfahrt der Bürger befragt. Diese schlägt sich in *policies* im Entscheidungsoutput des Systems nieder. Der gesellschaftsbasierte Föderalismus geriet nicht zuletzt durch den Wohlfahrtsstaat in die Defensive. Zunehmend sind Zweifel an nachweisbaren eindeutigen Einflüssen föderaler Strukturen auf den Policy-Output laut geworden. Dass bundesstaatliche Strukturen solche Einflüsse haben, wird nicht bestritten. Aber der Föderalismus wirkt allenfalls als intervenierende Variable. Es wird neuerdings eher die Gesamtheit der Konfiguration gewürdigt. Diese schließt das Regierungssystem (parlamentarisch, semi-präsidentiell und präsidentiell) ebenso ein wie Verwaltungstraditionen, politische Ideologien, Interessengruppen und Parteiensysteme.

Die Einsichten der Policy-Forschung seit Theodore Lowis Übertreibung *«policy determines politics»* ging nicht spurlos an der Föderalismusforschung vorüber. Den Ausdruck «determiniert» hat Lowi später abgemildert. Im Prozess der Entscheidungsfindung wurde auch in der Parlamentarismusforschung klar, dass keine magische Einheit wie «der Gesetzgeber» die Schlüsselentscheidungen als Ganzes determiniert. Je nach Politikfeld gab es unterschiedliche Konstellationen der Teilnahme im «ungemütlichen Fünfeck» von parlamentarischen Eliten, Verwaltungsbeamten, Ländervertretern, Interessengruppen und Verfassungsgerichtsbarkeit (von Beyme 1997: 219 ff., 358 ff.). Ähnlich wurde mit Recht in der Föderalismusforschung zugespitzt: «das Politikfeld definiert, zu welchen intergouvernementalen Beziehungen es kommt (Braun 2000, 2002 a: 105). Von den Politikfeldern sind einige *raumbezogen,* wie Umwelt, Regionalpolitik, Landwirtschaft, Industrie, Wohnungsbau und Verkehrspolitik, andere nicht raumbezogen wie Außen- und Verteidigungspolitik. Wieder andere sind eher *identitätsbezogen,* wie Kultur- und Bildungspolitik. Die Dichotomie dieser Analyse «Föderalismus und Identitätspolitik» schlägt sich auch in den Politikfeldern nieder. Aber es erwies sich als schwierig, die Wirkung des Föderalismus in einzelnen Feldern eindeutig zu evaluieren. Für Kanada zeigte sich, dass der Föderalismus je nach Entscheidung innovativ oder für Innovationen hinderlich gewirkt hat (Kap. II.9).

Die Einschätzung des Föderalismus hat nach dem Zweiten Weltkrieg in relativ kurzen Zyklen geschwankt. Nach der Erfahrung der Diktaturen schien das System als Instrument im Kampf gegen Machtmissbrauch «fortschrittlich». Identitätspolitik hingegen war politisch durch Kollaboration mit rechten Diktaturen zum Teil diskreditiert. Die Dominanz amerikanischer Werte führte dazu, dass die Betonung der Minderheitenrechte im gescheiterten Völkerbund durch eine Herausstellung der universellen Menschenrechte ersetzt wurde (Kap. II.1.b). Die Gewichte solcher Einschätzungen sollten sich binnen zwanzig Jahren verschieben. In der Ära des weltweiten Protests der späten 1960er Jahre galt der Föderalismus im Zeitalter einer partizipativen Demokratie eher als archaisches System, das den Fortschritt hemmte. Die Identitätspolitik hingegen wurde aufgewertet, vor allem dort, wo man einen ethnischen Protest zugleich als Klassenprotest werten konnte. Der einst überwiegend marxistische Widerstand gegen die imperialen Nationalstaaten hat den Föderalismus mit Marx und Lenin allenfalls in multinationalen Systemen akzeptiert. Die Bewegung mündete meist in einen libertären Radikalismus und seine Wortführer fanden vielfach bei den ökologischen Parteien eine Heimat. Kaum hatten sich die Protestbewegungen im Parteiensystem – überwiegend als ökologische Parteien – etabliert und in Gliedstaaten von Föderationen und in Regionen von dezentralisierten Zentralstaaten ihre ersten Wahlerfolge erzielt, wandelte sich das Bild des Föderalismus. Im Zeitalter der Postmoderne wurde die rational zu erfassende Fortschrittlichkeit nicht mehr nur ökonomisch gemessen.

Identitätspolitik hat das Image des Föderalismus verbessert und den Föderalismus wieder als fortschrittliches System erscheinen lassen. Durch die Vorbildfunktion des Föderalismus für die europäische Einigung seit Bowie und Friedrich (1964) wurde Bundesstaatlichkeit auch von den etablierten Parteien zunehmend wieder ernst genommen. Der Föderalismus erschien nun als die «natürlichste» Form des Staates, denn sein bestimmendes Charakteristikum ist die Bereitwilligkeit, jedem Ort und jeder Region genügend Autorität und Macht zu lassen, um die eigenen Angelegenheiten zu regeln, während gleichzeitig das Zentrum nur über so viel Autorität und Macht verfügt, dass es die Angelegenheiten von allgemeinem Interesse regeln kann. Dieser Triumph hatte seinen Preis. Die föderative Verfassungsform, die so «natürlich» wirkt, ist zugleich die komplexeste und anspruchvollste aller Regierungssysteme. Das prekäre Gleichgewicht zwischen wenigstens zwei

Loyalitäten der Bürger – zur Region oder zum Mitgliedsland in einer Föderation oder der Nation – erfordert erhöhte Wachsamkeit, und diese wird am effektivsten durch ein Verfassungsgericht ausgeübt (Kap. I.5).

Wichtiger als die territoriale Abgrenzung aber scheinen sowohl die Verwirklichung eines Minimums an Zivilgesellschaft als auch der generellen Respektierung von Minderheitenrechten. Die Migrationen im Zeitalter der Globalisierung werden solche künstlich stabilisierten Grenzen zunehmend aushöhlen. Im Zeitalter der Globalisierung und Europäisierung kann der Nationalstaat zunehmend weniger für die nationale und ethnische Homogenität der Bürger tun. Erziehung und Kultur sind internationalen Medien ausgesetzt. Schulen – oder die Armee im Zeitalter der Berufsheere – dienen nicht mehr im gleichen Maß als Sozialisationsagenturen nationaler Identität wie in der Zeit der klassischen Moderne. Zudem führt die Globalisierung zum Zweifrontenkrieg, weil die Schwäche des Nationalstaats die regionalen Identitäten als wirkungsvollere Einheiten ermutigte, ihre Identität konstruierend zu verstärken.

Die Kritik am Konservatismus des Föderalismus war auch nach dem Zweiten Weltkrieg noch nicht ausgestorben. In der Regel wird jedoch in der Literatur nicht mehr Rikers (1964: 145, 153) Verdacht geteilt, dass die Entscheidungskosten in Bundesstaaten den kollektiven Nutzen übersteigen und dass der Föderalismus einen Bonus auf die «Tyrannei der Minderheit» setze. Dennoch blieb es ein historisches Verdienst Rikers, darüber nachgedacht zu haben, wer jeweils der größte Nutznießer einer Föderation ist. Zu seiner Zeit schienen das die Weißen der Südstaaten in den USA, Québec in Kanada, die «landlords» der landwirtschaftlich unterentwickelten Gebiete Indiens und in Deutschland der nicht-preußische Südwesten. Selbst für Australien, wo kein einzelner Nutznießer festgestellt wurde, schienen die Handelsinteressen am meisten zu profitieren, weil sie durch föderale Vetogruppenpolitik den zentralstaatlichen Regulierungen weitgehend ausweichen konnten. Die vergleichende Systemforschung zeigte freilich, dass die Kapitalinteressen dafür den Föderalismus nicht brauchen, ja dass er ihnen in der Kleinteiligkeit der Regulierungen eher lästig ist. Mitra (2000: 51), ein Schüler Rikers, hat für Indien belegen können, wie sich die Interessen seit Rikers wichtigem Buch auch verlagern können. Die «neuen Regionalisten» haben nicht mehr die gleichen dezentralisierten Interessen wie einst die «alten Regionalisten». Sie stellen nicht mehr eine agrarische Oligarchie dar, sondern sind hoch mobile und gebildete urbane Kapitalisten. Auch in der deutschen Föderalismusreform 2005/06 haben die großen Verbände meist für stärkere Bundeskompetenzen geworben.

Die vergleichende Systemforschung hat die Einsicht entwickelt, dass föderalistische mit zentralisierten Regimen verglichen werden müssen. Die Dezentralisation und Devolution hat auch einst reine Zentralstaaten erfasst. Zwischen dem Typ der unitarischen Staaten, der unter *fused hierarchy* subsumiert wurde (Belgien, Frankreich, Italien, Niederlande, Spanien, Island, Griechenland), und dem Bundesstaatstyp der funktionalen Teilung in den überwiegend deutschsprachigen Ländern (Schweiz, Österreich, Deutschland) sind starke Ähnlichkeiten entdeckt worden. Die Differenzen liegen im Grad der Kooperation zwischen den territorialen Ebenen. In unitarischen Staaten behält die Zentralregierung die letzte Entscheidungskompetenz, in föderalen Systemen haben die Untereinheiten auf einigen Gebieten gleichen Status (Braun 2000: 34f., 45). Die Föderalismusforschung musste zur Kenntnis nehmen, dass auch nichtbundesstaatliche Systeme stark dezentralisiert sein können. Die alte Dichotomie Unitarismus-Föderalismus wird unscharf. Die Föderalismusliteratur hat sich ohnehin allzu lange auf «staatliche Gebilde» fixiert und die wachsende Bedeutung von Regionen und Gemeinden unterschätzt (Benz 1985: 7). Vor allem Skandinavien hat diesen Weg in den letzten Jahren beschritten, der zu einem Untertyp *split hierarchy* unter den Zentralstaaten führte (Großbritannien, Irland, Neuseeland, skandinavische Staaten). Der Grundsatz: «Durch Bundesgesetz dürfen Gemeinden und Gemeindeverbänden Aufgaben nicht übertragen werden», den die deutsche Föderalismusreform 2006 vorsah, war – wie es im Berlin-Deutsch meist heißt – «ein Schritt in die richtige Richtung» zur Entlastung der Kommunen. Das Strukturproblem, dass vielleicht eher die Gemeinden als die Länder gestärkt werden sollten, ist damit freilich noch nicht gelöst (Kap. II.8.a).

3) Die Herausforderungen des asymmetrischen Föderalismus

Der postmoderne Föderalismus ist verschiedenen Herausforderungen ausgesetzt, welche die Asymmetrien verstärken:

(1) Die Asymmetrien werden durch *ethnische Konflikte* vorangetrieben, ohne den betroffenen ethnischen Gruppen ein Gefühl voller Zufriedenheit zu verschaffen. In der Rational-Choice-Literatur werden solche Konflikte meist ausgeklammert, vielleicht weil ethnische Identitätspolitik als *irrational choice* abgetan wird. Wenn man Spanien, Belgien, den Jura-Konflikt in der Schweiz oder das konfliktreiche Indien in der vergleichenden Analyse nicht berücksichtigt, lässt sich ein leidlich symmetrisches Design von Forschungsfragen herstellen. Nicht zufällig haben Symmetriker in der Dezentralisierungsforschung den Föderalismus als «Fenster der Möglichkeiten» für immer neue Ansprüche beargwöhnt. Wenn Föderationen in multikulturellen Gesellschaften leidlich funktionieren, wurden mehrere Erklärungsmuster angeboten, wie die «Akkommodation der politischen Eliten» bei den Theoretikern der «consociational democracy», verstärkt durch die Kooperation regionaler und nationaler Parteien und die Verflechtung der Kooperationsebenen (Watts 1999: 117 ff.).

Der Drang in der Europäischen Union, den Regionalismus auszubauen, wird gelegentlich so empfunden, als ob damit die Bundesländer an die Wand gedrängt werden sollten. Der herkömmliche Länder-Föderalismus erschien einigen Autoren (Umbach 1998: 11) im Vergleich zum neuen Regionalismus bereits altertümlich und unflexibel. Wo etablierte Länder existieren, werden sie überwiegend wie Regionen auftreten können, wenn sie keine Übergröße wie Nordrhein-Westfalen oder Untergröße wie das Saarland aufweisen. Sie besitzen zudem mehr eingespieltes administratives Knowhow als die vielfach künstlich geschaffenen Regionen in Frankreich oder Italien. In Belgien hingegen werden die sprachlich definierten Landesteile eifersüchtig darüber wachen, dass die Regionen innerhalb der ethnischen Landesteile kein allzu unkontrolliertes Leben führen (Kap. II.1.d, II.10).

Mit der neuen Lebenslüge des Föderalismus unter dem Etikett «Subsidiarität» ist wenig gewonnen, weil der Kampf um die gewünschte Form des Föderalismus damit noch nicht entschieden ist, wie die boomende Literatur über immer neue Epitheta-Föderalismen zeigt (verflochtener oder subsidiärer Föderalismus, Beteiligungs- oder Differenzierungsföderalismus etc.) (vgl. Evers 1994: 73). Diese semantischen Bemühungen werden umso intensiver, je näher sie an die normative Ebene heranrücken, zum Beispiel an die Frage, welche Form der Föderalismus der Europäischen Union annehmen soll (Sidjanski 2001: 73). Selbst die Lobredner des Föderalismus als zeitgemäße Regierungsform warnen vor einem «übereilten Föderalismus in Europa», der zur «Maske für einen unitarischen Superstaat» werden könnte (Siedentop 2002: 346).

Aber auch die regionalen Bäume werden nicht in den Himmel wachsen. Nicht in allen Regionen wird man das gleiche Regionalbewusstsein finden können. Man wird sich damit abfinden, dass Engländer, Kastilier und Andalusier und weite Regionen Italiens nicht das Regionalbewusstsein von Schotten, Basken oder Südtirolern entwickeln können. Nicht alle theoretisch möglichen Regionen fühlen sich als «Irredenta» und wollen von einem neuen Design-Devolutions-Föderalismus «erlöst» werden. Das bedeutet, sich mit zunehmenden Asymmetrien im System abzufinden und flexibel auf die immer neuen Herausforderungen der Identitätspolitik zu reagieren. Selbst dort, wo das Regionalbewusstsein stark entwickelt ist, wie in Spanien, haben die ständigen Kompetenzzuwächse keine entsprechende Zufriedenheit der Regionalbürgerschaft erzeugt. Es kam zu einer «blame avoidance». Misserfolge regionaler Politik wurden wegen der angeblich mangelnden finanziellen Unterstützung durch den Nationalstaat auf diesen abgewälzt. Andererseits wurde bei großzügiger Unterstützung der «goldene Zügel» kritisiert, wenn der Nationalstaat für seine Subsidien die Verwendungsrichtlinien vorgab. In einigen Föderationen konnte es dazu kommen, dass die regionalen Einheiten die Angebote ausschlugen und «Verschiedenheit und Eigenverantwortung» für einen höheren Wert erklärten als «interregionale Gleichheit». Was in Österreich die «Verländerung der Staatsausgaben» genannt wurde, konnte freilich ebenfalls Unzufriedenheit erzeugen, weil das Danaergeschenk nicht ausreichte, um die steigenden Kosten für den Sozialstaat zu decken (vgl. Kap. II.7.a).

(2) In einigen Föderationen außerhalb Europas, wie in den USA, Kanada, Australien und einem einstigen Zentralstaat wie Neuseeland, sind die Ureinwohner, die «*first nations*», eine Herausforderung, die sich schwer in den herkömmlichen Föderalismus einbauen lässt. Sie führen zu Sonderregimen, die mit den Gliedstaaten nicht hinreichend harmonisiert wurden. Sonderbeziehungen der Ureinwohner mit den Nationalstaaten liegen in den USA, in Kanada oder Australien quer zu den Nation-Staaten-Beziehungen (Kap. II.1.e).

(3) *Historische Ungerechtigkeiten in der Grenzziehung hinterließen Irredentas*, die nicht hinreichend in bundesstaatliche Institutionen eingebettet werden. Das schafft Konflikte zwischen der «Gastnation» und dem Land, das sich für die Minderheiten der eigenen Ethnie verantwortlich fühlt. Transnational haben sich zwischen *home states* und *kin states* Formen einer *fuzzy citizenship* herausgebildet, die dem alten Souveränitätsdenken nicht mehr entsprechen. Auch bei der territorialen Abgrenzung im Inneren von Föderationen kam es zu Asymmetrien. Minderheiten in den Provinzen außerhalb der Mehrheitsethnie – wie in Québec – fühlen sich meist auch nach Reformen weiterhin benachteiligt. Prima vista haben ethnische Regionalparteien die Identitätspolitik vertreten und herkömmliche distributive Regionalpolitik als zweitrangig angesehen. Vor allem in Ost-Mitteleuropa entwickeln sich postmoderne Formen multipler Identitäten und Loyalitäten, die das Denken in territorialen Kategorien in der klassischen Moderne transzendieren (Kap. II.5).

(4) *Migration und Umschichtung* schaffen neue Gruppen und Gemeinschaften, die keine territoriale Abgrenzung haben. Die Mobilität der Gesellschaften lässt selbst rechtlich abgesicherte Sprach- und Schulbezirksgrenzen wie in Belgien oder am Schweizer «Röstigraben» immer löcheriger werden. Die herkömmliche Theorie des Föderalismus hat die Territorialität von Machtbeziehungen unterstellt. Diese stammte jedoch aus dem absolutistischen Denken,

gegen das alle wichtigen föderalistischen Theorien gerichtet waren. Erst für das 21. Jahrhundert wurde der «territoriale Imperativ» für überholt erklärt. Kanada erschien als Vorreiter einer konkordanzdemokratischen Gesellschaft mit parallelen Organisationen, die etwa bei den «aborigines» und zum Teil bei den frankophonen Kanadiern nicht mehr territorial organisiert waren (Elkins 1995: 13, 166). Auch in der europäischen Implementationsforschung (Marin/Mayntz 1991) wurden ähnliche Gedanken entwickelt, wie sie sonst eher aus der ethnischen Identitätspolitik zu hören waren. Die Regionalismusforschung hat solche Aufweichungen nicht immer begrüßt und plädierte lieber für eine regionale Wiederbelebung des «politischen Raums» (Keating/Loughlin 1997: 11). Für Territorialisten sind die Netzwerk-Phantasien einiger Theoretiker schon eine Art «Eigentor», das «governance» erschwert (Kap. II.4).

Die *Personal-Autonomie*, die einst in Österreich-Ungarn angedacht wurde und die Bürger unabhängig vom Wohnort zu Trägern bestimmter Rechte machen wollte, hat den Vorteil, universell anwendbar zu sein und keine neuen Herrschaftsstrukturen zu schaffen. Sie stößt auf zunehmendes Interesse der Experten (vgl. Oeter in: Frowein u. a. 1994 II: 539) und wird vermutlich zur Lösung der Probleme auch von den politischen Akteuren wieder entdeckt werden, da die territoriale Parzellierung ethnischer und anderer Gruppenansprüche immer weniger gelingen kann. Die Schweiz, Belgien, Kanada, Russland oder Indien würden davon profitieren, wenn sie die territorialistische Sperre in den Köpfen gegenüber unorthodoxen Lösungen lockern könnten. Die Migrationszentren in Europa und Amerika werden sich an solche Modelle «heranlieben» müssen, weil ihre ethnischen Probleme nur noch in Stadtteilen mit türkischen Mehrheiten wie Berlin-Kreuzberg oder Hamburg-Sankt-Georg – oder Downtown-Los Angeles, wo man sich schon spanisch durchschlagen muss – eine territoriale Komponente besitzen. Das Modell der Austromarxisten hätte zudem den Vorteil, dass es Länder mit unitarischen Traditionen, die sich noch an den Souveränitätsbegriff klammern, gewinnen könnte, weil das System gerade einen relativ unitarischen Staat voraussetzt (Kap. II.3.a; II.4). Niemals getestet wurde, wie sich eine individuelle personale Autonomie mit kollektiven territorialen Autonomien im Bundesstaat harmonisieren ließe. Ungeklärt bleibt auch das Problem der doppelten Loyalität, die sich in Doppelsprachigkeit oder «doppelter Halbsprachlichkeit» niederschlägt, sodass sich die Kulturen nicht mehr säuberlich trennen lassen. Hier würde wohl die individuelle Option den Ausschlag geben müssen (Kap. II.1.d).

(5) Nachhutgefechte der Gleichheitsbefürworter konnten nicht verhindern, dass jede Zunahme des Wettbewerbs die Asymmetrie des Föderalismus verstärkt. *Wettbewerbsföderalismus* muss nicht nur mit Asymmetrien leben. Er setzt sie sogar voraus, um Anreizstrukturen für innovatives Verhalten zu entwickeln. Abweichungen vom klassischen dualen Föderalismus müssen zwar in Untertypologien benannt werden. Aber eine essentialistische Terminologie ist zu vermeiden. Sie kommt durch die Fahnenschwenker der Identitätspolitik noch früh genug in die Debatte und muss auch dort in die Schranken gewiesen werden. Die Debatte um die Föderalismusreform in Deutschland zeigt jedoch einen aufschlussreichen Argumentationswandel: Gerade ökologische Gruppen verteidigten anfangs die regionale Asymmetrie gegen die Mehrheit. Kaum sollen die Länder weitere Kompetenzen bekommen, wird ein ökologischer Ausverkauf in den reichen Ländern befürchtet, die damit Investoren anlocken, andererseits wird befürchtet, dass die armen Länder, die ohne Investoren bleiben, ihre ökologische Nachhaltigkeitspolitik in der Region nicht mehr bezahlen können.

(6) Der Traum von der Symmetrie der regionalen Kräfte ist immer neuen asymmetrischen Dynamiken ausgesetzt. Die Vorstellung, man könnte durch einen symmetrischen Föderalismus diese Dynamik aufhalten, ist unrealistisch. Zudem hat die Herstellung von strikter Symmetrie den Nachteil, dass in Gebieten, die kein regionales Bewusstsein politisieren, wie England, Nordfrankreich, Mittelitalien oder Kastilien, kostenreiche Strukturen und Bürokratien entstehen müssten. Die Klagen über die «überbezahlten Stammtische» deutscher Länder dienen als Warnung.

Die Dynamik des Sozialstaats ist hingegen auf Gleichheit gerichtet. Die *Forderung nach sozialer Gerechtigkeit* erzwingt gelegentlich sogar territorialen Wandel. Die Balance zwischen den Interessen bei territorialen Konflikten ist deshalb schwer zu finden, weil die Deklamation für das evolutionär progressive Element des Föderalismus nicht darüber hinwegtäuschen kann, dass auch prä-moderne Solidarbestände akkommodiert werden müssen, die sich rationaler Erörterung nur schwer erschließen (Evers 1994: 64). Die Schweiz schien einst die ideale Akkommodation aller «Cleavage»-Gruppen im System. Sie hat jedoch durch das Erfordernis einer «doppelten Mehrheit» im Zweikammersystem und durch Konkurrenz der Verfassungsreferenden eingefrorene Strukturen erzeugt, welche die traditionalen Mehrheiten und nicht die Repräsentation neuer Minderheiten begünstigen. In der Regel freilich gilt: Wenn Störungen der horizontalen und vertikalen Gleichgewichte in regional differenzierten Systemen zu stark werden, stellen politische Initiativen und Bewegungen ein Gleichgewicht wieder her. Der Traum aller «constitutional engineers» zielt auf ein nachhaltiges Gleichgewicht ab. Es gibt im Zeitalter der Postmoderne kein vollkommenes Gleichgewicht und keine Symmetrie. Trotzdem muss das System nicht gänzlich aus den Fugen geraten, solange der Rechtsstaat funktioniert, vor allem in den Ländern, in denen eine funktionierende Verfassungsgerichtsbarkeit besteht.

(7) *Parteiensysteme* waren in vielen Föderationen wie Deutschland, Österreich, Schweiz, Kanada, Australien oder USA eine wichtige Klammer des Zusammenhalts in Bundesstaaten. Selbst in Belgien, wo die Parteien voll regionalisiert sind, funktioniert die Koalitionsbildung noch leidlich, vermutlich weil es sich um ein bipolares System handelt. Parteiensysteme wurden jedoch in vielen dezentralisierten Systemen zunehmend regionalisiert wie in Kanada oder Spanien. Regionale Gruppierungen dienen als Zünglein an der Waage für die Koalitionsbildung auf nationaler Ebene. Der Devolutionsföderalismus mit seinen bilateralen Ad-hoc-Konzessionen hat selbst die meisten Regionalparteien auf die Dauer eingebunden. Wie man in Kanada sagte: «Die separatistischen Hunde bellen lauter, als sie bereit sind zu beißen» (Kap. II.2.b).

Die Parteienforschung konnte zeigen, dass die Wähler zwar die Identitätsparteien bei schlechten wirtschaftlichen Entwicklungen weniger hart abstrafen als die Parteien, die Schichten und soziale

Interessen vertreten. Andererseits sind ethnische Identitätsparteien außer im regionalen Bereich allein nicht regierungsfähig. Sie haben in der Regel Konzessionen an die Verteilungspolitik der Koalitionspartner gemacht, die sich für ihre Erhaltung positiv auszahlten. Das Parteiensystem ist selbst im unitarischen Bundesstaat Deutschland bei einigen Wissenschaftlern schon zur Hoffnung geworden, weil es durch flexible Koalitionen die institutionellen Blockaden aufbricht und in den Politikfeldern «Beipässe» legt, um den «Entscheidungsinfarkt» zu vermeiden.

(8) Erst mit dem Absolutismus und später mit dem Nationalismus wurde die *Territorialität* zum beherrschenden Prinzip von Machtbeziehungen (Elkins 1995: 260). In der postmodernen Ära wurden die parallelen Möglichkeiten funktionaler und territorialer Identitätsbildung, wie sie in der Theorie des Johannes Althusius entwickelt worden ist, wiederentdeckt. Die modernen Kommunikationstechnologien und die Macht der großen transnationalen Wirtschaftsunternehmen werden zunehmend für die Möglichkeit des postmodernen *consociationalism* angeführt, Macht in nicht-territorialen Formen zu organisieren. Einige öffentliche Güter sind nicht territorial gebunden und moderne Technologie ermöglicht eine Symbiose von territorialen und nicht-territorialen Machtbeziehungen. «*Governance*» ist in den kontinentaleuropäischen Sprachen rezipiert worden, um die Schlacken etatistisch-territorialer Beziehungen abzustreifen, und öffnet sich leichter dem neuen Paradigma als die herkömmlichen Staatsdoktrinen. So wie der ältere Föderalismus jedoch die Grundlage der Territorialität vom Staatsdenken übernommen hatte, das er bekämpfte, so haben postmoderne Regionalisten und vor allem ethnische Identitätspolitiker die Territorialität gegen die theoretische Möglichkeit verteidigt, alle interpersonalen Beziehungen in funktionale Netzwerke aufzulösen.

Die zunehmende Asymmetrisierung des Föderalismus durch Identitätspolitik kleinerer Einheiten hat *Abwehrstrategien* herausgefordert.

(1) Ein Gegenmittel schien der *kooperative Föderalismus* zur Koordination gemeinsamer Anliegen. In vielen Bundesstaaten förderte er die Zentralisierung, weil der Nationalstaat für viele kooperative und konsultative Gremien die Federführung übernahm. Es wurde in Deutschland vielfach bedauert, dass Adenauer und die Gründergeneration im Parlamentarischen Rat für den Föderalismus nicht viel übrig hatten und dass sie erst später – vor allem in der EU – das Bekenntnis zum Föderalismus wie eine Monstranz vor sich her getragen hätten (Lehmbruch 2002: 54). Die Entdeckung der «Pfadabhängigkeit» hatte das Verdienst, die historische Dimension in der Föderalismusforschung wiederzuentdecken. Sie war jedoch in Gefahr, aufgrund von Ex-post-facto-Urteilen selbst a-historisch zu werden. Die Entdeckung der Pfadabhängigkeit führte zur Entlarvung von unitarischen «Geburtsfehlern» des deutschen Föderalismus. Ist es aber historisch realistisch anzunehmen, Bismarck hätte 1871 einen «echteren» Föderalismus schaffen können? Die Konsequenz wäre gewesen, das sich als Sieger fühlende Preußen aufzulösen. Ein preußischer König, der schon die Kaiserkrone nur widerwillig annahm, hätte das monarchische Prinzip mit Füßen treten müssen und die Bundesratsrepräsentation der Fürsten, die ihm zum Teil halbherzig in den Krieg gegen Frankreich gefolgt waren, nicht entstehen lassen dürfen. Selbst der sehr viel liberalere Nationsbildner Cavour hat in Italien keinen Föderalismus angestrebt, für den der bekannteste Theoretiker der Einigung, Giuseppe Mazzini, durchaus die «Blaupause» im Geiste Proudhons anzubieten hatte (vgl. von Beyme 2002: 247 ff.). Der deutsche Föderalismus trägt an einer strukturellen Lebenslüge: die Tendenzen zum unitarischen Bundesstaat werden kritisiert, aber im Zweifel hat die Gleichwertigkeit der Lebensverhältnisse Vorrang. Deutschland hat gerade wegen seiner historischen Zersplitterung in der territorialen Organisation – wie in der Organisation der funktionalen Verbände – eine zentralistische Ideologie gegen die Kleinstaaterei entwickelt, die bis heute fortwirkt.

In Zeiten der Krise nach 1918 und 1949, als die politischen Kräfte gebündelt werden mussten, schien die Unitarisierung als eine lässliche, wenn nicht gar unerlässliche Sünde. Die Schrumpfung des Territoriums führte zu einem Zusammenrücken der Restbevölkerung. Nach dem Ende der fetten Jahre und einer schleichenden wirtschaftlichen Stagnation wäre das klare Bekenntnis zur Unitarisierung wahrscheinlich sinnvoller als das erneute Vorsichhertragen der Monstranz des Föderalismus. Dass Ladenschlussgesetze dezentralisiert werden können, ohne den Kern des Verbundföderalismus in Frage zu stellen, ist einsichtig. Aber es gibt wichtigere Entscheidungen. Man kann nicht unaufhörlich über den Niedergang von Wissenschaft und Bildung jammern und zugleich hoffen, dass weitere Kompetenzübertragungen an die Länder dort überall «clusters of excellency» schaffen werden. Geburtsfehler kann man ab einem gewissen Alter nicht mehr korrigieren, stellte Lehmbruch fest. Vielleicht sollte man sich zu ihnen bekennen und mit ihnen leben lernen. Österreichs Unitarisierung ist dem Land seit 1990 besser bekommen als Deutschland seine Halbherzigkeit zwischen Föderalismus und Unitarisierung. Neuere Analysen scheinen zu dieser Konzession bereit: «Die Defizite, die aus der Politikverflechtung resultieren, werden überschätzt» (Benz in: Benz/Lehmbruch 2002: 392). Blockierte Systeme öffnen sich erfahrungsgemäß nur unter Problemdruck. Die deutsche Einigung hat diesen vorübergehend geschaffen, und dabei hat die Politikverflechtung sich als überraschend handlungsfähig erwiesen, schon weil die Länder sich von kostenreichen Engagements in den neuen Bundesländern gern dispensieren ließen.

Wo eine Tendenz zum «unitarischen Bundesstaat» dominierte, hat diese Kooperation zu Verfilzung und zu Blockaden geführt. Das Beispiel Deutschland zeigt, dass die Politikverflechtung, einst als «Stein der Weisen» gepriesen, auch wieder in Verruf geraten kann. Slogans wie «Marmorkuchen statt Schichttorte» hatten das Problem auf der symbolischen Konditorebene nicht lösen können. Stetigkeit und Verlässlichkeit schienen in Boom-Zeiten die Tugenden der Verflechtung. In Zeiten der Krise hingegen entdeckte man den Immobilismus, in den sich das System manövriert hatte. In nicht voraussehbaren Wellen der Globalisierung – verstärkt durch das Ende des Ost-West-Konflikts und durch die Europäische Währungsunion – wurde dieses System zum Hemmschuh (Scharpf 2004: 2). Die zugrunde liegende Kooperationsideologie der Ebenen wird man jedoch auch durch eine mit heißer Nadel gestrickte Föderalismusreform nicht aus der Welt schaffen. Entscheidende Reformen im Bereich von Wirtschaft und Arbeitsbeziehungen waren zwischen Bund und Ländern weniger umstritten als zwischen den Veto-Spielern im Parteiensystem. All diese Faktoren lassen vermuten, dass ein «grand design» weniger wirksam ist als Ad-hoc-Entscheidungen im zunehmend asymmetrisch entwickelten Föderalismus.

Der duale Föderalismus der klassischen Bundesstaaten spukt immer wieder durch die Reformliteratur. Aber selbst in den USA wurde der duale Föderalismus in der Finanzverfassung nicht strikt gehandhabt. Kooperative Verflechtungen entwickelten sich aber ad hoc auf freiwilliger Basis und können jederzeit revidiert werden. Flexibilisierung der Kooperationsformen wird vermutlich an die Stelle des Traums vom Dualismus aus einem Guss treten. Die Föderalismusreform des Jahres 2006 brachte einige Entflechtung, aber keinen Durchbruch zu einem strikt dualistischen Konzept der Bundesstaatlichkeit. Die dualistischen Gegenmodelle der Urföderationen USA und Schweiz entpuppten sich bei genauer Analyse auch schon als kooperative Mischformen. In der römisch-rechtlichen Tradition der Schweiz erschallen Kritik an der Entwicklung in Richtung Bundesrepublik und der Ruf nach rechtlichen Rahmenbedingungen, um den Wildwuchs der Kooperation einzudämmen. In der Common-Law-Tradition Nordamerikas war man hingegen eher geneigt, solche Kooperation dem schöpferischen Halbdunkel der Politik zu überlassen.

Dezentralisierung ist sektoral weiterhin angebracht. Aber vielleicht sollte man sich dabei eher auf die Verlierer aller Glaubenskriege um den Föderalismus besinnen, die Kommunen. Es scheint zunehmend so, dass sie bei Dezentralisierungen von Einheitsstaaten zunehmend am besten fahren. Solche Ansichten werden eher dem Deutschen Städtetag als der Bayerischen Landeszentrale für Politische Bildung oder der Hanns-Seidel-Stiftung der CSU gefallen, die einige Verdienste um eine normative Konzeption des Föderalismus erwarb. Aber es gibt einen Trost: Unitarische Zurufe aus der Wissenschaft bleiben vermutlich einflusslos. Etablierte Länderinteressen werden eher Dezentralisierungsschübe dankbar aufgreifen als Zentralisierungstendenzen mittragen. Es gibt jedoch auch

Stimmen, die nicht nur die Neuordnungsdebatte, sondern auch die Diskussion um die Kompetenzverteilung im internationalen Vergleich übertrieben finden. In der Tat: Wenn wir eifrig diskutieren, ob Bremen oder das Saarland im Namen der Effizienz als Bundesländer verschwinden müssten, würde niemand auf die Idee kommen, Zwergstaaten wie Glarus in der Schweiz oder Connecticut in den USA zu degradieren. Der Parteienstaat, der einst als Widerpart der föderalistischen Logik angesehen wurde (Lehmbruch 1998, 2000), hat nun sogar Hoffnungen geweckt. Die Pluralisierung des deutschen Parteiensystems könnte die Flexibilisierung des Föderalismus bewirken (Grande 2002: 209).

(2) Die *Verfassungsgerichtsbarkeit* wurde in vielen Reföderalisierungs- und Devolutionsprozessen zum effektiven Mittel der Konfliktschlichtung. Geradezu unerlässlich wurde sie bei der Durchsetzung der Rechte der Ureinwohner (aborigines) in Nordamerika oder Australien. Ein Aspekt der Identitätspolitik ist das, was in den USA «morality policies» genannt wurde, eine Anerkennungspolitik zugunsten unterprivilegierter Gruppen territorialen wie nichtterritorialen Zuschnitts. Die Umweltpolitik hat sich der «morality policy» angenähert. Rigide Standards, vom Bund verordnet, drohen Staaten und Gemeinden harte finanzielle Folgelasten aufzubürden.

Der Inhalt einzelner Entscheidungen erscheint weniger wichtig als die Funktion der Schaffung von Transparenz in den Spielregeln des Systems, eine Funktion, die vom Rationalismus der Vetospieltheoretiker vernachlässigt wurde, weil sie glaubten, der Eigennutz der einzelnen Akteure sei das Rationalitätskriterium. Dieses bleibt jedoch individualistisch. Identitätspolitik greift vielfach zu dem Trick, Kollektivrechte unter dem Vorwand des Einklagens individueller Menschenrechte zu fördern. Aber auch bei einer strikt individualistischen Grundrechtsjudikatur entwickelt sich ein kollektiver Minimalkonsens über Spielregeln im föderalen System, der durch «judicial review» gestärkt wird. Den Verfassungsgerichten in Bundesstaaten wird vielfach eine unitarisierende Wirkung vorgeworfen. Urteile zur Rechtswahrung wirkten teils zentralisierend, teils föderalisierend. Die Wirkungen sind weniger eindeutig als bei den Medien, die mehr Aufmerksamkeit auf die Entscheidungen im

Zentralstaat lenken als dass sie sich für die Politik der föderalen Untereinheiten interessierten (vgl. Kap. I. 5).

(3) In den 1990er Jahren kam es in einigen Bundesstaaten zu einer *Dezentralisierung der fiskalischen Beziehungen*. *Efficiency* schien wichtiger als *equity*. Aber nach der Jahrtausendwende zeigten sich erneute Zentralisierungsbestrebungen, als der neoliberale Trend zu viele soziale Kosten hinterließ und Interventionen der Zentren zur Stützung der Sozialprogramme in den Gliedstaaten herausforderte. Die permanente Kontroverse von «equity» und «efficiency» erwies sich vor allem in Nordamerika als abhängig von wirtschaftlichen Zyklen. In Zeiten des Booms werden Gesichtspunkte von Gleichheit und Gerechtigkeit unter den Territorien erfahrungsgemäß wieder stärker. Aber wie treffend bemerkt wurde (Brown 2002: 79): «Keine Regierung wird die Gans der Effizienz schlachten wollen, welche die goldenen Eier eines nachhaltigen wirtschaftlichen Aufschwungs gelegt hat.» Die Gezeiten der Dezentralisierungen und Rezentralisierungen treten zur Milderung von Asymmetrien in föderalen Systemen auf, wenn auch in schwer berechenbaren unregelmäßigen Intervallen. Kein «grand design» des Föderalismus hat sie jedoch bisher verhindern können (Kap. II. 6 und 7).

(4) Symmetrie im Föderalismus schien einst eine Forderung der kleineren und schwächeren Einheiten. Angesichts der Privilegien, welche die Asymmetrisierung des Föderalismus für die ethnischen Sonderheiten schuf, gibt es in einigen Devolutionssystemen und Bundesstaaten, wie Spanien oder Kanada, auch die *Gegenbewegung der größeren Einheiten, die wieder mehr Symmetrie herstellen möchten*. Die gegenwärtige Asymmetrisierung des Föderalismus im Zeitalter der Globalisierung der Ökonomie und der Re-Ethnisierung mancher Staaten muss daher nicht das letzte Wort der Geschichte bleiben. Immer neue Formen der Identitätspolitik sorgen für Unruhe im System und verhindern, dass die Statik des herkömmlichen Föderalismus zum langweiligsten Forschungsgegenstand der Politikwissenschaft wird. Bei den Institutionen wird – wie bei Kulturprodukten – der Traum von der unbefristeten Beständigkeit geträumt. Aber dem Kulturwert der Dauer, dem «dur désir de

durer» (Paul Éluard), korrespondiert in ironischer Spiegelung der «ökologische Wert des Verfalls» (Assmann 1999: 348). Dennoch kann auch postmoderne Wurstigkeit gegenüber dem Wunsch nach Dauer im Bereich der Institutionen nicht die gleiche «Lust am vergänglichen Müll» produzieren wie in der neuesten Kunst eines Ilya Kabakow.

Es bleiben einige unverzichtbare Minimalkriterien der Demokratie und des Föderalismus, die zu verteidigen sind. Dazu gehört die Mehrheitsregel. Diese wird heute im Nationalstaat kaum noch durch die Theorie der *«concurrent or constitutional majorities»* à la Calhoun im Sinne staatlicher Sezessionsrechte bedroht, die einst im Bürgerkrieg der USA einflussreich war und ans *liberum veto* grenzte. Aber auf einer Ebene, welche die Gesamtstaatlichkeit nicht in Frage stellt, erlebte Calhouns (1853, 1953: 23) Vorstellung ein Revival, dass ein angemessener «Organismus» der demokratischen Entscheidungsfindung «regards interests as well as numbers». Die Mehrheitsregel in der postmodernen asymmetrischen Gesellschaft wird eher dadurch latent relativiert, dass bestimmte – oft ethnische – Minderheiten nachhaltiger etwas beanspruchen, was die nationale Mehrheit eher kalt lässt. Die Demokratie kann nicht durch ein Pluralstimmrecht ausgehebelt werden. Aber soziale Bewegungen immer neuer Protestgruppen sorgen dafür, dass die aktivsten Akteure mehr bekommen als die schweigende Mehrheit. Für den Devolutionsföderalismus bedeutet dies, dass die Asymmetrien wachsen.

Eine Nachkriegsentwicklung wurde als Bewegung vom *«statism»* zum «Föderalismus» bezeichnet. In der Postmoderne hatte sich der Föderalismus an den *«post-statism»* anzupassen (Watts 2000, 4). Dennoch ist der «statism» nicht das letzte Wort in der Föderalismusanalyse. Funktionale Imperative stimmen heute den Analytiker milder gegenüber Irregularitäten und Asymmetrien im Patchwork territorialer Politik. Die Europäische Union wird bereits mit dem Begriff *«treaty federalism»* bedacht, der aus der Sphäre der kanadischen Indianerrechte stammt (Hueglin 2000: 141) und vor allem dem Schutz von Rechten der Bürger dient. *Nicht-territorialer Föderalismus* ist eine Vision im Globalisierungszeitalter, das die Souveränitätsdebatten obsolet werden lässt, die auch viele Föderalismustheorien beherrscht haben. Ein symmetrischer Föderalismus

– nur von einigen Pfadabhängigkeiten historisch beeinträchtigt –, der sich in jedes Rational-Choice-Forschungsdesign einfügt, ist ein Traum – und nicht einmal ein schöner! Das Lob des asymmetrischen Föderalismus bezieht sich jedoch in erster Linie auf die rechtliche Seite von Föderationen. Für die sozialstaatlichen Leistungen der Bundesstaaten wünscht man sich in Europa hingegen keineswegs die Ungleichgewichtigkeiten, welche die USA tolerieren und einige Neoliberale auch bei uns gern in Kauf nehmen würden.

Literatur

H. Abromeit: Der verkappte Einheitsstaat. Opladen, Leske & Budrich, 1992.

H. Abromeit: Föderalismus: Modelle für Europa. Österreichische Zeitschrift für Politikwissenschaft, Jg. 22, Nr. 2, 1993: 207–220.

L. Adamolekun: The Nigerian Federation at the Crossroads: The Way Forward. Publius, Jg. 35, Nr. 3, 2005: 383–405.

R. Agranoff: Intergovernmental Politics and Policy: Building Federal Arrangements in Spain. Regional Politics and Policy, 3, 1993: 1–28.

R. Agranoff (Hrsg.): Accommodating Diversity: Asymmetry in Federal States. Baden-Baden, Nomos, 1999.

A. Alen: Der Föderalstaat Belgien: Nationalismus – Föderalismus – Demokratie. Baden-Baden, Nomos, 1995.

D. Alonso: Enduring Ethnicity: The Political Survival of Incumbent Ethnic Parties in Western Democracies. Madrid, Instituto Juan March, Estudio 221/2005.

J. Althusius: Politica methodice digesta atque exemplis sacris & profanis illustrata. Herborn, 1614, 3. Aufl. Faksimiledruck, Aalen, Scientia, 1961.

B. Anderson: Imagined Communities. London, Verso, 1991, 2. Aufl.

L. M. Anderson: The Institutional Basis of Secessionist Politics: Federalism and Secession in the United States. Publius, Jg. 34, Nr. 2, 2004: 1–18.

K. Armingeon: Swiss Federalism in Comparative Perspective. In: U. Wachendorfer-Schmidt (Hrsg.): Federalism and Political Performance. London, Routledge, 2000: 112–129.

A. Aruna: Unfederal Features of the Indian Constitution. Chennai, Mathivanan Publications, 2001.

A. Assmann: Erinnerungsräume. Formen und Wandlungen des kulturellen Gedächtnisses. München, Beck, 1999.

A. Bagchi: Rethinking Federalism: Changing Power Relations between the Center and the States. Publius, Jg. 33, Nr. 4, 2003: 21–42.

G. Baier: Judicial Review and Canadian Federalism. In: H. Bakvis/ G. Skogstad (Hrsg.): Canadian Federalism. Oxford, Oxford University Press, 2002: 24–39.

H. Bakvis/W. M. Chandler (Hrsg.): Federalism and the Role of the State. Toronto, University of Toronto Press, 1987.

H. Bakvis: Alternative Models of Governance: Federalism, Consociationism, and Corporatism. In: H. Bakvis/W. M. Chandler (Hrsg.): Federalism and the Role of the State. Toronto, University of Toronto Press, 1987: 279–305.

H. Bakvis/G. Skogstad (Hrsg.): Canadian Federalism. Performance, Effectiveness, and Legitimacy. Oxford, Oxford University Press, 2002.

G. Bannas: Mehr als 40 Verfassungsänderungen. Der Weg zur Einigung über die Föderalismusreform. FAZ, 18. Februar 2006: 2.

G. Bannas: Zwei vor, zwei zurück? Das alte Spiel: Die Föderalismusreform droht zwischen Bundes- und Landesinteressen kleingemahlen zu werden. FAZ, 5. März 2006 a: 5.

G. Bannas: Der entflochtene Staat. Mehr Wettbewerb, weniger Konsens: Kernelemente der Föderalismusreform. FAZ, 7. März 2006 b: 2.

L. R. Basta Fleiner/Th. Fleiner (Hrsg.): Federalism and Multiethnic States. The Case of Switzerland. Basel, Helbing & Lichtenhahn, 2000.

I. M. Basygina: Der asymmetrische Föderalismus. Zur besonderen Rolle der Republiken in der Russischen Föderation. Osteuropa, Bd. 48, Nr. 3, 1998: 230–252.

H. Batt: Bundesverfassungsgericht und Föderalismusreform: Stärkung der Länder in der Gesetzgebung. Zum Urteil vom 27. Juli 2004–2 BvF 2/02. Zeitschrift für Parlamentsfragen, Jg. 35, Nr. 4, 2004: 753–760.

H. Batt: Transformation der schweizerischen Konkordanzdemokratie. Zeitschrift für Politikwissenschaft, Jg. 15, Nr. 2, 2005: 345–371.

Th. Bauer: Der Vermittlungsausschuss. Politik zwischen Konkurrenz und Konsens. Diss. Bremen, 1998.

B. Baybeck/W. Lowry: Federalism Outcomes and Ideological Preferences: The U. S. Supreme Court and Preemption Cases. Publius, Jg. 30, Nr. 3, 2000: 73–97.

S. H. Beer: To Make a Nation: The Rediscovery of American Federalism. Cambridge/Mass., Harvard University Press, 1993.

C. Bell: Der fiskalische Föderalismus in der Russländischen Föderation. Baden-Baden, Nomos, 1997.

D. Bell: The World in 2013. In: Dialogue, 1988, Heft 3: 2–9.

J. Bellers/H. Gründer (Hrsg.): Geschichte und Kulturen. Bd. VII. Regionen und Regionalismus. Münster, LitVerlag, 1996.

S. Benhabib: Kulturelle Vielfalt und demokratische Gleichheit. Politische Partizipation im Zeitalter der Globalisierung. Frankfurt, Fischer, 1999.

A. Benz: Föderalismus als dynamisches System. Opladen, Westdeutscher Verlag, 1985.

A. Benz: Chancen und Grenzen einer Länderneugliederung in Deutschland. In: G. Hirscher (Hrsg.): Die Zukunft des kooperativen Föderalismus in Deutschland. München, Hanns-Seidel-Stiftung e. V., 1991: 143–165.

A. Benz: Politikverflechtung ohne Politikverflechtungsfalle. Koordination und Strukturdynamik im europäischen Mehrebenensystem. Politische Vierteljahresschrift, Jg. 39, Nr. 3, 1998: 558–589.

A. Benz/G. Lehmbruch (Hrsg.): Föderalismus. Analysen in entwicklungsgeschichtlicher und vergleichender Perspektive (PVS-Sonderheft 32, 2001). Wiesbaden, Westdeutscher Verlag, 2002.

A. Benz: Themen, Probleme und Perspektiven der vergleichenden Föderalismusforschung. In: A. Benz/G. Lehmbruch (Hrsg.): Föderalismus. Wiesbaden, Westdeutscher Verlag, 2002: 9–53.

A. Benz: Reformpromotoren oder Reformblockierer? Die Rolle der Parteien im Bundesstaat. Aus Politik und Zeitgeschichte, B 29/30, 2003: 32–38.

H. Berding (Hrsg.): Nationales Bewußtsein und kollektive Identität. Frankfurt, Suhrkamp, 1994.

K. von Beyme: Der Föderalismus in der Sowjetunion. Heidelberg, Quelle & Meyer, 1964.

K. von Beyme: Die Parlamentarischen Regierungssysteme in Europa. München, Piper, 1973, 2. Aufl. Die parlamentarische Demokratie. Wiesbaden, Westdeutscher Verlag, 1999. 3. Aufl.

K. von Beyme: Die Wiederentdeckung der Regionalpolitik. In: Ders.: Reformpolitik und sozialer Wandel in der Sowjetunion (1970–1988). Baden-Baden, Nomos, 1988: 29–39.

K. von Beyme: Zusammenlegung von Wahlterminen: Entlastung der Wähler – Entlastung der Politiker? Zeitschrift für Parlamentsfragen, Jg. 23, Nr. 2, 1992: 339–353.

K. von Beyme: Der Gesetzgeber. Der Bundestag als Entscheidungszentrum. Opladen, Westdeutscher Verlag, 1997.

K. von Beyme: Federalism in Russia. In: U. Wachendorfer-Schmidt (Hrsg): Federalism and Political Performance. London, Routledge, 2000: 23–39.

K. von Beyme: Russland zwischen Anarchie und Autokratie. Wiesbaden, Westdeutscher Verlag, 2001. Kap. 6: Zentrifugale Tendenzen im Föderalismus Russlands: 96–110.

K. von Beyme: Politische Theorien im Zeitalter der Ideologien 1789–1945. Wiesbaden, Westdeutscher Verlag, 2002.

K. von Beyme: The Russian Constitutional Court in an Uneasy Triangle between the President, Parliament and Regions. In: W. Sadurski (Hrsg.): Constitutional Justice, East and West. Den Haag, Kluwer, 2002 a: 309–325.

R. M. Bird: Federal Finance in Comparative Perspective. Ottawa, Canadian Tax Foundation, 1986.

J. Blatter: Formen grenzüberschreitender Zusammenarbeit: Erkenntnisse aus einer theoriegeleiteten und interkontinental sowie intertemporal vergleichenden Studie. In: Jahrbuch des Föderalismus 2002. Baden-Baden, Nomos, 2002: 82–96.

A. von Bogdandy: Europäische und nationale Identität: Integration durch Verfassungsrecht? VVDStRL 62, 2003: 156–194.

V. Bogdanor: Federalism and the Nature of the European Union. In: K. Nicolaidis/St. Weatherill (Hrsg.): European Studies at Oxford. Whose Europe? National Models and the Constitution of the European Union. Oxford, Oxford University Press, 2003: 49–61.

T. A. Börzel: States and Regions in the European Union. Institutional Adaptation in Germany and Spain. Cambridge, Cambridge University Press, 2002.

T. A. Börzel: Föderative Staaten in einer entgrenzten Welt: Regionaler Standortwettbewerb oder gemeinsames Regieren jenseits des Nationalstaates? In: A. Benz/G. Lehmbruch (Hrsg.): Föderalismus. Analysen in entwicklungsgeschichtlicher und vergleichender Perspektive. Wiesbaden, Westdeutscher Verlag, 2002: 363–388.

T. C. Bose (Hrsg.): Indian Federalism: Problems and Issues. Kalkutta, K. P. Bagchi, 1986.

R. R. Bowie/C. J. Friedrich (Hrsg.): Studies in Federalism. Boston, Little Brown, 1954.

P. R. Brass: Ethnicity and Nationalism. Theorie and Comparison. New Delhi/London, Sage, 1991.

P. R. Brass: The Politics of India Since Independence. Cambridge, Cambridge University Press, 1990. 1994, 2. Aufl.

D. Braun (Hrsg.): Public Policy and Federalism. Aldershot, Ashgate, 2000.

D. Braun: Finanzpolitik und makroökonomische Steuerung in Bundesstaaten. In: A. Benz/G. Lehmbruch (Hrsg.): Föderalismus. Wiesbaden, Westdeutscher Verlag, 2002: 333–362.

D. Braun: Hat die vergleichende Föderalismusforschung eine Zukunft? Jahrbuch des Föderalismus. Bd. 3. Baden-Baden, Nomos, 2002 a: 97–116.

G. Brennan/J. M. Buchanan: The Power to Tax: Analytical Foundation of a Fiscal Constitution. Cambridge, Cambridge University Press, 1980.

J. Broschek/R.-O. Schultze: Föderalismus in Kanada: Pfadabhängigkeiten und Entwicklungswege. In: Jahrbuch des Föderalismus 2003. Baden-Baden, Nomos, 2003: 333–366.

D. M. Brown: Fiscal Federalism: The New Equilibrium between Equity and Efficiency. In: H. Bakvis/G. Skogstad (Hrsg.): Canadian Federalism. Oxford, Oxford University Press, 2002: 59–84.

R. Brubaker: Nationalism Reframed. Nationhood and the national question in the New Europe. Cambridge, Cambridge University Press, 1996.

R. Brubaker/F. Cooper: Beyond ‹identity›. In: Theory and Society, Jg. 29, 2000: 1–47.

R. Brubaker: Ethnicity without Groups. Cambridge/Mass., Harvard University Press, 2004.

U. Bullmann (Hrsg.): Die Politik der dritten Ebene. Regionen im Europa der Union. Baden-Baden, Nomos, 1994.

Bundesrat und Europäische Gemeinschaften. Dokumente. Bonn, Sekretariat des Bundesrates, 1988.

R. Burger: Die falsche Wärme der Kultur. Fußnote zu einem neuen Bedürfnis. In: Informationen zur politischen Bildung, Nr. 3, 1992: 10–16.

M. Burgess/A.-G. Gagnon (Hrsg.): Comparative Federalism and Federation. Hampstead, Harvester Wheatsheaf, 1993.

M. Burgess/F. Gress: Asymmetrical Federalism in Canada, the United States and Germany: Comparative Perspectives. In: R. Agranoff (Hrsg.): Accomodating Diversity: Asymmetry in Federal States. Baden-Baden, Nomos, 1999: 169–192.

A. Busch: Preisstabilitätspolitik: Politik und Inflationsraten im internationalen Vergleich. Opladen, Leske & Budrich, 1995.

A. Bzdera: Comparative analysis of federal high courts: a political theory of judicial review. Canadian Journal of Political Science, Jg. 26, Nr. 1, 1993: 3–29.

A. C. Cairns: The Governments and Societies of Canadian Federalism. In: Canadian Journal of Political Science, Jg. 10, Nr. 4, 1977: 695–726.

J. C. Calhoun: A Disquisition of Government and Selections from the Discourse (1853). New York, The Liberal Arts Press, 1953.

C. Calhoun: Critical Social Theory. Culture, History, and the Challenge of Difference. Oxford, Blackwell, 1995.

D. Cameron/R. Simeon: Intergovernmental Relations in Canada: The Emergence of Collaborative Federalism. Publius, Jg. 32, Nr. 2, 2002: 49–71.

R. K. Carty: Three Canadian Party System. In: H. G. Thorburn/A. Whitehorn (Hrsg.): Party Politics in Canada. Toronto, Prentice Hall, [8]2001: 16–32.

M. Castells: The Power of Identity. Oxford, Blackwell, 1997.

M. Castells: End of Millenium. Oxford, Blackwell, 1998.

M. Castells: Die Macht der Identität. Teil 2 der Trilogie: Das Informationszeitalter. Opladen, Leske & Budrich, 2002.

F. G. Castles: Federalism, fiscal decentralization and economic performance. In: U. Wachendorfer-Schmidt (Hrsg.): Federalism and Political Performance. London, Routledge, 2000: 177–195.

F. Cerutti/E. Rudolph (Hrsg.): A Soul for Europe. On the Political and Cultural Identity of the Europeans. 2 Bde. Leuven, Peeters Publishers, 2001.

C. Chiva: Ethnic Minority Rights in Central and Eastern Europe: The Case of the Hungarian ‹Status Law›. Government and Opposition, Jg. 41, Nr. 3, 2006: 401–421.

Ch.-L. Cho/D. S. Wright: Managing Carrots and Sticks: Changes in State Administrators' Perceptions of Cooperative and Coercive Federalism During the 1990s. Publius, Jg. 31, Nr. 2, 2001: 57–80.

J. Clifford: The Predicament of Culture. Twentieth-Century Ethnography, Literature, and Art. Cambridge/Mass., Harvard University Press, 1988.

J. Cockburn: Australian Federation. London, Horace Marshall 1901.

R. L. Cole u. a.: Public Opinion on Federalism and Federal Political Culture in Canada, Mexico, and the United States, 2004. Publius, Jg. 34, 3, 2004: 201–221.

T. Conlan u. a.: Deregulating Federalism? Publius, Jg. 25, Nr. 3, 1995: 23–40.

T. Conlan: From New Federalism to Devolution. Twenty-Five Years of Intergovernmental Reform, Washington/D. C., Brookings, 1998.

W. Connor: Ethnonationalism: The Quest for Understanding. Princeton, Princeton University Press, 1994.

J. Conway: Debts to Pay: English Canada and Quebec from the Conquest to the Referendum. Toronto, Lorimer, 1992.

M. Coper: The role of the courts in the preservation of federalism. Australian Law Journal, Jg. 63, Nr. 7, 1989: 46.

Council of Europe: 13. Report on the Preferential Treatment of National Minorities by Their Kin-State. Straßburg, 22. Okt. 2001.

T. Courchene/C. R. Telmer: From Heartland to North American Region. Toronto, University of Toronto Press, 1998.

G. Craenen (Hrsg.): The Institutions of Federal Belgium. Leuven, Acco, 1996.

D. Crystal: Language Death. Cambridge, Cambridge University Press, 2000.

F. Cutler: Governmental Responsibility and Electoral Acountability in Federation. Publius, Jg. 34, Nr. 2, 2004: 19–38.

H. Dachs (Hrsg.): Der Bund und die Länder. Über Dominanz, Kooperation und Konflikte im österreichischen Bundesstaat. Wien, Böhlau, 2003.

R. Dahl: A Preface to Democratic Theory. Chicago, Chicago University Press, 1956.

R. Deeg: Finance Capitalism Unveiled: Banks and The German Political Economy. Ann Arbor, University of Michigan Press, 1999.

P. Delwit u. a.: Gouverner la Belgique. Paris, PUF, 1999.

K. Deschouwer: Belgien – Ein Föderalstaat auf der Suche nach Stabilität. In: Jahrbuch des Föderalismus 2000. Baden-Baden, Nomos 2000: 97–119.

K. Deschouwer: Belgien – Föderalismus und Frustration. In: Jahrbuch des Föderalismus 2003. Baden-Baden, Nomos, 2003: 151–159.

K. W. Deutsch: Der Nationalismus und seine Alternativen. München, Piper, 1972.

N. Dewandre/J. Lenoble (Hrsg.): Projekt Europa. Postnationale Identität: Grundlage für eine europäische Demokratie? Berlin, Schelzky & Jeep, 1994.

Die Regionen Europas verlangen Mitsprache. FAZ, 3. Januar 2006: 18.

J. Dieringer/R. Sturm: Gesellschaftliche Regionalisierung? Zur Nachhaltigkeit EU-induzierter Dezentralisierungsprozesse in Mittel- und Osteuropa. In: Jahrbuch des Föderalismus 2005. Baden-Baden, Nomos, 2005: 50–70.

R. D. Dikshit: The Political Geography of Federalism. New York, Macmillan, 1975.

J. Dinan: Rights and the Political Process: Physician-Assisted Suicide in the Aftermath of Washington v. Glucksberg. Publius, Jg. 31, Nr. 4, 2001: 1–221.

J. Dinan: Congressional Responses to the Rehnquist Court's Federalism Decisions. Publius, Jg. 32, Nr. 3, 2002: 1–24.

J. Dinan: Consequences of the Rehnquist Federalism Decisions for Congressional Lawmaking. Publius, Jg. 34, Nr. 2, 2004: 39–67.

J. Dinan: Strengthening the Political Safeguards of Federalism: The Fate of Recent Federalism Legislation in the U. S. Congress. Publius, Jg. 34, 3, 2004: 55–80.

E. J. Dittrich/F.-O. Radtke (Hrsg.): Ethnizität. Wissenschaft und Minderheiten. Opladen, Westdeutscher Verlag, 1990.

R. H. Dorff: Federalism in Eastern Europe: part of the solution or part of the problem. Publius, Jg. 24, Nr. 2, 1994: 99–114.

S. K. Döring: Die Frei-Assoziierten Staaten von Mikronesien: Mikroinselstaaten zwischen Demokratie und traditioneller Herrschaft. Mag. Diss. Heidelberg, 2006.

Th. Döring: Finanzföderalismus in den Vereinigten Staaten von Amerika und in der Bundesrepublik Deutschland im Vergleich. In: B. Wentzel/D. Wentzel (Hrsg.): Wirtschaftlicher Systemvergleich Deutschland – USA anhand ausgewählter Ordnungsbereiche. Stuttgart, Lucius & Lucius, 2000: 53–112.

S. Dosenrode (Hrsg.): Approaching the European Federation. Burlington, Ashgate, 2007.

M. Dräger: Europäische Verfassung und deutscher Föderalismus. Über die institutionellen Präferenzen der deutschen Mitglieder des europäischen Verfassungskonvents. Mag. Diss., Heidelberg, 2006.

I. Duchacek: Comparative Federalism: The territorial dimension of Politics. Lanham/MD, University Press of America, 1987, 2. Aufl.

A. Eisenberg: The Politics of Individual and Group Difference in Canadian Jurisprudence. Canadian Journal of Political Science, 27, 1994, Nr. 1: 3–21.

J. J. Elaigwu: Federalism: The Nigerian Experience. Pretoria, HSRC Publishers, 1996.

J. I. Elaigwu: Federalism in Nigeria's New Democratic Polity. Publius, Jg. 32, Nr. 2, 2002: 73–95.

D. J. Elazar: American Federalism. A View from the States. New York, Thomas Crowell, 1972. New York, Harper & Row, 1984, 3. Aufl.

D. J. Elazar: Exploring Federalism. Tuscaloosa, University of Alabama Press, 1987.

D. J. Elazar: Federalism and the Way to Peace. Essays. Kingston/Ontario, Queen's University, Institute of Intergovernmental Relations, 1994.

D. J. Elazar (Hrsg.): Federal Systems of the World. Harlow, Longman, 1994 a.

D. J. Elazar: From Statism to federalism. A paradigm shift. Publius, Jg. 25, Nr. 2, 1995: 5–18.

D. J. Elazar: The Covenant Tradition in Politics, Bd. 1: Covenant and Polity in Biblical Israel. New Brunswick, Transaction, 1998.

D. J. Elazar: The Covenant Tradition in Politics, Bd. 3: Covenant and Constitutionalism. New Brunswick, Transaction, 1998.

D. J. Elazar: The Covenant Tradition in Politics, Bd. 4: Covenant and Civil Society. New Brunswick, Transaction, 1998.

D. J. Elkins: Beyond Sovereignty: Territory and Political Economy in the Twenty-First Century. Toronto, Toronto University Press, 1995.

J. Erk: Austria: A Federation without Federalism. Publius, Jg. 34, Nr. 1, 2004: 1–20.

W. Ernst: Gedanken zur Neugliederung des Bundesgebietes. Gegenwartskunde 1991: 5–15.

M. J. Esman (Hrsg.): Ethnic Conflict in the Western World. Ithaca, Cornell University Press, 1977.

T. Evers (Hrsg): Chancen des Föderalismus in Deutschland und Europa. Baden-Baden, Nomos, 1994.

G. Färber: Probleme der regionalen Steuerverteilung im bundesstaatlichen Finanzausgleich. Baden-Baden, Nomos, 2000.

L. P. Feld: Fiskalischer Föderalismus in der Schweiz. Vorbild für die Reform der deutschen Finanzverfassung? Gütersloh, Bertelsmann Stiftung, 2004.

T. Fernández/J. J. Laborda (Hrsg.): España – cabemos todos? Madrid. Alianza Editorial, 2002.

M. Filippov/O. Shevetsova: Asymmetric bilateral bargaining in the new Russian Federation. Communist and Post-Communist Studies, Nr. 1, 1999: 61–76.

Th. Fischer u. a.: Föderalismusreform in Deutschland. Ein Leitfaden zur aktuellen Diskussion und zur Arbeit der Bundesstaatskommission. Gütersloh, Bertelsmann Stiftung, 2004.

Th. Fischer: Reformziel Aufgabenentflechtung – Die Beratungen der Föderalismuskommission zur Neuordnung der Gesetzgebungskompetenzen. In: Jahrbuch des Föderalismus 2005. Baden-Baden, Nomos, 2005: 100–116.

Th. Fleiner u. a. (Hrsg.): Die neue schweizerische Bundesverfassung. Föderalismus, Grundrechte, Wirtschaftsrecht und Staatsstruktur. Basel, Helbing & Lichtenhahn, 2000.

Th. Fleiner: Recent Developments of Swiss Federalism. Publius, Jg. 32, Nr. 3, 2002: 97–123.

A. Follesdal: Towards a stable *finalité* with federal features? The balancing acts of the Constitutional Treaty for Europe. Journal of European Public Policy, Jg. 12, Nr. 3, 2005: 572–589.

M. Forsyth (Hrsg.): Federalism and Nationalism. Leicester, Leicester University Press, 1989.

B. Fowler: Fuzzy citizenship, nationalising political space: A framework for interpreting the Hungarian «Status Law» as a new form of kin-state-policy in Central and Eastern Europe. Birmingham, Centre for Russian and East European Studies, Working Paper 40/02, 2002.

K. Frantz: Der Föderalismus als das leitende Prinzip für die soziale, staatliche und internationale Organisation. Mainz, Franz Kirchheim, 1879, Nachdruck Aalen, Scientia, 1962.

N. Fraser/A. Honneth: Umverteilung oder Anerkennung? Eine politisch-philosophische Kontroverse. Frankfurt, Suhrkamp, 2003.

D. Freiburghaus/F. Buchli: Föderalismus und Mehrsprachigkeit in der Schweiz. Jahrbuch des Föderalismus 2004. Baden-Baden, Nomos, 2004: 307–321.

D. Freiburghaus/M. Grädel: Der Idealismus der frühen europäischen Föderalisten. In: Jahrbuch des Föderalismus 2005. Baden-Baden, Nomos, 2005: 25–37.

T. Freudenberger: Indiens Föderalismus und Ökonomie im Umbruch. Frankfurt, Lang, 2005.

C. J. Friedrich: Trends of Federalism in Theory and Practice. New York, Praeger, 1968.

C. J. Friedrich: The Politics of Language and Corporate Federalism. In: J.-G. Savard/R. Vigneault (Hrsg.): Les états multilingues. Québec, Les Presses de l' Université Laval, 1975: 227–237.

J. A. Frowein u. a. (Hrsg.): Das Minderheitenrecht europäischer Staaten. Berlin, Springer, 1994, Teil 2.

B. Galligan/J. S. F. Wright: Australian Federalism: A Prospective Assessment. Publius, Jg. 32, Nr. 2, 2002: 147–166.

A. Gamper: Homogeneity and Democracy in Austrian Federalism: The Constitutional Court's Ruling on Direct Democracy in Vorarlberg. Publius, Jg. 33, Nr. 1, 2003: 45–57.

St. Garsztecki: Polnische Regionen im Kontext der Osterweiterung der Europäischen Union. In: Jahrbuch des Föderalismus 2003. Baden-Baden, Nomos, 2003: 284–296.

F. Gélineau/E. Belanger: Electoral Accountability in a Federal System: National and Provincial Economic Voting. Publius, Jg. 35, 3, 2005: 407–424.

E. Gellner: Reason and Culture. Oxford, Blackwell, 1992.

D. Gerdes (Hrsg.): Aufstand der Provinz. Regionalismus in Westeuropa. Frankfurt, Campus, 1980.

D. Gerdes: Regionalismus als soziale Bewegung. Westeuropa, Frankreich, Korsika. Vom Vergleich zur Kontextanalyse. Frankfurt, Campus, 1985.

R. E. Germann: Die Europatauglichkeit der direktdemokratischen Institutionen der Schweiz. Schweizerisches Jahrbuch für politische Wissenschaft, Bd. 30, 1991: 257–269.

A. Giddens: Modernity and Self-Identity. Cambridge, Polity, 1991.

N. Glazer/D. P. Moynihan (Hrsg.): Ethnicity. Theory and Experience. Cambridge/Mass., Harvard University Press, 1975.

N. Glazer: Affirmative Discrimination: Ethnic Inequality and Public Policy. New York, Basic Books, 1975.

J. P. Gordin: Testing Riker's Party-Based Theory of Federalism: The Argentine Case. Publius, Jg. 34,1, 2004: 21–34.

R. Görner: Einheit durch Vielfalt. Föderalismus als politische Lebensform. Opladen, Westdeutscher Verlag, 1996.

E. Grande: Parteiensystem und Föderalismus. Institutionelle Strukturmuster und politische Dynamiken im internationalen Vergleich. In: A. Benz/G. Lehmbruch (Hrsg.): Föderalismus. Analysen in entwicklungsgeschichtlicher und vergleichender Perspektive (PVS-Sonderheft 32, 2001). Wiesbaden, Westdeutscher Verlag, 2002: 179–212.

M. Grau i Creus: Spain: incomplete federalism. In: U. Wachendorfer-Schmidt (Hrsg.): Federalism and Political Performance. London, Routledge, 2000: 58–77.

V. Gray u. a. (Hrsg.): Politics in the American States. Washington, D. C., CQ. Press, 1999, 7. Aufl.

A. L. Griffith/K. Nerenberg (Hrsg.): Handbook of Federal Countries, 2002. Montreal/Kingston, McGill-Queen's University Press, 2002.

F. Grotz: Europäisierung und nationale Staatsorganisation. Institutionen-politik in föderalen und unitarischen EU-Staaten im Vergleich. Habilitationsschrift, FU Berlin, 2006.

R. Gunther/J. R. Montero/J. Botella: Democracy in Modern Spain. New Haven, Yale University Press, 2004.

J. Habermas: Können komplexe Gesellschaften eine vernünftige Identität ausbilden? In: Ders.: Zur Rekonstruktion des Historischen Materialismus. Frankfurt, Suhrkamp, 1976: 92–126.

F. Hampson/J. Reppy (Hrsg.): Earthly Goods : Environmental Change and Social Justice. Ithaca, Cornell University Press, 1996.

P. Hänni: Schweizerischer Föderalismus und europäische Integration. Zürich, Schulthess, 2000.

H. Hannum (Hrsg.): Basic Documents on Autonomy and Minority Rights. Boston, Nijhoff, 1993.

M. Hardt/A. Negri: Empire. Die neue Weltordnung. Frankfurt, Campus, 2002.

S. S. Harrison: India. The most dangerous decades. Princeton, Princeton University Press, 1960.

C. Hatvany: Demokratie in multinationalen Staaten. Grundlagen und Bausteine für ein normatives Konzept politischer Inklusion und seine Anwendbarkeit in den heterogenen Staaten Osteuropas. Heidelberg, Mag. Diss. 2004.

M. Hechter: Internal Colonialism: The Celtic Fringe in British National Development, 1536–1966. Berkeley, University of California Press, 1975.

E. G. Heidbreder: Minderheitenschutz in der neuen EU. Osteuropa, Jg. 54, Nr. 5–6, 2004: 473–483.

W. Heidelmeyer: Das Selbstbestimmungsrecht der Völker. Paderborn, Schöningh, 1973.

A. Heinemann-Grüder: Der heterogene Staat. Föderalismus und regionale Vielfalt in Russland. Berlin, Berlin Verlag, 2000.

L. Helms: Föderalismus und Bundesstaatlichkeit in Deutschland: eine Analyse aus der Perspektive der vergleichenden Politikwissenschaft. Jahrbuch des Föderalismus, Bd. 7, 2006: 115–135.

W. Hennis: Parlamentarische Opposition und Industriegesellschaft. In: Ders.: Politik als praktische Wissenschaft. München, Piper, 1968: 105–125.

B. Henry: The Role of Symbols for European Political Identity? Political Identity as Myth? In: F. Cerutti/E. Rudolph (Hrsg.): A Soul for Europe. Bd. 2, Leuven u. a. Peeters, 2001: 49–70.

J. J. Hesse/W. Renzsch: 10 Thesen zur Entwicklung des deutschen Föderalismus. In: Staatswissenschaften und Staatspraxis, Jg. 1, H. 4, 1990: 562–578.

J. J. Hesse/V. Wright (Hrsg.): Federalizing Europe? The Costs, Benefits and Preconditions of Federal Political Systems. Oxford, Oxford University Press, 1996.

J. J. Hesse (Hrsg.): Regionen in Europa. Bd. 1: Die Institutionalisierung des Regionalausschusses. Baden-Baden, Nomos, 1996.

J. J. Hesse: Über die Kommission hinaus: Zum Stand und Zustand des deutschen Föderalismus. Zeitschrift für Staats- und Europawissenschaften, Jg. 3, Nr. 1, 2005: 109–123.

K. Hesse: Der unitarische Bundesstaat. Karlsruhe, C. F. Müller, 1962.

G. Hirscher (Hrsg.): Die Zukunft des kooperativen Föderalismus in Deutschland. München, Hanns-Seidel- Stiftung e. V., 1991.

E. Hobsbawm/T. Ranger (Hrsg.): The Invention of Tradition. Cambridge, Cambridge University Press, 1983.

B. Hodgins u. a. (Hrsg.): Federalism in Canada and Australia: The Early Years. Waterloo, Ontario, W. Laurier University Press, 1978.

W. Hofmeister: Der asymmetrische Föderalismus Brasiliens. In: Jahrbuch des Föderalismus 2005. Baden-Baden, Nomos, 2005: 519–533.

L. Hooghe: Belgian Federalism and the European Community. In: B. Jones/M. Keating (Hrsg.): The European Union and the Regions. Oxford, Clarendon, 1995: 125–166.

J. van Hoorde: Let Dutch die? Over the Taalunie's dead body. Den Haag, InfoNT 2, Conférence des Services de Traduction des États Européens, 1998: 6–10.

I. L. Horowitz: Daniel J. Elazar and the Covenant Tradition in Politics. Publius, Jg. 31, Nr. 1, 2001: 1–7.

R. Hrbek/S. Weyand: Betrifft: Das Europa der Regionen. München, Beck, 1994.

R. Hrbek (Hrsg.): Europapolitik und Bundesstaatsprinzip. Die ‹Europafähigkeit› Deutschlands und seiner Länder im internationalen Vergleich. Baden-Baden, Nomos, 2000.

R. Hrbek (Hrsg.): Political Parties and Federalism. An International Comparison. Baden-Baden, Nomos, 2004.

Th. O. Hueglin: From Constitutional to Treaty Federalism: A Comparative Perspective. Publius, Jg. 30, Nr. 4, 2000: 137–153.

M. Ignatieff: Blood and Belonging: Journeys into the New Nationalism. London, Vintage, 1994. Dt.: Reisen in den neuen Nationalismus. Frankfurt, Insel, 1994.

P. Ingendaay: Die Sprachpolizei rät. Gängelei und Säuberung: Katalonien bedrängt Spanien. FAZ, 18. Januar 2006: 21.

R. Inglehart: The Silent Revolution. Changing Values and Political Styles Among Western Publics. Princeton, Princeton University Press, 1977.

R. Inglehart: Culture Shift in Advanced Industrial Society. Princeton, Princeton University Press, 1990.

C. L. Irvin: Militant Nationalism. Between Movement and Party in Ireland and the Basque Country. Minneapolis, University of Minnesota Press, 1999.

V. Iyer: States of Emergency. The Indian Experience. London, Butterwell, 2000.

L. Jaeckel: Der Minderheitenschutz im Völkerrecht – ein System im Werden. In: F.-L. Kroll/M. Niedobitek (Hrsg.): Vertreibung und Minderheitenschutz in Europa. Berlin, Duncker & Humblot, 2006: 149–198.

C. Jeffery/R. Sturm (Hrsg.): Federalism, unification and European integration. German Politics, Special issue, 1, 3, 1992.

C. Jeffery/R. Palmer: Devolution im Vereinigten Königreich: Erste Anworten auf die «englische Frage»? Jahrbuch des Föderalismus 2003. Baden-Baden, Nomos, 2003: 259–269.

B. Kapferer: Legends of People, Myths of State. Violence, Intolerance, and Political Culture in Sri Lanka and Australia. Washington, Smithsonian Institute Press, 1987.

E. Katz/G. A. Tarr (Hrsg.): Federalism and Rights. Lanham/Maryland, Rowman & Littlefield, 1996.

P. J. Katzenstein:Ethnic Political Conflict in South Tyrol. In: M. J. Esman (Hrsg.): Ethnic Conflict in the Western World. Ithaca, Cornell University Press, 1977: 286–323.

P. J. Katzenstein: Small States in World Markets: Industrial Policy in Europe. Ithaca, Cornell University Press, 1985.

M. Keating: Nations against the State: The New Politics of Nationalism in Québec, Catalonia and Scotland. Basingstoke, Macmillan, 1996.

M. Keating/J. Loughlin: The Political Economy of Regionalism. London, Frank Cass, 1997.

M. Keating: Plurinational Democracy: Stateless Nations in a Post-Sovereignty Era. Oxford, Oxford University Press, 2001.

M. Keating/J. McGarry (Hrsg.): Minority Nationalism and the Changing International Order. Oxford, Oxford University Press, 2001.

M. Keating: Paradiplomatie und regionale Netzwerke. In: Jahrbuch des Föderalismus 2002. Baden-Baden, Nomos, 2002: 43–53.

M. Keating/S. Loughlin/K. Deschouwer: Culture, Institutions and Economic Development: a Study of Eight European Regions. Cheltenham, Edward Elgar, 2003.

J. G. Kelley: Ethnic Politics in Europe: The Power of Norms and Incentives. Princeton, Princeton University Press, 2004.

J. B. Kelly/M. Murphy: Shaping the Constitutional Dialogue on Federalism: Canadas Supreme Court as Meta-Political Actor. Publius, Jg. 35, Nr. 2, 2005: 217–243.

H. Kelsen (Hrsg.): Die Verfassungsgesetze der Republik Österreich. Teil 5. Wien, Deuticke, 1922.

H. Keman: Federalism and policy performance. In: U. Wachendorfer-Schmidt (Hrsg.): Federalism and Political Performance. London, Routledge, 2000: 196–227.

H. Kilper/R. Lhotta: Föderalismus in der Bundesrepublik Deutschland. Opladen, Leske & Budrich, 1996.

J. Kincaid: The State of U. S. Federalism, 2000–2001: Continuity in Crisis. Publius, Jg. 31, Nr. 3, 2001: 1–69.

J. Kincaid u. a.: Public Opinion on Federalism in Canada, Mexico, and the United States in 2003. Publius, Jg. 33,3, 2003: 145–162.

Ch. King/N. J. Melvin (Hrsg.): Nations Abroad. Diaspora Politics and International Relations in the Former Soviet Union. Boulder, Westview, 1998.

P. King: Federalism and Federation. London, Croom Helm, 1982.

H. Klatt: Deutsche Einheit und bundesstaatliche Ordnung. Verwaltungsarchiv, Jg. 82, H. 3, 1991: 430–458.

H. Kloss: Grundfragen der Ethnopolitik im 20. Jahrhundert. Wien, Braumüller, 1969.

U. Klöti u. a.: Handbuch der Schweizer Politik/Manuel de la politique Suisse. Zürich, NZZ Verlag, 1999.

F. Knipping (Hrsg.): Federal Conceptions in EU Member States: Traditions and Perspectives. Baden-Baden, Nomos, 1994.

M. Knodt: Die Prägekraft regionaler Politikstile. In: B. Kohler-Koch u. a. (Hrsg.): Interaktive Politik in Europa. Regionen im Netzwerk der Integration. Opladen, Leske & Budrich, 1998: 97–124.

K. Knop u. a. (Hrsg.): Rethinking Federalism. Vancouver, UBC Press, 1995.

B. Kohler-Koch u. a.: Interaktive Politik in Europa. Regionen im Netzwerk der Integration. Opladen, Leske & Budrich, 1998.

H. Kohn: The Ideal of Nationalism. A Study in its Origins and Background. New York, Collier, 1944.

Th. König: Politikverflechtungsfalle oder Parteienblockade? Das Potential für politischen Wandel im deutschen Zweikammersystem. Staatswissenschaften und Staatspraxis, Jg. 8, Nr. 2, 1997: 135–159.

Th. König: Regieren im deutschen Föderalismus. Aus Politik und Zeitgeschichte, B 13, 1999: 24–36.

J. Kramer (Hrsg.): Föderalismus zwischen Integration und Sezession. Baden-Baden, Nomos, 1993.

D. Krane/H. Koenig: The State of American Federalism, 2004: Is Federalism Still a Core Value? Publius, 1, 2005: 1–40.

P. A. Kraus: Nationalismus und Demokratie. Politik im spanischen Staat der Autonomen Gemeinschaften. Wiesbaden, DUV, 1996.

P. A. Kraus: Europäische Öffentlichkeit und Sprachpolitik. Frankfurt, Campus, 2004.

H. P. Kriesi u. a.: Le clivage linguistique. Problèmes de compréhension entre les communauté linguistique en Suisse. Bern, Bundesbureau für Statistik, 1996.

S. Krislow: American Federalism as American Exceptionalism. Publius, Jg. 31, Nr. 1, 2001: 9–26.

F.-L. Kroll/M. Niedobitek (Hrsg.): Vertreibung und Minderheitenschutz in Europa. Berlin, Duncker & Humblot, 2005.

S. Kropp/R. Sturm: Politische Willensbildung im Föderalismus. Aus Politik und Zeitgeschichte, B 13, 1999: 37–46.

S. Kropp: Regieren in Koalitionen. Handlungsmuster und Entscheidungsbildung in deutschen Länderregierungen. Wiesbaden, Westdeutscher Verlag, 2001.

A. Krupat: Ethnocriticism: Ethnography, history, literature. Berkeley, University of California Press, 1992.

Kulturnische im Welthandel. Ein Gespräch zur Unesco-Konvention zur kulturellen Vielfalt. FAZ, 24. Oktober 2005: 39.

W. Kymlicka: Multicultural Citizenship. A Liberal Theory of Minority Rights. Oxford, Clarendon, 1995.

W. Kymlicka: Finding Our Way. Rethinking Ethnocultural Relations in Canada. Oxford, Oxford University Press, 1998.

W. Kymlicka: Politics in the Vernacular: Nationalism, Multiculturalism, and Citizenship. Oxford, Oxford University Press, 2001.

W. Lagler: Vom «Grenzkampf» zum friedlichen Miteinander: Nationale Minderheiten und regionale Kooperation im deutsch-dänischen Grenzraum Sönderjylland/Schleswig. Jahrbuch des Föderalismus 2004. Baden-Baden, Nomos, 2004: 539–558.

M. Lalvani: Can Decentralization Limit Government Growth? A Test of the Leviathan Hypothesis for the Indian Federation. Publikus, Jg. 32, Nr. 3, 2002: 25–45.

Th. Lancaster/A. Hicks: The impact of federalism and neo-corporatism on economic performance: an analysis of eigtheen OECD countries. In: U. Wachendorfer-Schmidt (Hrsg.): Federalism and Political Performance. London, Routledge, 2000: 228–242.

J.-E. Lane/S. Ersson: The Federal Model: Is it Superior? Berlin, Discussion Paper, 1996.

D. Langewiesche: Zentralstaat – Föderativstaat: Nationalstaatsmodelle in

Europa im 19. und 20. Jahrhundert. Zeitschrift für Staats- und Europa-wissenschaften. Jg. 2, 2004: 173–190.

R. Lansing: Die Versailler Friedens-Verhandlungen. Berlin, Reimar Hobbing, 1921.

J. A. Laponce: Relating Linguistics to Political Conflicts: The Problem of Language Shift in Multilingual Societies. In: J.-G. Savard/R. Vigneaux (Hrsg.): Les états multilingues. Québec, Les Presses de l' Université Laval, 1975: 185–201.

H. Laufer/Th. Fischer: Föderalismus als Strukturprinzip für die Europäische Union. Gütersloh, Bertelsmann, 1996.

H. Laufer/U. Münch: Das föderative System der Bundesrepublik Deutschland. Opladen, Leske & Budrich, 1998.

P. Le Galès: Regional Economic Policies: An Alternative to French Economic Dirigism? Regional Politics and Policy, Jg. 4, Nr. 3, 1994: 72–91.

G. Lehmbruch: Verfassungspolitische Alternativen der Politikverflechtung. Zeitschrift für Parlamentsfragen, 1977: 461–474.

G. Lehmbruch: Parteienwettbewerb im Bundesstaat. Regelsysteme und Spannungslagen im Institutionengefüge der Bundesrepublik Deutschland. Opladen, Westdeutscher Verlag, 1998, 2. Aufl.; 2000, 3. Aufl.

G. Lehmbruch: Bundesstaatsreform als Sozialtechnologie? Pfadabhängigkeit und Veränderungsspiele im deutschen Föderalismus. In: Jahrbuch des Föderalismus 2000. Baden-Baden, Nomos, 2000: 71–94.

G. Lehmbruch: Der unitarische Bundesstaat in Deutschland: Pfadabhängigkeit und Wandel. In: A. Benz/G. Lehmbruch (Hrsg.): Föderalismus. Analysen in entwicklungsgeschichtlicher und vergleichender Perspektive (PVS-Sonderheft 32, 2001). Wiesbaden, Westdeutscher Verlag, 2002: 53–110.

W. I. Lenin: Über das Selbstbestimmungsrecht der Nationen (1914). In: Ders.: Ausgewählte Werke. Berlin, Dietz, 1966, Bd. 1: 681–741.

U. Leonardy: Deutscher Föderalismus jenseits 2000: Reformiert oder deformiert? Zeitschrift für Parlamentsfragen, Jg. 30, 1999: 135–162.

Les Européens et les langues. Eurobaromètre 54 spécial. 2001.

R. Lhotta: Der «verkorkste Bundesstaat» – Anmerkungen zur bundesstaatlichen Reformdiskussion. Zeitschrift für Parlamentsfragen, H. 1, 1993: 117–132.

R. Lhotta: Der «lästige» Föderalismus: Überlegungen zum konsensuellen «deadlock» am Beispiel von Bundesrat und Vermittlungsausschuß. In: U. Männle (Hrsg.): Föderalismus zwischen Konsens und Konkurrenz. Baden-Baden, Nomos, 1998: 79–91.

R. Lhotta: Verfassungsgerichtsbarkeit im Bundesstaat: Überlegungen zu einer neo-institutionalistischen Ergänzung der Forschung. In: Jahrbuch des Föderalismus 2003. Baden-Baden, Nomos, 2003: 49–65.

A. Lijphart: Democracy in Plural Societies. New Haven, Yale University Press, 1977.

A. Lijphart: Political Theories and the Explanation of Ethnic Conflict in the Western World: Falsified Predictions and Plausible Postdictions. In: M. J. Esman (Hrsg.): Ethnic Conflict in the Western World. Ithaca, Cornell University Press, 1977: 46–64.

A. Lijphart: Patterns of Democracy. New Haven, Yale University Press, 1999.

W. Linder: Schweizerische Demokratie. Institutionen, Prozesse, Perspektiven. Bern, Paul Haupt, 1999.

J. J. Linz: Democracy, Multinationalism and Federalism. In: W. Merkel/ A. Busch (Hrsg.): Demokratie in Ost und West. Für Klaus von Beyme. Frankfurt, Suhrkamp, 1999: 382–401.

J. J. Linz/A. Stepan/Y. Yadav: «Nation State» or «State Nation»? India in Comparative Perspective. In: Sh. Bajpai (Hrsg.): Democracies and Diversity: India and the American Experience. Oxford, Oxford University Press, 2007 (im Erscheinen).

F. K. Lister: The Later Security Confederations: The American, «New» Swiss, and German Unions. Westport, Greenwood, 2001.

W. S. Livingston: Federalism and Constitutional Change. Oxford, Oxford Clarendon, 1956.

W. Ludhardt: Abschied vom deutschen Konsensmodell? Zur Reform des Föderalismus. Aus Politik und Zeitgeschichte, B13, 1999: 12–23.

N. Luhmann: Grundrechte als Institution. Berlin, Duncker & Humblot, 1965.

N. Luhmann: Weltgesellschaft (1971). In: Ders.: Soziologische Aufklärung 2, Opladen, Westdeutscher Verlag, 1975: 51–71.

D. S. Lutz: Toward a Theory of Constitutional Amendment. American Political Science Review, Bd. 88, Nr. 2, 1994: 355–370.

G. Maddox: James Bryce: Englishness and Federalism in America and Australia. Publius, Jg. 34, Nr. 1, 2004: 53–65.

A. Majeed: The Changing Politics of States Reorganization. Publius, Jg. 33, Nr. 4, 2003: 83–98.

G. Majone: The Rise of the Regulatory State in Europe. West European Politics, Jg. 17, Nr. 3, 1994: 77–101.

G. Majone: Redistributive und sozialregulative Politik. In: M. Jachtenfuchs/B. Kohler-Koch (Hrsg.): Europäische Integration. Opladen, Leske & Budrich, 1996: 225–247.

G. Majone (Hrsg.): Regulating Europe. London, Routledge, 1996 a.

G. Majone: From the Positive to the Regulatory State. Journal of Public Policy, 1997: 139–165.

G. Majone: Dilemmas of European Integration. The Ambiguities and Pitfalls of Integration by Stealth. Oxford, Oxford University Press, 2005.

E. Mäkinen: Åland und sein Sonderstatus. Jahrbuch des Föderalismus 2005. Baden-Baden, Nomos, 2005: 350–362.

M. Mann: The Dark Side of Democracy. Explaining Ethnic Cleansing. Cambridge, Cambridge University Press, 2005.

U. Männle (Hrsg.): Föderalismus zwischen Konsens und Konkurrenz. Baden-Baden, Nomos, 1998.

J. G. March/J. P. Olsen: The New Institutionalism: Organizational Factors of Political Life. American Political Science Review, Jg. 78, 1984: 734–749.

J. G. March/J. P. Olsen: Rediscovering Institutions. The Organizational Basis of Politics. New York, Free Press, 1989.

R. Marcic: Verfassungsgerichtsbarkeit und Reine Rechtslehre. Wien, Deuticke, 1966.

H. Marhold: Fischers Föderation – Frankreichs Reaktion. In: Jahrbuch des Föderalismus 2001. Baden-Baden, Nomos, 2001: 429–444.

B. Marin (Hrsg.): Governance and Generalized Exchange. Self-Organizing Policy Networks in Action. Frankfurt, Campus/Boulder, Westview, 1990.

B. Marin/R. Mayntz (Hrsg.): Policy Networks: empirical evidence and theoretical considerations. Frankfurt, Campus/Boulder, Westview, 1991.

R. Mark: Die Republik Kalmückien (Chalmg Tangtsch). Berichte des BIOSt, Nr. 35, 1998.

R. Mayntz: Föderalismus und die Gesellschaft der Gegenwart. Köln, Max-Planck-Institut für Gesellschaftsforschung, Discussion Paper 3, 1989. Archiv für öffentliches Recht, Jg. 115, 1990: 232–247.

R. C. Meier-Walser/G. Hirscher (Hrsg.): Krise und Reform des Föderalismus. München, Olzog, 1999.

J. Meisel: Political Styles and Language-Use in Canada. In: J.-G. Savard/R. Vigneault (Hrsg.): Les états multilingues. Multinational Political Systems. Québec, Les Presses de l'université Laval, 1975: 317–365.

Y. Mény/P. Muller/J.-L. Quermonne (Hrsg.): Adjusting to Europe: The Impact of the European Union on National Institutions and Policies. London, Routledge, 1996.

W. Merkel u. a.: Die Reformfähigkeit der Sozialdemokratie. Regierungspolitik in Westeuropa. Wiesbaden, VS Verlag, 2006.

H. Merlin-Kajman: La langue est-elle fasciste? Langue, pouvoir, enseignement. Paris, Seuil, 2003.

D. Merten (Hrsg.): Die Stellung der Landesparlamente aus deutscher, österreichischer und spanischer Sicht. Berlin, Duncker & Humblot, 1997.

Th. Meyer: Identitätspolitik. Vom Mißbrauch kultureller Unterschiede. Frankfurt, Suhrkamp, 2002.

H. Miall (Hrsg.): Minority Rights in Europe. London, Royal Institute for International Affairs, 1994.

S. Mielke/W. Reutter (Hrsg): Länderparlamentarismus in Deutschland. Wiesbaden, Verlag für Sozialwissenschaften, 2004.

J. S. Mill: Betrachtungen über repräsentative Demokratie (1861). Paderborn, Schöningh, 1971.

Ministerio para Administraciones Públicas (Hrsg.): La participación de la Comunidades Autónomas en los asuntos comunitarios europeos. Madrid, 1995.

M. Minkenberg: The Politics of Citizenship in the New Republic. In: H. Kitschelt/W. Streeck (Hrsg.): Germany. Beyond the Stable State. London, Frank Cass, 2003: 219–240.

A. Mintzel: Multikulturelle Gesellschaften in Europa und Nordamerika. Passau, Rothe, 1997.

S. K. Mitra/R. A. Lewis (Hrsg.): Subnational Movements in South Asia. Boulder/Col., Westview, 1996.

S. K. Mitra: The nation, state and the federal process in India. In: U. Wachendorfer-Schmidt (Hrsg.): Federalism and Political Performance. London, Routledge, 2000: 40–57.

S. K. Mitra: Language and Federalism: the multi-ethnic challenge. International Social Science Journal, März 2001: 51–60.

S. K. Mitra: Culture, Structure and Design: The Federalising Process in Indian. Heidelberg, Mimeo, 2005.

M. Mommsen: Der Föderalismus in Rußland. In: R. C. Meier-Walser/G. Hirscher (Hrsg.): Krise und Reform des Föderalismus. München, Olzog, 1999: 226–245.

Ch. Z. Mooney: The Decline of Federalism and the Rise of Morality-Policy Conflict in the United States. Publius, Jg. 20, Nr. 1–2, 2000: 171–188.

A. Morcillo Laiz: Contentious Regions and Disorganized Federalism: The Impact of Territorial and Minority Interests on EU Decisions. Diss. Berlin, Humboldt Universität, 2006.

U. Morelli: Italien zwischen Föderalismus und Devolution. In: Jahrbuch des Föderalismus 2003. Baden-Baden, Nomos, 2003: 186–196.

L. Moreno: Asymmetry in Spain: Federalism in the Making? In: R. Agranoff (Hrsg.): Accomodating Diversity: Asymmetry in Federal States. Baden-Baden, Nomos, 1999: 149–168.

L. Moreno: The Federalization of Spain. London, Frank Cass, 2001.

G. Mühlbacher: Italiens asymmetrischer Regionalismus zwischen Verfassungsreform und «Devolution». Jahrbuch des Föderalismus 2002. Baden-Baden, Nomos, 2002: 315–329.

W. E. Mühlmann: Assimilation, Umvolkung, Volkwerdung, Stuttgart, Kohlhammer, 1944.

R. Müller: Föderalismusreform: Der Kampf um Kompetenzen. FAZ, 1. Juli 2006: 6–7.

U. Münch: Sozialpolitik und Föderalismus: Zur Dynamik der Aufgabenverteilung im sozialen Bundesstaat. Opladen, Leske & Budrich, 1997.

U. Münch: Entwicklung und Perspektiven des deutschen Föderalismus. Aus Politik und Zeitgeschichte, B 13, 1999: 3–11.

H. Münkler: Der Wettbewerb der Sinnproduzenten. Vom Kampf um die politisch-kulturelle Hegemonie. Merkur, Jg. 60, Nr. 1, 2006: 15–22.

K.-J. Nagel: Die «Autonomisierung» Spaniens – ein abgeschlossener Prozess? In: Jahrbuch des Föderalismus 2003. Baden-Baden, Nomos, 2003: 222–232.

M. Naumann: Die kalte Revolution. Der Machthunger reicher Bundesländer treibt die Föderalismusreform voran. Die Zeit, 2. März 2006: 1.

M. T. Newton: Institutions of Modern Spain. Cambridge, Cambridge University Press, 1997.

D. Nohlen: Regionalismus in Spanien. Aus Politik und Zeitgeschichte, B 12, 1980: 39–60.

D. Nohlen/R.-O. Schultze (Hrsg.): Ungleiche Entwicklung und Regionalpolitik in Südeuropa. Bochum, Brockmeyer, 1985.

D. Nohlen/J. J. G. Encinar (Hrsg.): Der Staat der Autonomen Gemeinschaften in Spanien. Opladen, Leske & Budrich, 1992.

D. Nohlen/M. Kasapovic: Wahlsysteme und Systemwechsel in Osteuropa. Opladen, Leske & Budrich, 1996.

D. Nohlen/A. Hildenbrand: Spanien. Wirtschaft – Gesellschaft – Politik. Wiesbaden, VS Verlag für Sozialwissenschaften, 2005.

A. Norton: International Handbook of Local and Regional Government. A Comparative Analysis of Advanced Democracies. Aldersht, Edward Elgar, 1994.

W. E. Oates: Fiscal Federalism. New York, Harcourt, Brace & Jovanovich, 1972.

W. E. Oates: Searching for Leviathan: An Empirical Study. American Economic Review Jg. 75, 1985: 748–757.

H. Obinger/U. Wagschal/B. Kittel (Hrsg.): Politische Ökonomie. Opladen, Leske & Budrich, 2003.

H. Obinger/St. Leibfried/F. G. Castles (Hrsg.): Federalism and the Welfare State. Cambridge, Cambridge University Press, 2005.

H. Obinger u. a.: Beipässe für ein «soziales Europa»: Lehren aus der Geschichte des westlichen Föderalismus. Der Staat, 2005 a, Nr. 4: 505–542.

OECD: Economic Surveys: Canada. Paris, OECD, 2001.

OECD: Economic Surveys: United States. Paris, OECD, 2002.

C. Offe: Politische Legitimation durch Mehrheitsentscheidung. In: B. Guggenberger/C. Offe (Hrsg.): An den Grenzen der Mehrheitsdemokratie. Opladen, Westdeutscher Verlag, 1984: 150–183.

R. Olt: Ungarn und Ungarn. Ein Ausweis soll der Fürsorgepflicht Budapests für die Minderheiten in den Nachbarstaaten genügen. FAZ, 30. August 2005: 10.

R. Olt: Wenn die Azzurri siegen, fliehen die Südtiroler aus Bozen. Die SVP in Zeiten nationaler Aufwallungen. FAZ, 8. Juli 2006: 5.

S. Ortino u. a. (Hrsg.): The changing faces of federalism. Institutional reconfiguration in Europe from East to West. Manchester, Manchester University Press, 2005.

M. A. Pagano: Introduction to the Global Review of Federalism. Publius, Jg. 32, Nr. 2, 2002: 1–22.

M. Painter: Conditional Co-operation in Australia's Arm's Length Federal Polity. In: U. Wachendorfer-Schmidt (Hrsg.): Federalism and Political Performance. London, Routledge, 2000: 130–145.

R. Palmer/Ch. Jeffery: Das Vereinigte Königreich: Die «Devolution-Revolution» setzt sich fort. In: Jahrbuch des Föderalismus 2002. Baden-Baden, Nomos, 2002: 343–356.

Y. Papadopoulos: Connecting Minorities to the Swiss Federal System: A Frozen Conception of Representation and the Problem of «Requisite Variety». Publius, Jg. 32, 4, 2002: 47–65.

S. Parrish: Presidential Decree Authority in Russia 1991–1995. In: J. M. Carey/M. S. Shugart (Hrsg.): Executive Decree Authority. Cambridge, Cambridge University Press, 1998: 62–103.

L. Paterson: The Autonomy of Modern Scotland. Edinburgh, Edinburgh University Press, 1994.

R. Peffekoven: Finanzausgleich im vereinten Deutschland. Wirtschaftsdienst 1990, VII: 346–352.

H. Peres/M.-S. Darviche: Comparer des dynamiques identitaires avec Juan Linz. Les case de l'Espagne et de la France. Montpellier, Colloque international, Sept. 2006 (mimeo).

P. E. Peterson: The Price of Federalism. Washington, Brookings, 1995.

F. A. Pfetsch: The Politics of Culture and Identity in Europe. In: F. Cerutti/E. Rudolph (Hrsg.): A Soul For Europe. Bd. 2 An Essay Collection. Leuven, Peeters, 2001: 113–132.

F. Plasser/P. A. Ulram: Regionale Mentalitätsdifferenzen in Österreich. In: H. Dachs (Hrsg.): Der Bund und die Länder. Über Dominanz, Kooperation und Konflikte im österreichischen Bundesstaat. Wien, Böhlau, 2003: 421–440.

R.-D. Postlep (Hrsg.): Aktuelle Fragen zum Föderalismus. Marburg, Metropolis, 1996.

P. J. Proudhon: Du principe fédératif (1863). Œuvres complètes, Paris, Rivière, 1959.

K. Rabl: Das Selbstbestimmungsrecht der Völker. Köln, Böhlau, 1973, 2. Aufl.

K. Renner: Das Selbstbestimmungsrecht der Nationen. Teil 1. Nation und Staat. Leipzig/Wien, Deuticke, 1918.

W. Renzsch: Finanzverfassung und Finanzausgleich. Die Auseinandersetzungen um ihre politische Gestaltung in der Bundesrepublik Deutschland zwischen Währungsreform und deutscher Wiedervereinigung (1948 bis 1990). Bonn, Dietz, 1991.

W. Renzsch: Aufgabenschwerpunkte und -verschiebungen im Bund. In: Th. Ellwein/E. Holtmann (Hrsg.): 50 Jahre Bundesrepublik Deutschland. Opladen, Westdeutscher Verlag, 1999: 363–384.

W. Renzsch: Föderale Finanzverfassungen: Ein Vergleich Australiens, Deutschlands, Kanadas, der Schweiz und der USA aus institutioneller Perspektive. In: Jahrbuch des Föderalismus, Baden-Baden, Nomos, 2000: 42–54.

W. Renzsch: Bundesstaatsreform – nach dem Scheitern der KOMBO. Jahrbuch des Föderalismus 2005. Baden-Baden, Nomos, 2005: 91–117.

G. Riescher u. a. (Hrsg.): Zweite Kammern. München, Oldenbourg, 2000.

G. Riescher: Do Second Chambers matter? Fragen und Ergebnisse zum internationalen Vergleich bikameraler Systeme. In: Jahrbuch des Föderalismus 2001. Baden-Baden, Nomos, 2001: 87–98.

W. H. Riker: Federalism. Origin, Operation, Significance. Boston, Little Brown, 1964.

W. H. Riker: Federalism. In: F. Greenstein/N. W. Polsby (Hrsg.): Handbook of Political Science. Bd. V. Governmental Institutions and Processes. Reading/Mass., Addison-Wesley, 1975: 93–172.

R. Rossum: Federalism, the Supreme Court, and the Seventeenth Amendment. Lanham, Lexington, 2001.

P. H. Russell: Constitutional Odyssey: Can Canadians Become a Sovereign People? Toronto, University of Toronto Press, 1993.

Sachverständigenkommission für die Neugliederung des Bundesgebietes gemäß Art. 29 des Grundgesetzes. Bonn, BMI, 1973.

F. Saint-Ouen (Hrsg.): Dictionnaire international du fédéralisme. Brüssel, Bruylant, 1994.

G. Sasse: The New Ukraine: a State of Regions. Regional and Federal Studies, Bd. 11, 2001: 69–100.

J.-G. Savard/R. Vigneault (Hrsg.): Les états multilingues. Problèmes et so-
lutions. Multilingual Political Systems. Problems and Solution. Québec,
Les Presses de l' Université Laval, 1975.

F. W. Scharpf u. a.: Politikverflechtung: Theorie und Empirie des kooperativen Föderalismus in der Bundesrepublik. Kronberg, Scriptor,
1976.

F. W. Scharpf: Die Politikverflechtungsfalle: Europäische Integration und
deutscher Föderalismus im Vergleich. Politische Vierteljahresschrift,
Jg. 26, 1985: 323–365.

F. W. Scharpf: The Joint-Decision Trap: Lessons from West German Federalism and European Integration. Public Administration, Jg. 66, 1988:
239–278.

F. W. Scharpf: Föderalismus an der Wegscheide: eine Republik. Staatswissenschaften und Staatspraxis, 1990, Nr. 4/5: 579–587.

F. W. Scharpf: Entwicklungslinien des bundesdeutschen Föderalismus. In:
B. Blanke/H. Wollmann (Hrsg.): Die alte Bundesrepublik. Kontinuität
und Wandel. Opladen, Westdeutscher Verlag, 1991: 146–159.

F. W. Scharpf: Optionen des Föderalismus in Deutschland und Europa.
Frankfurt, Campus, 1994.

F. W. Scharpf: Games Real Actors Play. Actor-Centered Institutionalism in
Policy Research. Boulder, Westview, 1997.

F. W. Scharpf: Regieren in Europa. Effektiv und demokratisch? Frankfurt,
Campus, 1999.

F. W. Scharpf: Föderale Politikverflechtung: Was muß man ertragen? Was
kann man ändern? In: K. Morath (Hrsg.): Reform des Föderalismus. Bad
Homburg, Frankfurter Institut, 1999: 23–36.

F. W. Scharpf: Der deutsche Föderalismus – reformbedürftig und reformier-
bar? Köln, MPIfG Working Paper 04, 2. Mai 2004.

K. Schildknecht: Der Steuerwettbewerb – weder schädlich noch Auslaufmodell. In: U. Wagschal/H. Rentsch (Hrsg.): Der Preis des Föderalismus.
Zürich, Orell Füssli, 2002: 119–149.

P. Schindler: Datenhandbuch zur Geschichte des Deutschen Bundestages.
Bd. IV. 1983–1991. Baden-Baden, Nomos, 1994.

M. G. Schmidt: CDU und SPD an der Regierung. Ein Vergleich ihrer Politik in den Ländern. Frankfurt, Campus, 1980.

M. G. Schmidt: Theorien der international vergleichenden Staatstätigkeitsforschung. In: A. Héritier (Hrsg.): Policy-Analyse. Opladen, Westdeutscher Verlag, 1993: 371–393.

M. G. Schmidt: Politikverflechtung zwischen Bund, Ländern und Gemeinden. Hagen, Fernuniversität, 1994.

M. G. Schmidt (Hrsg.): Wohlfahrtsstaatliche Politik, Institutionen, politischer Prozess und Leistungsprofil. Opladen, Leske & Budrich, 2001.

M. G. Schmidt: Thesen zur Reform des Föderalismus in der Bundesrepublik Deutschland. Politische Vierteljahresschrift, Jg. 42, 2001 a: 474–491.

M. G. Schmidt: Demokratietheorien, Opladen, Leske & Budrich, 2003, 3. Aufl.

M. G. Schmidt: Sozialpolitik in Deutschland. Opladen, VS Verlag für Sozialwissenschaften, 2005, 3. Aufl.

Ph. Schmitter: Some alternative futures for the European polity and their implications for European public policy. In: Y. Mény u. a.: Adjusting to Europe. London, Routledge, 1996: 25–40.

H. Schneider: Ministerpräsidenten. Profil eines politischen Amtes im deutschen Föderalismus. Opladen, Leske & Budrich, 2001.

H.-P. Schneider: Nehmen ist seliger als Geben. Oder: Wieviel Föderalismus verträgt der Bundesstaat? Neue Juristische Wochenschrift, Jg. 51, 1998: 3757–3759.

G. Schöpflin: Nations, Identity, Power. The New Politics of Europe. London, Hurst, 2000.

R.-O. Schultze: Der deutsche Föderalismus nach der Vereinigung. Staatswissenschaften und Staatspraxis, Jg. 4, H. 4, 1993: 225–255.

R.-O. Schultze: Wieviel Asymmetrie verträgt der Föderalismus? In: D. Berg-Schlosser u. a. (Hrsg.): Politikwissenschaftliche Spiegelungen. Opladen, Westdeutscher Verlag, 1998: 196–216.

R.-O. Schultze: Föderalismusreform in Deutschland: Widersprüche – Ansätze – Hoffnungen. Zeitschrift für Politik, Jg. 46, Nr. 2, 1999: 173–194.

R.-O. Schultze: Bundesstaaten unter Reformdruck: Kann Deutschland von Kanada lernen? Zeitschrift für Staats- und Europawissenschaften, Jg. 2, Nr. 2, 2004: 191–211.

E. F. Schumacher: Die Rückkehr zum menschlichen Maß. Reinbek, Rowohlt, 1977.

S. Schüttemeyer/R. Sturm: Wozu Zweite Kammern? Zur Repräsentation und Funktionalität Zweiter Kammern in westlichen Demokratien. Zeitschrift für Parlamentsfragen, Jg. 23, 3, 1992: 517–536.

K. P. Schwarz: Nervosität in Kroatien. FAZ, 1. Februar 2006: 3.

A. Selliaas: Reframing Nationalism Reframed – the quadruple nexus. Working Paper, Oslo, Norwegian Institute of International Affairs, 2005.

B. Selway/J. M. Williams: The High Court and Australian Federalism. Publius, Jg. 35, Nr. 3, 2005: 467–488.

R. Senelle: Constitutional reform in Belgium: from unitarism towards federalism. In: M. Forsyth (Hrsg.): Federalism and Nationalism. Leicester, Leicester University Press, 1989: 51–95.

M. Seybold: Der Finanzausgleich im Kontext des deutschen Föderalismus. Baden-Baden, Nomos, 2005.

L. J. Sharpe: The Rise of Meso Government in Europe. London, Sage, 1993.

D. Sidjanski: The Federal Approach to the European Union or the Quest for an unprecedented European Federalism. Paris, Notre Europe, Research and Policy Paper Nr. 14, Juli 2001.

L. Siedentop: Democracy in Europe. London, Penguin, 2000. Dt.: Demokratie in Europa. Stuttgart, Klett-Cotta, 2002.

M. Siguán: Conocimiento y uso de las lenguas en España. Madrid, 1999.

R. Simeon/I. Robinson: State, Society, and the Development of Canadian Federalism. Toronto, Toronto University Press, 1990.

R. Simeon/Ch. Murray: Multi-Sphere Governance in South Africa: An Interim Assessment. Publius, Jg. 33, Nr. 4, 2001: 65–92.

M. Singer: Fremd. Bestimmung. Zur kulturellen Verortung von Identität. Tübingen, Edition Diskord, 1997.

M. Singh/D. V. Verney: Challenges to India's Centralized Parliamentary Federalism. Publius, Jg. 33, Nr. 4, 2003: 1–20.

G. Smith (Hrsg.): Federalism. The multiethnic challenge. London, Longman, 1995.

J. Solé Tura: Nacionalidades y nacionalismos en España. Madrid, Alianza, 1985.

C. Souza: Brazil: The Prospects of Center-Constraining Federation in a Fragmented Polity. Publius, Jg. 32, Nr. 2, 2002: 23–48.

E. Steinmann: American Federalism and Intergovernmental Innovation in State-Tribal Relations. Publius, Jg. 34, Nr. 2, 2004: 95–114.

A. C. Stepan: Federalism and Democracy. Beyond the U. S. Model. In: Journal of Democracy, Jg. 10, 1999: 19–34.

M. Stephens: Linguistic Minorities in Western Europe. Llandysul, Gomer, 1976. Dt.: Minderheiten in Westeuropa. Husum, Matthiesen Verlag, 1979.

K. Stoner-Weiss: Central Governing Incapacity and the Weakness of Political Parties: Russian Democracy in Disarray. Publius, Jg. 32, 2, 2002: 125–146.

D. Studlar: The Last Westminster Electoral System? Canada, not Britain? Representation, Jg. 35, 1, 1997: 71–79.

R. Sturm: Nationalismus in Schottland und Wales. Bochum, Brockmeyer, 1981.

R. Sturm: Haushaltspolitik in westlichen Demokratien. Ein Vergleich des haushaltspolitischen Entscheidungsprozesses in der Bundesrepublik Deutschland, Frankreich, Großbritannien, Kanada und den USA. Baden-Baden, Nomos, 1989.

R. Sturm: Westeuropäischer Regionalismus und deutscher Föderalismus. In: G. Hirscher (Hrsg.): Die Zukunft des kooperativen Föderalismus in Deutschland. München, Hanns-Seidel-Stiftung e. V., 1991: 205–221.

R. Sturm: Föderalismus in Deutschland und in den USA. Tendenzen der Angleichung? Zeitschrift für Parlamentsfragen, 1997: 335–345.

R. Sturm: Aktuelle Entwicklungen und Schwerpunkte in der internationalen Föderalismus- und Regionalismusforschung. In: Jahrbuch des Föderalismus 2000. Baden-Baden, Nomos, 2000: 29–41.

R. Sturm: Föderalismus in Deutschland. Berlin, Landeszentrale für politische Bildungsarbeit, 2001.

R. Sturm: Compounded Representation – Ein neuer Ansatz der international vergleichenden Föderalismusforschung? Jahrbuch des Föderalismus 2001 a. Baden-Baden, Nomos, 2001 a: 27–34.

R. Sturm (Hrsg.): Grenzen und Grenzüberschreitungen – Brücken von Region zu Region. Erlangen, Zentralinstitut für Regionalforschung, 2002.

R. Sturm: Der Föderalismus – ein «Schnäppchen»? – Zu den finanziellen Auswirkungen der Gewährung regionaler Rechte. Jahrbuch des Föderalismus 2003. Baden-Baden, Nomos, 2003: 66–78.

R. Sturm: Zur Reform des Bundesrates. Aus Politik und Zeitgeschichte, B 29, 2003 a: 24–31.

R. Sturm: Bürgergesellschaft und Bundesstaat. Demokratietheoretische Begründung des Föderalismus und der Föderalismuskultur. Gütersloh, Bertelsmann-Stiftung, 2004. Kurzform: Gütersloh, Bertelsmann-Stiftung/Berlin, Konrad-Adenauer-Stiftung u. a., 2004 a.

R. Sturm/J. Dieringer: Theoretische Perspektiven der Europäisierung von Regionen im Ost-West-Vergleich. In: Jahrbuch des Föderalismus 2004. Baden-Baden, Nomos, 2004: 21–35.

R. Sturm/P. Zimmermann-Steinhart: Föderalismus. Eine Einführung. Baden-Baden, Nomos, 2005.

W. Swenden: Asymmetric Federalism and Coalition-Making in Belgium. Publius, Jg. 32, Nr. 3, 2002: 67–87.

W. Swenden: Föderalismus lernen – 2004 als Wendepunkt in der Entwicklung des belgischen Föderalismus. In Jahrbuch des Föderalismus 2005. Baden-Baden, Nomos, 2005: 307–322.

W. Swenden: Federalism and Regionalism in Western Europe. Basingstoke, Palgrave Macmillan, 2006.

A. B. Tanguay: Political Parties and Canadian Democracy: Making Federalism Do the Heavy Lifting. In: H. Bakvis/G. Skogstad (Hrsg.): Canadian Federalism. Oxford, Oxford University Press, 2002: 296–316.

Ch. D. Tarlton: Symmetry and Asymmetry as Elements of Federalism: A Theoretical Speculation. Journal of Politics, Jg. 27, 1965: 861–874.

Ch. Taylor: Was ist die Quelle kollektiver Identität? In: N. Dewandre/J. Lenoble (Hrsg.): Projekt Europa. Postnationale Identität: Grundlage für eine europäische Demokratie? Berlin, Schelzky & Jeep, 1994: 42–46.

Ch. Taylor: Quellen des Selbst. Die Entstehung der neuzeitlichen Identität. Frankfurt, Suhrkamp, 1994.

Ch. Taylor: Wieviel Gemeinschaft braucht die Demokratie? Aufsätze zur politischen Philosophie. Frankfurt, Suhrkamp, 2002.

H. Telford: The Federal Spending Power in Canada: Nation-Building or Nation-Destroying? Publius, Jg. 33, Nr. 1, 2003: 23–44.

T. Ter-Minassian (Hrsg.): Fiscal Federalism in Theory and Practice. Washington, International Monetary Funds, 1997.

U. Thaysen : Der deutsche Föderalismus zwischen zwei Konventen. Zur Reform des deutschen Bundesstaates um die Jahrtausendwende. Aus Politik und Zeitgeschichte, B. 29, 2003: 1–23.

The State of American Federalism, 2003–2004. Publius, Jg. 34, Nr. 3, 2004: 1–53.

C. Thibaud: La voix des exiles basques. L' Express, 11. April 2005: 70.

B. Thiolay: Sondage. Juif, et alors? L' Express, 6. Juni 2005: 62.

L. Thorlakson: Government-building and political development in federations: Applying Canadian theory to the German case. In: Regional and Federal Studies, Jg. 10, 2000: 129–148.

L. Thorlakson: Federalism and the European Party System. Journal of European Public Policy, Jg. 12, Nr. 3, 2005: 468–487.

A. de Tocqueville: De la démocracie en Amérique. Œuvres complètes, Bd. 1, Paris, Gallimard, 1961.

J. Trabant: Der gallische Herkules. Über Sprache und Politik in Frankreich und Deutschland. Tübingen, A. Francke, 2002.

A. H. Trechsel: Towards a Federal Europe? Special Issue, Journal of European Public Policy. Bd. 12, Nr. 3, 2005. Als Buch: London, Routledge, 2005.

D. Treisman: The Causes of Corruption. A Cross-National Study. Journal of Public Economics, Jg. 76, Nr. 3, 2000: 399–458.

H. von Treitschke: Bundesstaat und Einheitsstaat (1864). In: Ders: Historische und politische Aufsätze. Leipzig, Hirzel, 1921, Bd. II, 8. Aufl.: 74–235.

H. Tschäni: Constitutional Change in Swiss Cantons: An Assessment of a Recent Phenomenon. Publius, Jg. 12, Nr. 1, 1982: 113–130.

G. Tsebelis/J. Money: Bicameralism. Cambridge, Cambridge University Press, 1997.

G. Tsebelis: Veto Players. How Political Institutions Work. Princeton, Princeton University Press, 2002.

J. Tully: Strange Multiplicity. Constitutionalism in an age of diversity. Cambridge, Cambridge University Press, 1995.

St. Ulrich: Verfassungsänderung in Italien offenbar gescheitert. Süddeutsche Zeitung, 27. Juni 2006: 6.

D. C. Umbach: Föderalismus und Regionalismus. In: U. Männle (Hrsg.): Föderalismus zwischen Konsens und Konkurrenz. Baden-Baden, Nomos, 1998: 111–119.

H. Uterwedde: Korsika – Testfall für die französische Republik. In: Jahrbuch des Föderalismus 2002. Baden-Baden, Nomos, 2002: 305–314.

A. Vatter/S. Wälti (Hrsg.): Schweizer Föderalismus in vergleichender Perspektive. Sonderheft Bd. 9,1, Schweizerische Zeitschrift für Politikwissenschaft, 2003.

F. Vaughan: The Canadian Federalist Experiment: From Defiant Monarchy to Reluctant Republic. Montréal, McGill's Queen's University Press, 2003.

Verfassung für Europa. Entwurf: Vertrag über eine Verfassung für Europa. Luxemburg, Amt für amtliche Veröffentlichungen der Europäischen Gemeinschaften, 2003.

D. V. Verney: From Quasi-Federation to Quasi-Confederacy: The Transformation of India's Party System. Publius, Jg. 33, 4, 2003: 153–171.

B. de Villiers: Opportunities and Limitations as applied to the Protection of Cultural Groups. Florenz, European University Institute, Juni 2003 (mimeo).

M. L. Volcansek: Constitutional Courts as Veto Players: Divorce and Decrets in Italy. European Journal of Political Research, Jg. 39, Nr. 3, 2001: 347–372.

C. Volden: Origin, Operation, and Significance: The Federalism of William H. Riker. Publius, Jg. 34, Nr. 4, 2004: 89–107.

Vorschläge zur Neugliederung des Bundesgebietes gemäß Artikel 29 des Grundgesetzes. Bericht der Sachverständigenkommission für die Neugliederung des Bundesgebietes. Köln, Heymanns, 1973.

U. Wachendorfer-Schmidt: Föderalismus und Finanzverfassung. In: U. Männle (Hrsg.): Föderalismus zwischen Konsens und Konkurrenz. Baden-Baden, Nomos, 1998: 57–71.

U. Wachendorfer-Schmidt (Hrsg.): Federalism and Political Performance. London, Routledge, 2000.

U. Wachendorfer-Schmidt: Politikverflechtung im vereinigten Deutschland. Wiesbaden, Westdeutscher Verlag, 2003.

G. Wagner: Herausforderung Vielfalt. Plädoyer für eine kosmopolitische Soziologie. Konstanz, Universitätsverlag, 1999.

U. Wagschal: Staatsverschuldung. Ursachen im internationalen Vergleich. Opladen, Leske & Budrich, 1996.

U. Wagschal: Der Parteienstaat der Bundesrepublik Deutschland. Parteipolitische Zusammensetzung seiner Schlüsselinstitutionen. Zeitschrift für Parlamentsfragen, Jg. 32, Nr. 4, 2001: 861–886.

U. Wagschal/H. Rentsch (Hrsg.): Der Preis des Föderalismus. Zürich, Orell Füssli, 2002.

U. Wagschal/M. Grasl: Die modifizierte Senatslösung. Ein Vorschlag zur Beseitigung von Reformblockaden im deutschen Föderalismus. Zeitschrift für Parlamentsfragen, 2004, Nr. 4: 732–752.

U. Wagschal: Steuerpolitik und Steuerreformen im internationalen Vergleich. Münster, LIT, 2005.

P. Waldmann: Ethnischer Radikalismus: Ursachen und Folgen gewaltsamer Minderheitenkonflikte am Beispiel des Baskenlandes, Nordirlands und Québecs.Opladen, Westdeutscher Verlag, 1989.

D. B. Walker: The Rebirth of Federalism. Slouching Towards Washington. New York, Chatham House, 2000, 2. Aufl.

R. L. Watts: Comparing Federal Systems. Kingston/Ontario, Institute of Intergovernmental Relations, Queen's University, Kingston/Ontario, 1996, 1999, 2. Aufl.

R. L. Watts: Federalism, Federal Political Systems, and Federations. In: Annual Review of Political Science, I, 1998: 117–137.

R. L. Watts: The Canadian Experience with Asymmetrical Federalism. In: R. Agranoff (Hrsg.): Accomodating Diversity: Asymmetry in Federal States. Baden-Baden, Nomos 1999: 118–136.

R. L. Watts: Daniel J. Elazar: Comparative Federalism and Post-Statism. Publius, Jg. 30, Nr. 4, 2000: 155–168.

J. Webber: Reimagining Canada: Language, Culture, Community and the Canadian Constitution. Montréal, McGill-Queen's University Press, 1994.

J. Wehner: Fiscal Federalism in South Africa. Publius, Jg. 30, Nr. 3, 2000: 47–72.

B. R. Weingast: The Economic Role of Political Institutions. Market-Preserving Federalism and Economic Development. Journal of Law, Economics, and Organization, Jg. 11, 1995: 1–31.

K. Wendland: Spanien auf dem Weg zum Bundesstaat? Entstehung und Entwicklung der Autonomen Gemeinschaften. Baden-Baden, Nomos, 1997.

B. Westle: Traditionalismus, Verfassungspatriotismus und Postnationalismus im vereinigten Deutschland. In: O. Niedermayer/K. von Beyme (Hrsg.): Politische Kultur in Ost- und Westdeutschland, Opladen, Leske & Budrich, 1996, 2. Aufl.: 42–76.

K. C. Wheare: Federal Government (1946). London, Oxford University Press, 1963, 4.Aufl.

G. White: Treaty Federalism in Northern Canada: Aboriginal-Government Land Claims Boads. Publius, Nr. 3: 89–114.

L. Wieland: Ist Spanien eine Nation? Basken, Katalanen und Galicier wollen selbst eine sein. FAZ, 15. August 2005: 8.

R. Wilford: Die nordirische Assembly seit Beginn der Devolution. In: Jahrbuch des Föderalismus 2002, Baden-Baden, Nomos, 2002: 357–373.

H. A. Winkler/H. Kaelble (Hrsg.): Nationalismus, Nationalitäten, Supranationalität. Stuttgart, Klett-Cotta, 1993.

F. Wittmann/St. Graf Bethlen (Hrsg.): Volksgruppenrecht. Ein Beitrag zur Friedenssicherung. München, Olzog, 1980.

F. Wolf: Die Bildungsausgaben der Bundesländer im Vergleich: Welche Faktoren erklären ihre beträchtliche Variation?, Münster, lit. Verlag, 2006.

J. F. Zimmerman: Cooperative Federalism in the Twentieth Century. Publius, Jg. 31, Nr. 2, 2001: 15–30.

P. Zimmermann-Steinhart: Frankreich im Jahr 2004: auf dem Weg zu mehr Dezentralisierung? In: Jahrbuch des Föderalismus 2005, Baden-Baden, Nomos, 2005: 363–373.

A. Zolberg: Splitting the Difference: Federalization without Federalism in Belgium. In: M. J. Esman (Hrsg.): Ethnic Conflict in the Western World. Ithaca, Cornell University Press, 1977: 103–142.

C. E. Zulaika: Basque Violence: Metaphor and Sacrament. Reno, University of Nebraska Press, 1988.

C. E. Zulaika/W. Douglass: Terror and Taboo: The Follies, Fables, and Faces of Terrorism. New York, Routledge, 1996.

Register

Aus dem Verlagsprogramm

Politik und Zeitgeschehen

Hans J. Tümmers
Das politische System Frankreichs
Eine Einführung
2006. 223 Seiten mit 6 Schaubildern und 7 Tabellen. Paperback
Beck'sche Reihe Band 1665

Manfred G. Schmidt
Das politische System Deutschlands
Institutionen – Willensbildung – Politikfelder
2007. 552 Seiten mit 8 Tabellen. Paperback
Beck'sche Reihe Band 1721

Emil Hübner/Ursula Münch
Das politische System Großbritanniens
Eine Einführung
2., durchgesehene Auflage. 1999. 222 Seiten. Paperback
Beck'sche Reihe Band 1251

Emil Hübner
Das politische System der USA
Eine Einführung
5., aktualisierte Auflage. 2003. 199 Seiten mit 1 Karte und 8 Tabellen.
Paperback
Beck'sche Reihe Band 395

Wolf D. Gruner/Wichard Woyke
Europa-Lexikon
Länder – Politik – Institutionen
2., völlig überarbeitete Auflage. 2007. 505 Seiten. Paperback
Beck'sche Reihe Band 1506

Dieter Nohlen/Florian Grotz
Kleines Lexikon der Politik
4., aktualisierte und erweiterte Auflage. 2007. 702 Seiten. Paperback
Beck'sche Reihe Band 1418

Verlag C. H. Beck München

C. H. Beck Wissen

Jürgen Osterhammel/Niels P. Petersson
Geschichte der Globalisierung
Dimensionen, Prozesse, Globalisierung
3. Auflage. 2005. 128 Seiten. Paperback
C.H.Beck Wissen in der Beck'schen Reihe Band 2320

Wilfried Röhrich
Die politischen Systeme der Welt
4., aktualisierte und überarbeitete Auflage. 2006.
144 Seiten. Paperback
C.H. Beck Wissen in der Beck'schen Reihe Band 2128

Klaus Dieter Wolf
Die UNO
Geschichte, Aufgaben, Perspektiven
2005. 128 Seiten. Paperback
C.H.Beck Wissen in der Beck'schen Reihe Band 2378

Hans Vorländer
Demokratie
Geschichte, Formen, Theorien
2003. 128 Seiten. Paperback
C.H.Beck Wissen in der Beck'schen Reihe Band 2311

Manfred G. Schmidt
Das politische System der Bundesrepublik Deutschland
2005. 128 Seiten. Paperback
C.H.Beck Wissen in der Beck'schen Reihe Band 2371

Hans-Ulrich Wehler
Nationalismus
Geschichte, Formen, Folgen
3. Auflage. 2007. 122 Seiten. Paperback
C.H.Beck Wissen in der Beck'schen Reihe Band 2169

Verlag C. H. Beck München